母权论

对古代世界母权制宗教性和法权性的探究

〔瑞士〕巴霍芬 著

孜 子 译

古典與文明

Classics & Civilization

生活·讀書·新知 三联书店

图书在版编目（CIP）数据

母权论：对古代世界母权制宗教性和法权性的探究／（瑞士）约翰·雅科多·巴霍芬著；孜子译. 一北京：生活·读书·新知三联书店，2018.6 （2025.3 重印）
（古典与文明）
ISBN 978 - 7 - 108 - 06197 - 3

Ⅰ. ①母…　Ⅱ. ①约…　②孜…　Ⅲ. ①母权制－研究　Ⅳ. ① K11

中国版本图书馆 CIP 数据核字（2018）第 016903 号

责任编辑　王晨晨
装帧设计　蔡立国　薛　宇
责任校对　张　睿
责任印制　李思佳

出版发行　生活·讀書·新知 三联书店
　　　　　（北京市东城区美术馆东街 22 号 100010）
网　　址　www.sdxjpc.com
经　　销　新华书店
印　　刷　北京建宏印刷有限公司
版　　次　2018 年 6 月北京第 1 版
　　　　　2025 年 3 月北京第 2 次印刷
开　　本　880 毫米 × 1092 毫米　1/32　印张 10
字　　数　200 千字
印　　数　7,001 - 7,600 册
定　　价　48.00 元
（印装查询：01064002715；邮购查询：01084010542）

"古典与文明"丛书
总　序

甘阳　吴飞

　　古典学不是古董学。古典学的生命力植根于历史文明的生长中。进入 21 世纪以来，中国学界对古典教育与古典研究的兴趣日增并非偶然，而是中国学人走向文明自觉的表现。

　　西方古典学的学科建设，是在 19 世纪的德国才得到实现的。但任何一本写西方古典学历史的书，都不会从那个时候才开始写，而是至少从文艺复兴时候开始，甚至一直追溯到希腊化时代乃至古典希腊本身。正如维拉莫威兹所说，西方古典学的本质和意义，在于面对希腊罗马文明，为西方文明注入新的活力。中世纪后期和文艺复兴对西方古典文明的重新发现，是西方文明复兴的前奏。维吉尔之于但丁，罗马共和之于马基雅维利，亚里士多德之于博丹，修昔底德之于霍布斯，希腊科学之于近代科学，都提供了最根本的思考之源。对古代哲学、文学、历史、艺术、科学的大规模而深入的研究，为现代西方文明的思想先驱提供了丰富的资源，使他们获得了思考的动力。可以说，那个时期的古典学术，就是现代西方文明的土壤。数百年古典学术的积累，是现代西方文明的命脉所系。19世纪的古典学科建制，只不过是这一过程的结果。随着现代研究性大学和学科规范的确立，一门规则严谨的古典学学科应运而生。但我们必须看到，西方大学古典学学科的真正基础，乃在于古典教育在中学的普及，特别是拉丁语和古希腊语曾长期为欧洲中学必修，才可能为大学古典学的高深研究源源不断地提供人才。

19世纪古典学的发展不仅在德国而且在整个欧洲都带动了新的一轮文明思考。例如，梅因的《古代法》、巴霍芬的《母权论》、古朗士的《古代城邦》等，都是从古典文明研究出发，在哲学、文献、法学、政治学、历史学、社会学、人类学等领域带来了革命性的影响。尼采的思考也正是这一潮流的产物。20世纪以来弗洛伊德、海德格尔、施特劳斯、福柯等人的思想，无不与他们对古典文明的再思考有关。而20世纪末西方的道德思考重新返回亚里士多德与古典美德伦理学，更显示古典文明始终是现代西方人思考其自身处境的源头。可以说，现代西方文明的每一次自我修正，都离不开对其古典文明的深入发掘。正是在这个意义上，古典学绝不仅仅只是象牙塔中的诸多学科之一而已。

由此，中国学界发展古典学的目的，也绝非仅仅只是为学科而学科，更不是以顶礼膜拜的幼稚心态去简单复制一个英美式的古典学科。晚近十余年来"古典学热"的深刻意义在于，中国学者正在克服以往仅从单线发展的现代性来理解西方文明的偏颇，而能日益走向考察西方文明的源头来重新思考古今中西的复杂问题，更重要的是，中国学界现在已经超越了"五四"以来全面反传统的心态惯习，正在以最大的敬意重新认识中国文明的古典源头。对中外古典的重视意味着现代中国思想界的逐渐成熟和从容，意味着中国学者已经能够从更纵深的视野思考世界文明。正因为如此，我们在高度重视西方古典学丰厚成果的同时，也要看到西方古典学的局限性和多元性。所谓局限性是指，英美大学的古典学系传统上大多只研究古希腊罗马，而其他古典文明研究例如亚述学、埃及学、波斯学、印度学、汉学，以及犹太学等，则都被排除在古典学系以外而被看作所谓东方学等等。这样的学科划分绝非天经地义，因为法国和意大利等的现代古典学就与英美有所不同。例如，著名的西方古典学重镇，韦尔南创立的法国"古代社会比较研究中心"，不仅是古希腊研究的重镇，而且广泛包括埃及学、亚述学、汉学乃至非洲学等各方面专家，在空间上大大突破古希腊罗马的范围。而意大利的古典学研究，则由于意大利历史的特殊性，往往在时间上不完全限于古希腊罗马的时段，而与中世纪及文艺复兴研究多有关联（即使在英美，由于晚近以来所谓"接受研究"成为古典学的显学，也使得古典学的研究边界越来越超出传统的古希腊罗马时期）。

从长远看，中国古典学的未来发展在空间意识上更应参考法国古典学，不仅要研究古希腊罗马，同样也应包括其他的古典文明传统，如此方能参详比较，对全人类的古典文明有更深刻的认识。而在时间意识上，由于中国自身古典学传统的源远流长，更不宜局限某个历史时期，而应从中国古典学的固有传统出发确定其内在核心。我们应该看到，古典中国的命运与古典西方的命运截然不同。与古希腊文字和典籍在欧洲被遗忘上千年的文明中断相比较，秦火对古代典籍的摧残并未造成中国古典文明的长期中断。汉代对古代典籍的挖掘与整理，对古代文字与制度的考证和辨识，为新兴的政治社会制度灌注了古典的文明精神，堪称"中国古典学的奠基时代"。以今古文经书以及贾逵、马融、卢植、郑玄、服虔、何休、王肃等人的经注为主干，包括司马迁对古史的整理、刘向父子编辑整理的大量子学和其他文献，奠定了一个有着丰富内涵的中国古典学体系。而今古文之间的争论，不同诠释传统之间的较量，乃至学术与政治之间错综复杂的关系，都是古典学术传统的丰富性和内在张力的体现。没有这样一个古典学传统，我们就无法理解自秦汉至隋唐的辉煌文明。

从晚唐到两宋，无论政治图景、社会结构，还是文化格局，都发生了重大变化，旧有的文化和社会模式已然式微，中国社会面临新的文明危机，于是开启了新的一轮古典学重建。首先以古文运动开端，然后是大量新的经解，随后又有士大夫群体仿照古典的模式建立义田、乡约、祠堂，出现了以《周礼》为蓝本的轰轰烈烈的变法；更有众多大师努力诠释新的义理体系和修身模式，理学一脉逐渐展现出其强大的生命力，最终胜出，成为其后数百年新的文明模式。称之为"中国的第二次古典学时代"，或不为过。这次古典重建与汉代那次虽有诸多不同，但同样离不开对三代经典的重新诠释和整理，其结果是一方面确定了十三经体系，另一方面将四书立为新的经典。朱子除了为四书做章句之外，还对《周易》《诗经》《仪礼》《楚辞》等先秦文献都做出了新的诠释，开创了一个新的解释传统，并按照这种诠释编辑《家礼》，使这种新的文明理解落实到了社会生活当中。可以看到，宋明之间的文明架构，仍然是建立在对古典思想的重新诠释上。

在明末清初的大变局之后，清代开始了新的古典学重建，或可称为"中国的第三次古典学时代"：无论清初诸遗老，还是乾嘉盛时的各位大师，虽然学问做法未必相同，但都以重新理解三代为目标，以汉宋两大古典学传统的异同为入手点。在辨别真伪、考索音训、追溯典章等各方面，清代都取得了巨大的成就，不仅成为几千年传统学术的一大总结，而且可以说确立了中国古典学研究的基本规范。前代习以为常的望文生义之说，经过清人的梳理之后，已经很难再成为严肃的学术话题；对于清人判为伪书的典籍，诚然有争论的空间，但若提不出强有力的理由，就很难再被随意使用。在这些方面，清代古典学与西方19世纪德国古典学的工作性质有惊人的相似之处。清人对《尚书》《周易》《诗经》《三礼》《春秋》等经籍的研究，对《庄子》《墨子》《荀子》《韩非子》《春秋繁露》等书的整理，在文字学、音韵学、版本目录学等方面的成就，都是后人无法绕开的必读著作，更何况《四库全书总目提要》成为古代学术的总纲。而民国以后的古典研究，基本是清人工作的延续和发展。

我们不妨说，汉、宋两大古典学传统为中国的古典学研究提供了范例，清人的古典学成就则确立了中国古典学的基本规范。中国今日及今后的古典学研究，自当首先以自觉继承中国"三次古典学时代"的传统和成就为己任，同时汲取现代学术的成果，并与西方古典学等参照比较，以期推陈出新。这里有必要强调，任何把古典学封闭化甚至神秘化的倾向都无助于古典学的发展。古典学固然以"语文学"（philology）的训练为基础，但古典学研究的问题意识、研究路径以及研究方法等，往往并非来自古典学内部而是来自外部，晚近数十年来西方古典学早已被女性主义等各种外部来的学术思想和方法所渗透占领，仅仅是最新的例证而已。历史地看，无论中国还是西方，所谓考据与义理的张力其实是古典学的常态甚至是其内在动力。古典学研究一方面必须以扎实的语文学训练为基础，但另一方面，古典学的发展和新问题的提出总是与时代的大问题相关，总是指向更大的义理问题，指向对古典文明提出新的解释和开展。

中国今日正在走向重建古典学的第四个历史新阶段，中国的文明复兴需要对中国和世界的古典文明做出新的理解和解释。客观地说，这一轮古典学的兴起首先是由引进西方古典学带动的，刘小枫和甘阳教授主编的"经典与解释"丛书在短短十五年间（2000—2015 年）出版了三百五十余种重要译著，为中国学界了解西方古典学奠定了基础，同时也为发掘中国自身的古典学传统提供了参照。但我们必须看到，自清末民初以来虽然古典学的研究仍有延续，但古典教育则因为全盘反传统的笼罩而几乎全面中断，以致今日中国的古典学基础以及整体人文学术基础都仍然相当薄弱。在西方古典学和其他古典文明研究方面，国内的积累更是薄弱，一切都只是刚刚起步而已。因此，今日推动古典学发展的当务之急，首在大力推动古典教育的发展，只有当整个社会特别是中国大学都自觉地把古典教育作为人格培养和文明复兴的基础，中国的古典学高深研究方能植根于中国文明的土壤之中生生不息茁壮成长。这套"古典与文明"丛书愿与中国的古典教育和古典研究同步成长！

2017年6月1日于北京

目　录

今天为什么还要读巴霍芬（代前言）

吴　飞

一、巴霍芬与母权神话

就像他书中的内容一样，对于大多数读者而言，约翰·雅科多·巴霍芬就像一个神话般的存在。他的大名是如此家喻户晓，但读过他的书的人寥寥无几，读过《母权论》全书的人恐怕更是屈指可数。

巴霍芬的名字早就因为恩格斯的《家庭、私有制和国家的起源》而为中国读者所知，但至今还没有一个《母权论》的中译本，而同样是作为马克思主义来源的人物，如费尔巴哈、托马斯·莫尔和摩尔根的著作，很早就在商务印书馆的"汉译名著"系列丛书中占据了一席之地。

其实，何止中国如此。虽然英美人类学与巴霍芬关系密切，但直到 1973 年，曼海姆（Ralph Manheim）才为英语学界提供了《母权论》的英译本，还只是一个节译本，全译本到 2007 年才出版。

现在摆在读者面前的，正是曼海姆译本的中文转译本。

生活在神话中的巴霍芬，既不是一个古典学家，也不是一个人类学家，而是一个法学家。巴霍芬出生于瑞士巴塞尔一个富庶家庭，曾先后在巴塞尔、柏林、巴黎、伦敦和剑桥学习法律和法学史，1841～1845年期间被巴塞尔大学聘为罗马法教授。虽然在较长时间内任巴塞尔刑事法庭的法官，但他对后世产生过重要影响的学术研究和著作却主要以独立学者的身份进行。1861年出版的《母权论：对古代世界母权制宗教性和法权性的探究》［德文书名为 *Das Mutterrecht: eine Untersuchung über die Gynaikokratie der alten Welt nach ihrer religiösen und rechtlichen Natur*（Stuttgart: Verlag von Krais und Hoffmann, 1861）］对19至20世纪的社会思想有极为深刻的影响。

母权神话的兴衰是19世纪后期西方人类学与人文社会科学中一个影响巨大的思潮，巴霍芬无疑处在这一思潮的开端。不过，他与这一思潮之间到底是什么关系，却不是那么一目了然。

1861年，就在巴霍芬出版《母权论》的同时，英国法学家梅因也出版了一部影响巨大的著作《古代法》。与巴霍芬不同，梅因认为人类历史上的任何种族都以父权制开端，父权制不仅是最初的家庭模式，而且是政治社会的组织模式，换言之，从家族到氏族再到国家的发展，是统一模式的不断放大和复杂化。梅因的学说与巴霍芬的母权论针锋相对，但英国人类学中母系论的兴起，所直接针对的正是梅因的父权论，而非巴霍芬的母权论。英国人类学家麦克伦南（John F. McLennan）为了批评梅因而率先提出，在父系社会之前存在一个母系阶段，亚维波里爵士（Lord Avebury）和斯宾塞（Herbert Spencer）等相继发展了这一学说，到美国的摩尔根（Lewis Heny Morgan）的《古代社会》，成为一个非常系统的对古代社会的表述。英美这些人类学家与巴霍芬生活在同一时期，他们大多虽然知道巴霍芬，但并没有受到巴霍芬著作的直接影响。

在法语和德语学界，巴霍芬的著作有更直接的影响。比如瑞士学者吉罗－特龙（Alexis Giraud-Teulon）于1884年以法文出版的《婚姻和家庭的起源》，探讨了从母权社会向父权社会的转变，以及私有财产在其中发挥的作用。李波特（Julius Lippert）于1887年以德文出版的《人性的文化史及其有机结构》，指出母权问题提醒人类重新思考权威问题，母权与父权的对立就如同自然与艺术的对立。他还认为，随着社会的发展，父权应该逐渐衰落。1889年，海尔华德（Friedrich von Hellwald）出版了《人类家庭的起源和自然发展》，对母权制到父权制的发展给出了一个新的描述，并以此来支持当时的妇女运动。这些学者与巴霍芬类似，更多使用文献材料来研究人类婚姻制度的演进历史。他们与英美人类学家有相当大的差别，分别在各自的学术传统中探讨母权论的可能性。

真正将这两个传统结合起来的，是恩格斯。马克思和恩格斯对梅因和摩尔根的著作都非常熟悉，认真阅读了摩尔根的人类学研究，而又受到其自身所在的德语研究传统的影响。恩格斯的《家庭、私有制和国家的起源》虽然大大倚重于摩尔根对古代社会的理解，但也非常认真地将巴霍芬的努力纳入自己的理论架构中。严格说来，英美人类学家大多是母系论者，即承认母系社会的普遍性，但并不是母权论者，即并不认为母系社会中的社会权力也在母亲一方。恩格斯所秉承的母权观念，正是来自巴霍芬。

随着人类学田野研究的深入展开，泰勒、博厄斯等人都严厉批判了母系论，达尔文和梅因也亲自出面，批评母系论，到韦斯特马克的《人类婚姻史》，母系论人类学基本上被终结了，巴霍芬的母权论也随之颠覆。

不过，巴霍芬的学术研究并没有随着母权论的被推翻而丧失其意义。他并不是人类学家，他的思考虽然与英美人类学家异曲同工，却有许多超出人类学的意义。他是主要通过对希腊神话的解读，讲出一个母权神话的。这个母权神话不仅与柏拉图、亚里士多德等古代哲学家有非常隐秘的关联，而且他所关心的核心问题与霍布斯、黑格尔等人的现代哲学传统有极为深刻的关系。因此，今天我们把这本书翻译出来，不是为了论证母权论的存在，而是为了让读者看到，古典思想是如何通过巴霍芬，影响到西方现代文化的。❶

二、古希腊的母权神话

巴霍芬深受黑尔格哲学影响，有精深的古典文化造诣，富有浪漫主义情怀。和后来主张母权论的许多人类学家不

---

❶ 对母权论和巴霍芬的讨论，详见吴飞，《人伦的"解体"：形质论传统中的家国焦虑》，北京：生活·读书·新知三联书店，2017年。

同，巴霍芬很少使用当代的民族志材料。他所依赖的，大多是西方的古典文献，并旁及这些文献中谈到的埃及和印度等古代文明。在这些古代文献中，巴霍芬发现很多民族中都有按照母系传承的记录。比如希罗多德记载，在吕基亚人当中，孩子按照母系起名，而不是按照父系；后来又有人发现，其财产也是按照母系继承的。又比如斯特拉波记载，在坎塔布里人当中，姊妹为兄弟准备嫁妆。塔西佗和其他一些历史学家都曾经记录过，女性在古代日耳曼人当中有很高的地位。更不用说希腊作家经常谈到的阿玛宗人的女战士。巴霍芬认为，所有这些材料都表明，在有文字记载的希腊历史之前，母权制曾经是一个相当有系统的组织形态，在上古文化中留下了深刻的烙印，正如父权文化在有文字记载的希腊文化中留下的印迹一样。鉴于历史发展的普遍性，这个阶段应该是人类历史上共同经历过的，是父权体制建立之前的一个阶段。只是在进入父权时代后，母权制度被摧毁，关于那个时代的记忆也慢慢散失了，后来的人们只会从自己的角度理解古代。吕基亚等地的这些现象，本来是普遍的母权制残存的一些痕迹，却被父权时代的希腊人当作不可理解的奇风异俗。所幸的是，母权制的存在状态还系统地反映在希腊的神话传统当中。巴霍芬甚至认为，神话和宗教在历史文化的发展中起到过决定性的作用，因此，对神话的研究，就成为考索母权制的必由之路。

在巴霍芬看来，希腊神话中很多关于女神和女祭司的内容都和母权制阶段有关，而母权制的典型形象就是德墨忒尔（Demeter）大母神。德墨忒尔是大地之神、丰收之神、母亲之神，同时又是冥后，而她的这些方面都体现出母权制的基本特点，所以巴霍芬把希腊文化中的母权制称为"德墨忒尔母权制"（Demetrian Matriarchy）。特洛伊女祭司西雅娜（Theano），女诗人萨福（Sappho），以及女巫第俄提玛（Diotima），都被认为是母权制的文化遗存。在母权时代，人们崇尚大地、感性、自然，而对社会性的、精神性的、抽象的情感没有兴趣。母神既是大地之神更是冥界女神，人们对死亡现象有更多的迷恋，希望在对冥神的崇拜中获得新生。在巴霍芬看来，这些都不只是诗意的想象，而有深厚的历史根据，体现在女性的宗教使命上面。虔敬、正义、文化等抽象词汇是阴性名词这一语言学现象就说明了这一特点。在那个时代，女性是和平与正义的守护神，具有神圣的地位。因此，母权制是"人类发展的必然阶段，因而也掌管每个民族和每个个体的自然法的实现"。

在挑战了父权制的思维模式之后，巴霍芬也像后来的麦克伦南和摩尔根那样，感到需要为人类婚姻制度的发展做一个历史分期。虽然他的语言更像神话和诗，但他和严谨的人类学家一样，感到这种德墨忒尔母权制不可能是历史的第一个阶段，而只可能处在中间的位置。在母权制之前，应该有一个完全无规范的群婚制（hetaerism），其统治原则是"阿芙洛狄忒的自然法"（Aphroditean *ius naturale*）。"要理解德墨忒尔母权制，就要存在一个更早、更野蛮的状态；母权制原则要求有一种相反的原则存在，母权制正是在对抗这一原则的时候实现的。"

杂交时代是最初级的自然法时代，"物质之法拒绝任何限制，讨厌任何枷锁，把专一看成对神圣的冒犯"。那个时代的宗教就要求杂交，婚姻反而是对古老宗教原则的破坏。

按照巴霍芬的婚姻史，女性最先厌倦了杂交状态，因为杂交状态中很容易发生男人对女人的虐待，于是她们为了更安全的生活，要求设立婚姻规则，男人不情愿地接受了。从群婚制到母权制，曾有过非常激烈的血腥斗争，也有过反复的动荡，但德墨忒尔原则最终取得了胜利，母权制得以成功建立，人们走出了纯粹自然法的时代。

巴霍芬认为，阿玛宗主义就代表着女性对杂交状态的反叛，是母权制的准备阶段。阿玛宗主义的产生，来自女性对杂交时代的虐待的暴力反抗，表明了女性对更有尊严、更安全的生活的向往。巴霍芬甚至进一步推出，阿玛宗主义是人类历史上的普遍现象，是杂交之后必然出现的一个阶段，代表了人类文明的一种进步。中国古代文献中记载的女儿国，也被认为是阿玛宗主义的团体。正是在阿玛宗主义中，开始了母权制的雏形，也孕育了政治文明的开端。在阿玛宗的激烈战争之后，胜利者烧毁了船只，定居下来，建立了城市，开始了农业生活。于是，人类从游牧阶段进入了农业阶段，母权制确立下来，也有了最初的国家。

在他看来，东西方文明的第一次交锋是特洛伊战争，这就是阿芙洛狄忒杂交制与赫拉的婚姻原则之间的冲突。特洛伊战争的起因本来就是特洛伊人对希腊人婚姻专一性的侵犯；而希腊人对特洛伊人的胜利，就被解释为母权制文明对杂交制文明的胜利。罗马人，作为特洛伊的后代和阿芙洛狄忒的子孙，最初完全臣服于亚细亚的杂婚原则。来自伊特鲁里亚的两位塔昆王使罗马人接触到了母权文明。在帝国观念的支持下，罗马终于挣脱了东方杂婚文明，摆脱了那种纯粹的自然法，拒绝了埃及群婚制的魅惑，并战胜了群婚制的最后一个象征克丽奥帕特拉女王。

面对埃及女王尸体的奥古斯都究竟代表了母权原则还是父权原则，巴霍芬有些含混不清，因为古典神话中的很多现象本来就非常复杂。他把这些含混之处解释为三个阶段之间的过渡、反复和回归。如狄奥尼索斯宗教的广泛发展，他就认为这是群婚制与德墨忒尔原则的又一轮斗争。在狄奥尼索斯宗教中，有对德墨忒尔婚姻原则的肯定，甚至有对男性的光荣的发扬，在此，狄奥尼索斯似乎是德墨忒尔主义的支持者，甚至反映了父权制的胜利。巴霍芬承认，狄奥尼索斯崇拜的某个阶段确实代表这些。但他认为，巴克斯（Bacchus，狄奥尼索斯的罗马名字）式的酒神崇拜，实实在在地代表着杂交原则，因为它对男性的崇拜是完全感性的肉体崇拜，同时也把女性完全降低到了阿芙洛狄忒主义的自然状态。酒神崇拜强调的是性爱和迷幻的魅惑，在妇女当中找到了最多的支持者。这种形态的狄奥尼索斯主义全面瓦解着母权道德。狄奥尼索斯本来与农业之神德墨忒尔更有关系，但后来成为酒神之后，感性的疯狂使他更成为阿芙洛狄忒的朋友，酒神精神带来了古代阿芙洛狄忒主义的最高峰，打破了所有的枷锁，铲除了所有的区隔，让人们倾向于物质性的自然存在，回归到最纯粹的自然法。

而从母权制转变到父权制，是一个非常重大的历史变化。巴霍芬说，阿芙洛狄忒杂交制和德墨忒尔母权制都以自然的生育为基础，但在父权制下，生活的根本原则变了，旧的观念被完全超越了，人们产生了一种非常不同的文明态度。父权与母权的冲突，可以从俄瑞斯忒斯神话中看出。俄瑞斯忒斯弑母，这在母权时代是绝对不能容忍的大罪，所以复仇女神一定要找他报复；复仇女神代表的，就是母权时代的法律。但是，阿波罗和雅典娜出面，宣布了新法对旧法的胜利，俄瑞斯忒斯弑母是为父报仇，父权原则高于母权原则，所以他无罪。这是历史斗争的真实反映，和母权制代替群婚制时一样，是血淋淋的，慢慢实现的。最终，阿波罗时代到来，母权让位给父权，日神时代是父神的时代。巴霍芬给出了对俄瑞斯忒斯神话的精彩分析，后来为恩格斯所激赏。❶

这是阿提卡民族的宗教，宙斯代表了父权的最高发展。虽然雅典起源于母权时代，它却让德墨忒尔主义服从于阿波罗原则。从母权到父权的转换，尤其体现在俄瑞斯忒斯案件中的另外一个神身上：雅典娜。雅典娜虽然是女神，但她是只有父亲没有母亲的女神，她让无母的父权取代了无父的母权。雅典娜的英武形象，似乎正是阿玛宗主义的化身，但她

---

❶ 恩格斯，《家庭、私有制和国家的起源》，北京：人民出版社，1972年，第9页。

让自己保护的雅典城降低女性的地位。奥古斯丁《上帝之城》中记载的瓦罗讲过的一个故事应该来自古代雅典：雅典城初建之时，一棵橄榄树突然出现，一股泉水突然涌出，雅典人不知道两个神迹的含义，德尔菲的阿波罗告诉雅典人，橄榄树代表雅典娜，泉水代表波塞冬，他们要从两个神中投票选出一个，来命名自己的城。结果男人都选波塞冬，女人都选雅典娜，因为女人比男人多一个，所以雅典娜取胜，这个城称为雅典。但波塞冬暴怒，洪水四溢。雅典人为了平息他的怒气，给了雅典女人三个惩罚：取消雅典女人的投票权，雅典的孩子不得以母名命名，她们不得称为雅典女人。❶在巴霍芬看来，这个故事正说明了雅典娜的角色。她是女人选出的，即来自母权制，但恰恰是她取消了母权制，使德墨忒尔主义的城邦变成了阿波罗主义的雅典。因而，在雅典出现了父权制的最高形态。

这样，巴霍芬以充满想象力的诗化语言，讲出了从杂交时代经母权时代再到父权时代的历史进化。天才的巴霍芬和那些刻板的人类学家非常不同，他创造的确实是一个美丽的神话。这里没有人类学家科学面目下的严谨，却讲出了母权神话的真正深度。

三、自然之母，精神之父

巴霍芬把杂交阶段和母权阶段都当作自然的阶段，而

---

❶ 奥古斯丁，《上帝之城（下）》（18：8），吴飞译，上海：上海三联书店，2009年，第57—58页。

把父权阶段当作精神的阶段。母子关系是物质的、可见的、直观的、自然的，是可以通过感觉就能了解的生物性事实；但父子关系却完全不同，是不可见的、抽象的、推理出的、精神性的。因而，父权对母权的胜利，就是精神的发展和从自然的解放。

本来，母权代表自然，父权代表精神，这一对关系似乎就已经足够了，但在推想出母权制时代之后，巴霍芬却一定要假定有比它更早的一个杂交时代。为何如此？这是他的原则的必然推论。母权制的存在不在于有多少历史材料的支持，而在于它是比父权制更"自然"的时代。但母权制时代已经有了婚姻规则，甚至有了政治，在巴霍芬这里已经是有了一些文明的时代了，并不是最初的自然状态。他既然认为人类文明是从最自然的状态逐渐向精神状态发展的，那就应该有一个比母权制更自然的时代，即杂交时代。这同麦克伦南、亚维波里、斯宾塞和摩尔根的思路是一样的：在所有婚姻规则产生之前，必然存在一个更接近自然状态的杂交群婚时代。

在巴霍芬看来，杂交时代代表了更加纯粹的自然法和大地原则，因为那种状态就像泥沼中的野生植物全无规则生长的状态。性欲肆意蔓延，毫无限制。相对而言，德墨忒尔母权制则如同有了一些规则的农业。"两个阶段都遵循同样的基本原则：生育性的子宫占统治地位，差别只在于与自然的距离，二者都是用自然来诠释母性的。群婚制与最低等的植物生命相关，母权制则与较高阶段的农业相关。"遵循纯粹物质性自然法的杂交制才是最自然的婚姻形态，因而这个阶段的原则体现在污泥沼泽中的植物和动物上，而母权制却崇拜农业之神，因为那是已经有了规则的自然状态。巴霍芬认为："到处都是自然指导着人类的发展，让人拜服在大自然脚下；人类的历史发展都经过和自然一样的阶段。"[1]这正是巴霍芬理解人类历史的基本原则，即按照自然的发展而发展；这也决定了历史发展的辩证模式，最接近自然的也可能是最黑暗的；文明发展的最高程度却距离自然越来越遥远。从杂交时代纯粹物质性的自然法，发展到母权时代，人类文明已经有了初步的成就：

> 在人类存在的最低和黑暗阶段，母子之间的爱是生命中的一点火花，是道德深渊中唯一的光，是深重的悲惨中唯一的快乐。……在任何文化、任何德性、存在的任何高贵方面的起源阶段，我们都看到母子之间的关系。在充满暴力的世界中，这是神圣的爱的原则，统一的原则，和平的原则。女人把她的孩子养育成人，比男人更早地学会了将爱延伸到自我之外的另外一个生灵。

无论霍布斯还是后来的人类学家，都不认为爱或任何一种情感是历史发展的动力；他们甚至不认为爱或任何情感

---

[1] Johann Jakob Bachofen, *Myth, Religion, and Mother Right: Selected Writings of J. J. Bachofen*, Princeton, New Jersey: Princeton University Press, 1967, p. 97.

是氏族或家庭的根本原则。他们更愿在冷冰冰的权力或财产当中理解历史的发展。巴霍芬的运思方式与他们非常不同。他认为爱是决定性的，宗教和神话是历史发展的动力。人们最初之所以知母而不知父，是因为母子之爱是更加自然的一种爱，而父子之爱是更加精神性的，不那么直观，因而就距离自然更遥远。

比起后来的父权制，母权制时代的最基本特点就是它与自然的接近，于是很多后来的观念在那时都是颠倒的，比如左优于右，夜优于昼，月亮优于太阳，黑暗的大地优于发光的天体，甚至死优于生，哀悼优于快乐。母亲的原则，就是物质—大地的原则，而不是精神—天空的原则，所以大母神德墨忒尔既是丰收之神、农业之神、大地之神，也是冥界之神和死亡之神。出于自然的母爱是更具普世性的爱，没有任何限制和枷锁，创造出四海之内皆兄弟的博爱文化。因此，母权制的时代没有深层次的精神生活，那时的宗教生活也充满感性，极为肤浅。但在母权制国家里几乎没有冲突和内战，到处充满了无私的情怀，丰收时的富足与和平就象征了这样的文化。巴霍芬把母权制时代的基本特点概括为：

> 生儿育女的母性就是母权制的自然形象，母权制完全服从物质和自然生命的现象，它正是从这些当中得到了其内在和外在的存在形态；在母权制时代，人们比后来更强烈地感觉到生活的统一，宇宙的和谐，因为他们并未从中脱离；他们更敏锐地了解死亡的痛

苦和地上存在物的脆弱，女人，特别是母亲为此而哀悼。……他们在任何事情中都服从于自然存在的法则，将眼睛紧紧盯住大地，将地下冥界的力量放在天上星体的力量之上。……一言以蔽之，母权制的存在是一种有规则的自然主义，其思考是物质性的，其发展首先是物理性的。

巴霍芬非常迷恋他自己创造出的这个母权神话，沉浸在母权时代的温情脉脉当中，热爱那个时代的统一、和谐、自然、博爱。但我们不能因为巴霍芬使用了这么多诗意的语言，就认为他和霍布斯的思维方式真的不同。霍布斯理想中的自然状态里没有婴儿，没有母子关系，因而所有人和所有人都处在战争状态，也都在杂交状态；一旦有了母子关系，母亲因养育子女而保存了他的生命，从而取得了对他的支配权，于是母子之间就不再处于战争状态，当然也不应该有乱伦之事。巴霍芬所谓的从杂交制进入到母权制，说的也是这个进程。霍布斯那里的支配权，就是巴霍芬笔下的母爱（即使在巴霍芬的历史框架中，要进入这充满母爱的时代，也要经过残酷的流血，甚至是在狂热的阿玛宗主义之后，才有了母权制国家）。而后来的人类学家在区别完全没有婚姻规则和亲属制度的自然状态与最初的社会群体时，最重要的标志也是母子关系的出现。这些不同的说法，所指的都是同一种历史现象：母子关系使人类从完全无序的自然状态进入到有了婚姻规则的社会状态。巴霍芬的独特之处在于，他认为这个时代就有了国家，但那是个几乎没有内讧，没有冲突，很少战争，因而也缺乏精神生活的国家。在其他学者看来，这恐怕很难算是真正的国家。

虽然和我们讨论过的其他学者比起来，巴霍芬这过于诗意的语言似乎掩盖了真实的历史，但恰恰是巴霍芬揭示了这种历史演进的哲学实质。

在描述母权的特点时，巴霍芬都是将它与父权制对比着谈的。母爱是博爱，父爱却在本质上是约束性的；母权没有界限，父权总意味着限制；母权会塑造四海之内皆兄弟的情感，父权却总是限于一定的群体：总之，母权意味着人类文化的自然基础，父权意味着精神性的成熟和充分实现。因此，从母权到父权的转变，是人类文明的一种彻底转换，其意义远远超出了从杂婚到母权的转换。后者只是自然主义内部的进化，而前者是从自然到文化，从物质到精神的根本转型。杂交制是野生植物的生长方式，母权制是农业的生长方式，但父权制已经完全脱离了以自然和植物为比喻的阶段，代表了明亮天空中的和谐法律。

父子关系之所以与母子关系如此不同，就是因为一个简单不过的事实：母子关系来自于生育这个生物性行为，父子关系却不是这样清晰可见的生物关系。

母亲与孩子的关系基于物质关系，是感官可见的，永远是一个自然事实。但父亲作为生养者，却展现出一个完全不同的面相。他与孩子没有可见的关系，即使在婚姻关系中，他都永远无法抛弃某种想象的色彩。他只是通过母亲的中介才与孩子发生关系，是个遥远的因素。作为这样的因素，父亲展现出一种非物质性，相对他而言，呵护和哺乳的母亲就如同质料，如同生育的处所与房室，是孩子的看护者。❶

巴霍芬把后来人类学家所热衷的知母不知父问题讲得最为清楚。作为物质关系的母子关系是质料，作为推测出的关系的父子关系是形式。没有母子关系，就不可能有任何人类文明；但只有在父子关系产生之后，文明才得到完成。因而巴霍芬会把父权对母权的胜利当作精神从自然中的解放，是人类的存在状态从物质法则到精神法则的升华。母爱虽然被当作没有边界的博爱，但只是物理层面的，和动物没有区别；精神性的父爱却是人类所独有的。父爱使人类挣脱了物质主义的枷锁，将眼睛望向天空。因而，和作为大地之神、农业之神、冥界之神的母神不同，以日神阿波罗为代表的父神，是天上明亮的星辰，代表了精神力量和对自然的超越。

随着阿波罗时代的到来，旧时代被毁灭了。巴霍芬说，一种完全不同的精神气质出现了。母亲的神性让位给了父亲，夜让位给了昼，左让位给了右，佩拉斯吉（Pelasgian）人的母权制让位给了希腊人的父权制，对自然的容纳让位给了对自

---

❶ Johann Jakob Bachofen, *Myth, Religion, and Mother Right: Selected Writings of J. J. Bachofen,* Princeton, New Jersey: Princeton University Press, 1967, p. 109.

然的超越。在母权时代，人类的希望在于母亲的慷慨赐予；在父权时代，人们更希望凭自己的努力达到他想达到的目标。人们在激烈的斗争中认识到父权的价值和德性的高贵，把自己提升到纯粹的物质存在之上，展现出人的神性。不朽不再来自于博爱的母权，而在于男子汉的创造力。这是精神力量得到了极大发扬的时代，也就是我们熟知的希腊文明。

他又指出，因为父权制度而有了精神性的父子关系，因而才会产生收养制度。在杂交时代是不可能有，也无需有收养的，母权时代的母子关系也完全受制于自然关系，但到了阿波罗时代，纯粹精神性的父子关系才成为可能，因而才会有收养现象，才会有完全脱离了生物关系的父子。也是在这样的观念下，才会有世代不绝的族谱，有了家族不朽的观念。"在世界各地，人类走出大地，仰望天空；走出质料，朝向非物质；离开母亲，崇拜父亲。"❶

深受黑格尔哲学影响的巴霍芬，以他的诗意语言描述了人类精神得到完全实现的复杂历程，实现了父亲统治的罗马帝国是这一过程的顶端。身为养子的奥古斯都为精神之父凯撒复仇，导致了克丽奥帕特拉之死，他是第二个俄瑞斯忒斯，带来了新的阿波罗时代的曙光。罗马法拒绝东方母权文化的一切干扰，拒绝伊西斯和西比尔的女神信仰，也拒绝肆意泛滥的酒神精神，父权制在罗马帝国得到了最大程度的肯

---

❶ Johann Jakob Bachofen, *Myth, Religion, and Mother Right: Selected Writings of J. J. Bachofen*, Princeton, New Jersey: Princeton University Press, 1967, p. 112.

定和发展。但是，巴霍芬指出，正如母权制对杂交制的胜利经历了很多反复一样，即使父权的胜利也并不是一帆风顺的。就在奥古斯都在政治上取得了完全的胜利，建立父权的罗马帝国之时，宗教上的狄奥尼索斯主义却回来了。本来应该是阿波罗主义的时代，狄奥尼索斯主义却大行其道；在酒神与日神的对抗中，阿波罗本来完全有信心取得胜利，酒神却以烈酒使日神流出了眼泪。巴霍芬认为，这只能说明人类的脆弱性，对自然享乐、物质欲望的迷恋，使精神性的追求遭受挫折和反复。

四、母权社会，父权政治

巴霍芬虽然采用了古代民族中的许多材料，但这些只言片语的神话很难支撑起一个严谨的结论；从科学性来看，他的描述方式和推理方式也无法和后来的人类学家相比。但他又不愿把这说成是理论的假设，反而一再强调，神话的发展与历史的发展是同步的。他这三阶段的发展史，更像是自己的哲学理念的展开。

母权与父权的对立，应该是巴霍芬所理解的第一对关系。母权代表了物质性的自然，父权代表了精神性的文化，所以父权的最终胜利，既是精神对物质的超越，也是人性自然的真正完成。他在古代神话中所发现的种种材料，未必能支持所谓母权或父权的说法，但确实能很好地指示出自然与文化、物质与精神之间的关系。

但在确定了母权与父权的关系之后，巴霍芬发现母权并不那么自然，于是他必须进一步化约，找到比母权更原始的自然和质料，因而发明了杂交制时代。这样，母权时代的婚姻规则又成为杂交制的形式。母权是质料，父权是形式；同样，杂交是质料，母权是形式。这样层层化约的方式，和亚里士多德对形式与质料的理解完全契合。比如桌子是形式，木头是质料；但木头的软硬、形状也是形式，还有比它更基础的质料。正是同样的思维模式，驱使着巴霍芬从父权追溯到了母权，然后又从母权追溯到了杂交制。

在巴霍芬看来，母权制只是自然的初级实现，母子关系本身也只是一种质料。他承认有母权制国家，但这种国家里没有内战，人们之间没有什么界限，大家都处在温情脉脉的母爱笼罩之下。以巴霍芬的风格，他只能在神话和宗教中描述母权制国家的精神气质，而不可能给出它的政治结构，更无法想象它会有怎样一个政府。但在这样一种国家中，既没有梅因的父权制国家中的绝对权威（母亲只有爱，没有权威），也没有摩尔根和恩格斯笔下的阶级和压迫。在严格区分概念的人类学家看来，这只能算是社会，不能算是国家。他们的人类学研究，正是发展了这一主题。在麦克伦南、摩尔根和恩格斯笔下，我们也不再能看到巴霍芬的所谓博爱。麦克伦南认为，这个阶段里所有的只是以一妻多夫制和外婚制为主的部落；摩尔根和恩格斯则认为，这个阶段起初是血婚制，后来则随着姻族与氏族的发展，进入到了伙婚制和偶婚制的阶段。

巴霍芬并没有把婚姻制度想象得这么复杂，他的杂交阶段结束之后，应该已经是专偶制的时代，只是在这种专偶制的家庭里，母亲的自然之爱占统治地位，父亲的精神力量尚未发展出来，他只是作为一种男性的生物存在，匍匐于母亲的大爱之下。但麦克伦南、亚维波里、斯宾塞、摩尔根和恩格斯都无法想象，在专偶制家庭当中，怎么可能还是女性占主导地位，甚至无法发现父子关系？他们不可能像浪漫的巴霍芬那样，以博爱来决定一个时代的权力结构。在他们这里，只有群婚形态才能使父亲无法辨认。所以，这几位人类学家的母系社会，必然是某种形态的群婚状态。但群婚必然是非常复杂的一种婚姻形式，群婚的对象需要确定，群婚范围的大小也需要明确，于是，不同形式的群婚规则决定了母系社会的存在形态。他们笔下的群婚规则，发挥了巴霍芬笔下母爱的作用。群婚规则，决定了氏族社会的组织结构。血缘与人身关系，成为国家产生之前的社会构成原则。

从母权到父权，这个转折究竟是如何实现的，是巴霍芬与人类学家们大书特书的决定性历史时刻，也是使他们呈现出更加微妙的差别的时刻。巴霍芬虽然极其迷恋母权时代的博爱，却毫无保留地把父权制的胜利当作历史的巨大进步，当作人类文明的提升与最终完成。这个时代的个人奋斗、对人性的限制、权威的力量，以及天空中神圣的宁静，都是人类精神创造性的最终实现，是人性自然的自我超越。不过，读者还是能够读出来，巴霍芬在描述这一进步过程时，也不无惋惜与无奈之处。在摩尔根笔下，如果历史按照他理想中的发展模式，不仅进入民主的政治制度，而且从伙婚制经偶婚制，到男女完全平等的专偶制，那也是一种进步；但是，希腊人却不可思议地进入到了父权制，这种例外和变态的专偶制。摩尔根虽然否定了人类进入君主制这种看似堕落的发展，但他无法否认进入父权制的事实。那么，在他看来，虽然从群婚进入专偶制本来应该是一种进步，但在历史事实中，希腊人从偶婚制进入父权制，却是一种堕落，这只能归于一种无奈和偶然。恩格斯并不同意摩尔根的这种判断。在他充满辩证意味的唯物史观中，从母权的共产主义进入父权的奴隶制社会，是必然的，而不是摩尔根的所谓例外，这一转变必然带来阶级社会中的种种罪恶，但它也是历史的进步。

摩尔根和恩格斯都接受了巴霍芬的历史进步论，也都把巴霍芬没有明言的惋惜和无奈充分展现了出来。相对而言，摩尔根将希腊罗马的父权制当作历史例外的态度，是非常独特的；倒是恩格斯的辩证态度，更好地继承了巴霍芬历史观的实质精神。不过，正如马克思改造了黑格尔的世界历史，恩格斯也改造了巴霍芬的婚姻史，他不认为父权制是人类自然的实现，而认为这只是一个漫长历史过程的开端，以后的人类还将回到最初的共产主义状态。相对而言，倒是麦克伦南那粗糙的理论最接近巴霍芬。麦克伦南和巴霍芬一个重要的共同点是，他们并未根本否定梅因的父权制理论，只是在父权制的前面增加了更复杂的历史演进过程，父权制就成为前面这些历史过程的最终完成。

不论母权论者给出怎样不同的历史描述和理论解释，他们都和巴霍芬享有同样的哲学前提：杂交制代表了最初的自然状态，母权制是这种自然状态的一种完成，而后来的进一步发展，不论是父权制还是专偶制，都是文明的进一步实现。文明的进步，是人性的充分实现；国家和阶级对立的出现，是对自然的背离。但人性的充分实现和对自然的背离，却是同时发生的，好像自然在得到真正实现的时候，就丧失了自己。这构成了母权论最深刻的张力。他们既想在原始状态中找到美好的社会状态，又想在文明的政治社会中看到人性的提升。社会与政治的两条思路，在此处是格格不入的，却结合在了一起。

五、结语

本来，巴霍芬的这本书早就应该呈现在中国读者的面前。今天，当《母权论》的第一个中译本（虽然只是节译本）终于出版的时候，它的意义已经很不一样了。现在相关领域的研究者，无论人类学家、历史学家、法学家、神话学家，还是古典学家，都不大可能接受巴霍芬的结论了。我们之所以依然需要此书的中译本，是因为这是19世纪欧洲学者以古典思想思考现代文明的一个优秀范例。巴霍芬将对性别、人性、历史的深度思考纳入对希腊神话的天才解读之中，并极大影响了其后许多领域的学者。虽然他的结论早被否定，但他解读古典的方式，却仍然有着极其重要的意义。

丁酉年冬日于仰昆室

译者序

　　巴霍芬（Johann Jakob Bachofen，1815—1887）这个名字对许多中国读者来说不算陌生。他于1861年以德文发表的著作《母权论》❶虽然一直未有中译本问世，但在中国学术界称得上广为人知。巴霍芬在中国享有的知名度，一定程度上得益于恩格斯在1884年出版的《家庭、私有制和国家的起源》中给予他和《母权论》的极高评价——恩格斯指出，家庭史的研究始于巴霍芬的《母权论》出版的1861年。另一方面，巴霍芬的声名更主要因为他的著作在诸多领域所产生的开创性的、深远的影响。不过，至于我们该以何种学术身份来称呼巴霍芬最为恰当，却似乎需要斟酌一番。有称他为法学家的（他一生所任正式职位为法学教授和法官），也有称他为人类学家或民族学家或历史学家的，而用美国哲学史家乔治·波亚士（George Boas）在英文版巴霍芬文集（*Myth, Religion, and Mother Right:*

---

❶ 完整书名为《母权论：对古代世界母权制宗教性和法权性的探究》，德文书名为 *Das Mutterrecht: eine Untersuchung über die Gynaikokratie der alten Welt nach ihrer religiösen und rechtlichen Natur*（Stuttgart: Verlag von Krais und Hoffmann，1861）。

Selected Writings of J. J. Bachofen）前言中的话来说，"如果一定要给巴霍芬贴上标签的话，将他列入历史哲学家而不是民族学家或社会学家可能更为恰当"，"巴霍芬对社会发展理论的贡献只是他为社会哲学所做贡献的一小部分"。❶的确，巴霍芬对人的内心世界有着更浓厚的兴趣，他的一生致力于探索发现作用于人类历史的普遍规律，而他的研究成果无疑对人类思想史产生了重要影响。

尽管巴霍芬的主要作品持续以德文再版，德文版的十卷本巴霍芬作品集也在上个世纪 40 年代即已出版，也陆陆续续有不少研究巴霍芬的作品问世，但英语世界直到 1967 年才首次出版他的作品节选本，即此次中文版所参照的、由美国著名翻译家拉尔夫·曼海姆（Ralph Manheim）所节选翻译的《巴霍芬作品选：神话、宗教与母权》（*Myth, Religion, and Mother Right: Selected Writings of J. J. Bachofen,* Princeton, New Jersey: Princeton University Press, 1967）。这可能与主流学者认为巴霍芬关于母权的观点是错误的有关。即便如此，正如译者在下面所指出的，巴霍芬依然启发和影响了许多大师，对不少领域如女性学、神话学、心理学、文学与艺术等产生过开创性的或深刻的影响。而此次的节译本选择了巴霍芬最重要的作品，希望读者可以借以一窥巴霍芬及其观点与研究方法。

---

❶ George Boas, *Myth, Religion, and Mother Right: Selected Writings of J. J. Bachofen*, Princeton, New Jersey: Princeton University Press, 1967, p. xi.

巴霍芬：其人、其作品、其学术史地位与影响

巴霍芬出生于瑞士巴塞尔一个富庶家庭，曾先后在巴塞尔、柏林、巴黎、伦敦和剑桥学习法律和法学史，1841年至1845年期间被巴塞尔大学聘为罗马法教授。虽然他长时间担任巴塞尔刑事法庭的法官，但他对后世产生过重要影响的学术研究和著作却主要是以独立学者的身份完成的。

身为法学家，巴霍芬的直觉告诉他，罗马法中的一些习惯法不可能产生自父系社会的罗马。后来，他接触到的古代墓葬符号进一步强化了他的这一直觉。他对古罗马人在预见性方面的经验产生了浓厚兴趣，于1842年至1843年间第一次前往意大利，以完全不同于当时主流的正统理性主义的史学研究方法进行考察，为他心中的疑问寻找答案。此后，他又多次回到意大利继续他的考察研究。1851年，他前往希腊，并于次年完成此次朝圣之旅的记录文字《希腊之行》（*Griechische Reise*）一书。此间，巴霍芬的学术思想逐步形成。

巴霍芬的主要作品有：《古代墓葬象征符号》（*Versuch über die Gräbersymbolik der Alten*）（1859）、《母权论》（1861）、《塔娜奎尔的传奇故事》（*Die Sage von Tanaquil*）（1870）。

1917年，巴霍芬逝世30年，他写给老师弗里德里希·卡尔·冯·萨维尼（Friedrich Karl von Savigny）的自传性书信得以出版（*Selbstbiographie*）。❶

巴霍芬最具有里程碑意义的作品是《母权论》一书，该

---

❶ "Selbstbiographie," in Basler Jahrbuch 1917, pp. 298-343.

书问世之初，可谓默默无闻不受瞩目，后来陆续被摩尔根（Lewis Henry Morgan）、恩格斯等人引用并获得他们的高度评价后才声名鹊起。到19世纪末20世纪初，巴霍芬因此书而名扬世界。尽管巴霍芬关于母权和女性统治的观点被后来的主流考古学和人类学认为站不住脚，但当人们提到群婚、从群婚到婚姻的过渡、家庭史及家庭组织形态、符号与象征、女性学、神话学、浪漫主义史学观、古希腊罗马宗教之类概念时，却都无法避开他的名字。巴霍芬的作品在诸多领域都产生了深远的影响，自19世纪与20世纪之交开始在世界范围内持续影响了多代的民族学家、人类学家、心理分析学家、神话学家以及社会哲学家乃至文学家、艺术家。民族学家卡尔·穆利（Karl Meuli）即说："无论是谁，若要试图完整评估《母权论》对后世的影响，就必须同时撰写一部关于现代民族志和社会学的历史。"[1]而致力于德语文化研究的学者彼得·戴维斯（Peter Davies）在他就巴霍芬如何影响德语世界的专著《神话、母权制与现代性》（*Myth, Matriarchy and Modernity: Johann Jakob Bachofen in German Culture 1860-1945*）中则指出，《母权论》无论对历史、文化、政治理论、精神分析与文学，还是对性学与女性运动，都产生了深刻影响。[2]

巴霍芬是开启了人类家庭史和女性地位研究先河之人，

---

[1] Karl Meuli, 'Nachwort' to *Das Mutterrecht*, GW 3, 1011-1128, p. 1117.

[2] Peter Davies, *Myth, Matriarchy and Modernity: Johann Jakob Bachofen in German Culture 1860-1945*, Berlin/New York: Walter de Gruyter GmbH & Co. KG，2010，p.5.

他在文化演变理论方面所做的探索也具有开创性意义。他第一个提出了母权制的概念；还指出，个体婚姻出现之前曾存在以性杂交为特点的群婚的史前人类发展阶段；他进一步提出，人类古代文化主要经历了群婚、母权制和父权制这三个发展阶段，女性在某个时期内在家庭内外居于主导地位，负责管理家庭和国家事务，巴霍芬称这一时期为母权制阶段。

巴霍芬厌恶支配他所处时代的正统僵化的理性主义历史观，主张神话即历史，用浪漫主义史学方法解释神话与符号、强调借助"直觉知识"进行比较研究。他认为，生活在古代的人类通过符号表达和沟通内心世界，符号存在于神话之中，以及古代人类在仪式中表达对超人力量的敬畏。他不接受神话和符号呈现出来的表象，故而成为第一个质问"人类为什么这么想，为什么这么说话"的人，并最终将答案归于人类的宗教天性。❶

他的这些观点以及他不同寻常的研究视角，使我们不难理解他的作品为什么在 20 世纪被艺术家、心理学家和从事文学创作的人重新发现。

受到巴霍芬及其理论影响的重要人物中，除上文提及的摩尔根、恩格斯、卡尔·穆利之外，还包括哲学家尼采以及瑞士精神分析学家荣格。尼采于 1869 年来到巴霍芬居住的巴塞尔，并在随后的几年成了巴霍芬家中的常客。❷尽管

---

❶ J. J. Bachofen, *Myth, Religion, and Mother Right: Selected Writings of J. J. Bachofen*, Princeton, New Jersey: Princeton University Press, 1967, p. xii.

❷ Ibid., p. xlvi.

尼采没有文字明确提到巴霍芬对他的影响，但在《悲剧的诞生》出版前他在多个方面所持观点与巴霍芬相似。两位都认为，"斗争是一切伟大的源泉"，以及"每个国家都有其国家性格，这一性格在其对权力的欲求中被表达"。❶而且，尼采是巴霍芬的同事——文化史、艺术史家雅各布·布克哈特（Jakob Burckhardt）的热烈崇拜者，而布克哈特则极为崇拜巴霍芬。尽管尼采后来的观点和理论不同于巴霍芬，但双方都"赋予神话以身份认同要素之一的角色"。❷巴霍芬认为古人的感受或思维以符号的形式表达又成为神话，荣格也持相似观点，❸他的"集体无意识"条理分明而更有系统性地确认了巴霍芬对神话与符号的解读。❹此外，受到巴霍芬影响的人物名单上还包括德国诗人斯泰芬·乔治（Stephan George），英国小说家、诗人罗伯特·格雷夫斯（Robert Graves），美国历史学家列昂奈尔·戈斯曼（Lionel Gossman），奥地利精神分析学家奥图·葛罗斯（Otto Gross），德国小说家托马斯·曼（Thomas Mann），奥地利作家伯莎·迪纳（Bertha Diener），英国人类学家马林诺夫斯基（Bronislaw Kaspar Malinowski），英国古典学家、语言学家及女权主义者简·艾伦·赫丽生（Jane Ellen Harrison），德国思想家瓦尔特·本

---

❶ J. J. Bachofen, *Myth, Religion, and Mother Right: Selected Writings of J. J. Bachofen*, Princeton, New Jersey: Princeton University Press, 1967, p. xx.

❷ Ibid., p. xxi.

❸ Ibid., p. xxii.

❹ Ibid., p. xxvi.

雅明（Walter Benjamin），德国精神分析学家艾里克·弗洛姆（Erich Fromm），奥地利诗人赖内·马利亚·里尔克（Rainer Maria Rilke），奥地利剧作家、诗人霍夫曼斯塔尔（Hugo von Hofmannsthal），意大利哲学家、画家尤利乌斯·埃佛拉（Julius Evola），美国作家及神话学家约瑟夫·坎贝尔（Joseph Campbell），等等。

总而言之，如波亚士在英文版的巴霍芬文集前言中所说，今天的我们质疑巴霍芬的观点和理论是否正确已非关键所在，只要我们不愿用肤浅的眼光看历史，我们就还必须采用他的研究视角；或者更简单明了地说，人类行为完全是对外在现象的反应，还是我们的内心决定我们的关键行为。❶

《母权论》: 内容概要

《母权论》正文包括导论、吕基亚、雅典、利姆诺斯、埃及、印度以及莱斯博斯共七个章节。

在开篇"导论"中巴霍芬即提出，母权并非某个民族或族群特有的个别现象，而乃史前人类社会普遍存在之现象，是人类早期所经历的多个文化发展阶段中的一个；母权现象既存在于史料记录中又反映在神话传统中。他又指出："尽管母权制体系的某一特征在神话传统与历史记录中的相似性并不总是来自同一个民族，但母权制体系的所有特征几乎无

---

❶ J. J. Bachofen, *Myth, Religion, and Mother Right: Selected Writings of J. J. Bachofen*, Princeton, New Jersey: Princeton University Press, 1967, p. xxiii-xxiv.

一例外地都能以这种方式记录下来。"❶他大量引用吕基亚、雅典、利姆诺斯、埃及、印度和莱斯博斯这些民族的神话传说以及历史文献来证明他的观点——历史文献方面,他广泛援引古希腊罗马经典,如普鲁塔克、希罗多德、亚里士多德、塔西佗、斯特拉波、狄奥多罗斯、狄奥尼修斯乃至柏拉图等等的作品。对于神话与历史的关系,巴霍芬说,二者之间即形式与内容的关系,"神话围绕历史事实而形成"。❷他主张,人类历史的源头存在于神话中,神话对了解人类起源至关重要。对此,他这样说:"神话是对人类最原初思维的体现,是对远古时代最直接的写照,因此,神话也是了解历史高度可靠的材料。"❸在巴霍芬看来,尽管神话的外在表现形式多样,但遵循特定规律,并且在向我们提供结论的确定性和可靠性方面,并不逊色于任何形式的历史知识,其外在表现如依据母系确定继承权,姐妹在家庭中享有更高地位,最年幼的孩子在家庭中享有更高地位,等等。在大量、频繁引经据典的同时,巴霍芬大篇幅地运用神话传统解读古代历史成为《母权论》的一个鲜明特点。他的这一做法在写作《母权论》的年代当属石破天惊之举,毕竟19世纪60年代既没有对神话传说中的特洛伊城和克里特岛弥诺陶洛斯迷宫的考古发现,也还没有发现出土了许多女神像的新石器时期村落。

巴霍芬执着于找出文化发展演变的内因。他就此的最

---

❶ 参见本书,第7页。
❷ 同上书,第6页。
❸ 同上书,第7页。

终结论是，人类的宗教本性在文化的发展中起了决定性的作用，他"将宗教看作影响民族生活的重要因素，在塑造人类整体存在的多种创造力中把宗教列为首要的创造力"。❶自然，他也认为母权制与女人的宗教性紧密联系在一起。母亲作为德墨忒尔这一原初"地母神"在人世间的化身，成为她的祭司，代表她在人间管理她的神秘力量；代表生育力的"地母神"成为这一时期祭拜仪式和密教的主角、主神。对于女性的宗教性，巴霍芬如此描述，"女性通过对超自然力量和神的力量，以及对非理性和奇迹的偏爱，无时无刻地对男性及所属民族的教育和文化发挥着巨大的影响力"；❷ "女性往往是第一个领悟神示的人；女性在大多数宗教的传播中都发挥了最积极的作用"。❸不过，遗憾的是，巴霍芬在论述女性的宗教性时渐渐走入了神秘主义。当然，对在女性统治地位的形成过程中发挥了重要作用的当时的社会环境，巴霍芬也未忽视。他说，除了女性在宗教上的神圣性外，当时的社会状况还进一步促进并巩固了女性的统治地位，即，当时的男人们整日忙于战事，远离家园，管理家中事务、牲畜和奴隶乃至保卫家园的责任便留给了女人们承担。

就他采用的研究方法，巴霍芬有如下阐述："研究是否成功取决于是否对文献做过最彻底的调查和是否展开不带任何偏见的、完全客观的评估。依此而言，将有两个标准需要

---

❶ 参见本书，第24页。
❷ 同上书，第25页。
❸ 同上书，第26页。

我们遵循，而这两个标准也决定了我将如何展开下面的讨论。我将所有资料按民族进行了归纳整理，这成为了我们最主要的分类原则。下文的每章开篇首先讨论关于该民族最有意义的历史记录。这一方法本身可以避免我们在阐述母权制的观念时按逻辑来推进，取而代之的是，我们将不得不跟随每个民族的资料走，有时强调这一方面，有时又强调那一方面；而且，我们还将不得不反复涉及同一问题。"❶

巴霍芬还在"导论"中进一步提出，古代人类历史经历了三个主要的发展阶段，而且人类精神的发展与宇宙表达的等级化体系之间存在对应关系。❷

巴霍芬称，第一个发展阶段为大地原则阶段（tellurism，或称原始自然法阶段），阿芙洛狄忒女神是该阶段最受崇拜的主神。在这一阶段，人类居无定所，以狩猎和采摘野果为生；遵照沼泽地的繁衍模式过着混乱的性杂交的群婚生活，男女性交完全受欲望驱使，与野兽无异；受孕与性交之间的关系尚不为人类所知，婚姻也还未出现；也没有农业和国家的概念。孩子知母不知父，沼泽地植被是这一阶段作者所谓"私生子"（*nothus*）的象征符号。该阶段又被称为群婚制（hetaerism）阶段，对应宇宙中的地球。

第二个阶段，巴霍芬称其为德墨忒尔原则阶段，"地母神"德墨忒尔取代阿芙洛狄忒成为这第二个阶段最重要的神。

---

❶　参见本书，第 74 页。
❷　同上书，第 65 页。

该阶段出现了有序的农业耕作，也出现了婚姻的观念，"婚生子"（*legitimus*）的概念首次出现，农业模式下的栽培植物成为"婚生子"的象征符号。孩子在该阶段由母亲一方所生的孩子演变为父母双方所生的孩子，只不过父亲相对于母亲来说仍处于从属和次要的地位，父亲只有通过母亲才成为父亲。德墨忒尔是该阶段占支配地位的神灵，作为其化身的女性相应地在世俗世界里的家庭内外同样占支配地位，是家庭和国家事务的统治者，"女性统治"（γυναικοκρατουμένη，rule by woman）出现。这第二个阶段也被巴霍芬称为母权制阶段，对应宇宙中的月亮。巴霍芬认为，前两个阶段都遵循母权，前者的母权发展到后者成为系统性的母权制；二者都受自然法支配，只不过前者受原始自然法（或称大地原则）支配，后者则受真正的自然法支配（*ius naturale*）。

第三个阶段则被巴霍芬称为阿波罗原则阶段，太阳神阿波罗是这一阶段的主宰之神，父亲取代母亲成为占支配地位的人，父权盛行，也出现了领养孩子的观念。这一阶段也被称为父权制阶段。该阶段的一个重大变化是人类的注意力从关注肉体和物质转向了关注心灵和精神。在巴霍芬眼中，前两个阶段都聆听自然的启示，都遵循自然的原始性与物质性；第三个阶段则摆脱了物质性，实现了从物质到精神的升华，到处都发生了从大地上升到天空、从物质上升到非物质、从母亲上升到父亲的变化。巴霍芬还不遗余力地阐述了在第一个阶段向第二个阶段以及从第二个阶段向第三个阶段过渡的历史进程中的多个中间阶段。譬如，在第二个阶段向第三个阶段的演变过程中，出现了狄奥尼索斯男性生殖神和酒神崇拜的过渡阶段，该过渡阶段的一个典型特征便是，母权制开始衰退，父权制的一些早期特征开始显现。

在接下来的"吕基亚"一章，巴霍芬主要通过关于柏勒洛丰的神话故事以及一些古典文献记录阐述了吕基亚曾经实行母权制。在作者看来，表现了该制度的习俗或现象包括以母亲的姓氏为孩子命名；孩子的身份由母亲而非父亲的身份所决定；在财产继承方面，家庭财产传给女儿，而不是儿子；母亲而非父亲，负有管理家庭事务和国家的职责。[1] 作者认为，母权制与婚姻相伴而生，故而母权阶段出现了"婚生子"的观念；生育繁衍在受物质性的自然法支配的母权阶段占有最重要的地位，故代表生育力的"地母神"也是该阶段最重要的神灵，成为这一时期祭拜仪式和神秘主义的主角。作者还进一步指出，实现母权制的民族拥有高尚的品质，如忠于婚姻，男性英勇善战、成为真正的侠义之士，敬重长者，孩子受到母亲无私的爱护，等等。当生育的观念不再与大地物质联系在一起，而与太阳联系起来后，母权便逐渐让位给了父权。在这同一章节中，作者以长生鸟飞抵埃及赫利奥波利斯神庙的神话故事阐释了该变化的出现。

在"雅典"与"埃及"两个章节中，巴霍芬对出现在索福克勒斯的《俄狄浦斯在科罗诺斯》、埃斯库罗斯的"俄狄浦斯三部曲"和品达的《俄狄浦斯颂歌》中有关俄狄浦斯的

---

[1] 参见本书，第132页。

故事，以及对埃斯库罗斯的《俄瑞斯忒亚》三部曲做了别具一格的精彩解读。作者认为，父权与母权的对立，以及父权如何逐渐战胜并取代母权，在有关俄狄浦斯和俄瑞斯忒亚的作品中得到了鲜明的体现。他说："《俄狄浦斯颂歌》属于与《俄瑞斯忒亚》同类的作品，我们可以把它们放在一起来看。这两部作品都反映了复仇女神代表的大地的法律被更高级的阿波罗的法律所取代、所支配。《俄狄浦斯颂歌》是对《俄瑞斯忒亚》的继承和发展，后者的主题在前者中有了结局并发展到了更高处。"**❶**因为在《俄狄浦斯颂歌》中，复仇女神按阿波罗的指令，宽恕了俄狄浦斯的弑母之罪并将他纳入了她们的保护之下，他还和她们一起受到崇拜；原本坚持血债血偿的复仇女神，成为了接受救赎的"好善者"，对她们的崇拜融入了阿波罗太阳神崇拜体系，她们进而服从阿波罗所代表的新的法律。巴霍芬说："上文论述的逐步转变之所以特别耐人寻味，是因为它所对应的是人类历史中制度的变化和向前发展。人类对从更古老的宗教阶段向观念更纯洁阶段的演变的记忆，以及对引起和伴随这一变化的所有痛苦和所有灾难的记忆，都隐含在俄狄浦斯和俄瑞斯忒亚这两个人物的神话故事中。"**❷**他还进一步指出："有这样一些伟大的人物，他们身处旧的时代，是旧的时代最后的牺牲品，而正是由于这样的身份，他们得以成为新的时代的创建者；也正

❶ 参见本书，第179页。
❷ 同上书，第180页。

因为他们所受的苦难与折磨，人类文明才得以向更高阶段发展。俄狄浦斯正是这些伟大人物中的一个。"❶在"埃及"一章中，斯芬克斯也被作者解读成世俗母亲身份的化身，以及大地女神黑暗面权力和物质性万物有死规律的代表，解开斯芬克斯之谜自然意味着物质注定消亡的魔力的消失。

巴霍芬还在多个章节中提到了完全由女人构成、女战士一样四处征战的阿玛宗（Amazon）部落。他认为，阿玛宗现象属于极端的母权制形式，是人类社会曾经普遍存在的现象，与所有民族的早期历史交织在一起。他还进一步举例证明，这一点同样得到了神话与历史记录的印证。他指出，阿玛宗现象在女性对抗她们在群婚下所处的卑微与低贱地位的过程中发展起来；其出现早于具有婚姻关系的母权制，后又在母权制发展到尾声时重新出现，并最终导致了母权制的消亡。"利姆诺斯"一章所讲述的利姆诺斯岛上女人们杀光岛上所有男人的故事正是阿玛宗母权制最臭名昭著的一个例子。在巴霍芬看来，阿玛宗现象虽有其野蛮性，由此来说属于历史的倒退，但其在与群婚制的对抗中对女性地位的提升以及对人类整体生存的改善发挥了毋庸置疑的重要作用；❷阿玛宗现象带来了人类从游牧生活转向定居生活的新变化，这些阿玛宗女人们在血腥的战争之后逐渐定居下来，从事农耕，还开始分配土地，也开始着手建造城市。同样的变化也

---

❶ 参见本书，第 174 页。
❷ 同上书，第 55 页。

出现在了对应的崇拜体系中，对此，巴霍芬阐述道："尽管阿玛宗母权制和具有婚姻关系的母权制都与月亮紧密联系在一起，而且尽管相比太阳二者都更偏爱月亮象征女性的支配地位，但是，阿玛宗母权制所崇拜的月亮相比德墨忒尔母权制所崇拜的月亮，呈现出更阴暗、更严厉的特性。对德墨忒尔母权制来说，月亮象征着夫妻的结合，是对存在于太阳与月亮之间的唯一纽带关系的最高宇宙表达；而另一方面，对阿玛宗人来说，逃离太阳的夜晚的孤零零的月亮，则象征着贞洁的少女，是男女长久结合的敌人；对阿玛宗人来说，咧着嘴笑、面容千变万化的月亮的形象就是丑陋恐怖的蛇发女妖戈耳贡，与阿玛宗母权制联系在一起的正是她的名字。"❶作者在这一章节还进一步描写了利姆诺斯岛女王许普西皮勒帮助父亲逃过杀戮，成为岛上唯一一未被杀害的男人；后来，女王在远航取金羊毛的阿耳戈号停靠利姆诺斯岛时，与阿耳戈英雄首领伊阿宋相好，她所生的孩子以"伊阿宋之子"为世人所知。作者将这二者解读为母权开始向父权过渡、父系原则开始与母系原则平起平坐的标志。

在"印度"一章中，马其顿国王亚历山大东征到印度与印度某个王国的王后坎迪斯相遇的故事，被巴霍芬描写成欧洲与亚洲、西方与东方之间在观念、宗教乃至文明方面的遭遇，以及亚历山大代表的父权与坎迪斯代表的母权之间的冲突。他们之间相遇的结局也相应地被巴霍芬解读

---

❶ 参见本书，第55—56页。

为西方的更高级的父系阳性原则战胜了东方较低级的母系阴性原则。

被普遍看作同性恋发源地的爱琴海中的岛屿莱斯博斯岛——英语女同性恋（Lesbian）一词即由莱斯博斯的英文"Lesbos"而来，因为与萨福这位女诗人联系在一起又久负热爱抒情诗的盛名而被巴霍芬专辟章节予以论述。巴霍芬在"莱斯博斯"一章阐述说，俄耳甫斯宗教与包括莱斯博斯在内的伊奥利亚人对抒情诗的热爱密切相关；俄耳甫斯宗教及其追求人的净化和精神生活的教义深深地影响了萨福和她周围的少女，使她们选择了与当时社会格格不入的生活方式；萨福与这群少女之间的"女性同性恋"和"男性同性恋"出现时的初衷一样，都是为了"超越凡身之爱"，为了"让外在美转化为纯洁的心灵之美"。[1]这些"男性之间的爱"与受女人吸引而产生的感官享受以及性欲是对立的。作者认为，俄耳甫斯教的"男性同性恋"观念在人类文化的发展历程中发挥过举足轻重的作用。

在"埃及"一章中，巴霍芬还用不小的篇幅阐述大自然的物质性阴性原则与正义以及法律之间的关系。他主张孕育了正义观念的正是自然，"大自然的阴性原则既是对法律的表达，也是法律产生的源泉"，这一"站在物质繁衍最顶点的原则也必须是只关心人类物质生活的正义的源泉与基础"。[2]大

---

[1] 参见本书，第 211 页。
[2] 同上书，第 181 页。

自然的物质生活法则成了法律观念，大自然被等同于正义。对此，巴霍芬援引毕达哥拉斯学派的数字神秘论，认为其所表达的正是上述同一观念。巴霍芬认为："与大自然的物质性阴性原则联系在一起的正义意味着大自然赋予的自由与平等，这就是古罗马法学家们所讲的自然法。"❶在阿芙洛狄忒被当作主神崇拜的阶段和后来取而代之的德墨忒尔原则阶段，大自然都是人类制度的原型和衡量尺度，故而培育了正义观念的正是大自然。❷只不过在前一个阶段，与自然的阴性和物质性联系在一起的正义是复仇的法律，是以牙还牙、血债血偿的正义，复仇与惩罚构成了这一正义的全部内容；而当德墨忒尔取代阿芙洛狄忒成为主神，当人类从群婚生活进入婚姻，正义便有了新的含义，此一阶段的正义虽然依然具有物质性和母性特征，但已经受到婚姻制度的约束，而且具有了宗教性，成为"神授的法律"，"立法女神"即为德墨忒尔女神或罗马的刻瑞斯女神，支配这一新阶段的法成为真正的自然法。到了太阳神阿波罗主宰的第三阶段，物质性的自然法上升为精神法则，代表了最终的正义，即爱，绽放着善的法则的纯洁之光。❸巴霍芬说："自然法并非由人类创造，而由人类发现，是推动法律发展的伟大的法。"❹

---

❶ 参见本书，第 186 页。
❷ 同上书，第 195 页。
❸ 同上书，第 188 页。
❹ 同上书，第 187 页。

译者说明

《母权论》是我翻译的第二部西方古典人类学之作（第一部为《大象与民族学家》，该书于 2013 年由北京大学出版社出版）。

自问世之后，《母权论》一书已有各种简编版（如 Rudolf Marx 1927 年所编及 Hans-Jürgen Heinrichs 1975 年所编），原典也曾于 1943—1967 年间被收录于八卷本《巴霍芬文集》中（*Johann Jakob Bachofens Gesammelte Werke*. ed. Karl Meuli. Basel: B. Schwabe, 1943–1967）。

在英文学术界，不少触及巴霍芬观点的人类学思想史著述，多未加考证而引巴霍芬 1861 年原著，如斯托金（George Stocking Jr.）于所著《维多利亚时代人类学》（*Victorian Anthropology*，1987）一书中，三次一笔带过提到巴霍芬的思想，亚当·库柏（Adam Kuper）在《原始社会的发明》（*The Invention of Primititve Society*，1988）一书中，八处点到《母权论》，遗憾地均属此例。

其实，早在 1967 年，拉尔夫·曼海姆已在其编选出版的《巴霍芬作品选：神话、宗教与母权》中收录了《母权论》一书的"提要版"。到了本世纪初，大卫·帕滕海默（David Partenheimer）博士则又克服重重困难，翻译出版了《母权论》五卷版（*Mother Right by J. J. Bachofen*，Vols. 1-5，Lewiston, NY: Edwin Mellen, 2003-2008）。对于专业研究者而言，帕滕海默博士的全译本无疑是可贵的文献。要全面理解巴霍芬

《母权论》在 19 世纪西方社会思想中的地位，惟有解读全书，方为妥善。

　　然而，译者是翻译的业余爱好者，拥有的时间不足以翻译鸿篇巨著的全译本，更缺乏核对不同版本的能力。如此一来，曼海姆的译本便成为最近便的了。而如我所知，在英语学界，《母权论》的全译本出版之前，这个"提要本"可谓是惟一的参考书目，作为论及巴霍芬思想的研究者参考的首选书目，最频繁出现于各类直接征引原典的相关论著中。在翻译过程中，我还深深感到，曼海姆是位有专业素养的译者，他对巴霍芬思想进行了全面研究，在此基础上，用精练的语言，重现了《母权论》的理论原貌。在制作"提要"的过程中，曼海姆还特别用心地照顾着原典的内容，以极其巧妙的方式，保留了原著中的众多"故事"细节。我深信，这个版本，如同其他经典巨著的"提要"（比如，弗雷泽所著12 卷版《金枝》的提要版）一样，有着自身的理由、重要性和魅力。

　　巴霍芬的思想，在国内学界有相当广泛的影响，它通过马克思、恩格斯、摩尔根的著作，间接影响到不少学者的研究和思考。然而，遗憾的是，迄今为止，《母权论》的中译本尚未存在。尽管我不是专业的研究者，但我深信这个"提要本"的中译，有其自身的价值。

　　《母权论》原作言简意赅，语言高度浓缩，常常一句话背后是一个完整的故事或大量背景知识。这样的语言和写作风格也是作品出版之初受到冷遇的一个原因，自然给翻译带来巨大挑战。再者，文中大量使用古希腊罗马神话故事，频繁援引古希腊罗马经典，成为此次翻译另一不小的挑战。古希腊罗马神话故事和经典传世已久，其中许多作品的中译本已然成为经典之作，所以我尽量尊重这些已有翻译成就，能查找到已有翻译的尽量引用。在注释方面，我完全尊重原作，因此既有脚注也有尾注，但为读者阅读之便，我在脚注和尾注部分加入了一些译者注。此外，由于文中提到的古代历史和神话传说中的人物较多，在正文提到这些真实或虚构的人物时，我结合附于正文之后的词汇索引，对那些不那么人尽皆知的人物，添加了其主要身份的说明以方便读者参考。

　　鉴于能力有限，翻译不妥或差错之处在所难免，还望读者不吝指正。

孜　子

2016 年 11 月

导　论

　　本书将探讨的母权（mother right）这一历史现象，涉足的人寥寥无几，做过全面研究的，则尚无一人。时至今日，考古学家们在母权问题上也一直默默无声。母权是个全新的概念，其所代表的家庭形态对世人来说也全然陌生。提起母权的话题，人们自然兴致勃勃，但若要对这一话题展开讨论，却困难重重。因为对母权所属的文化阶段，还不曾有人做过认真研究，所以关于母权最基础的研究工作尚待有人着手展开。可以说，我们所涉足的，是一个全新的处女领域。

　　讨论母权问题，我们需要将时间回溯到比古典时期更早的时代，让自己身处更古老的世界，一个充满我们完全不熟悉的观念的世界。我们需要抛开那些常常被我们认为在古代取得了辉煌文化成就的民族，使自己身处文化成就不曾那么辉煌的民族。我们会发现，展现在我们眼前的，是个陌生的世界，我们对它了解得越多，就感觉越是陌生。在这个世界，眼之所见，与高度发达的文化对比鲜明；足之所及，处处呈现更古老的观念，其所折射出的独特的生活方式，只能根据其自身的基本法则（fundamental law）去评判。在这个世界，以女性为中心的家庭的母权制组织（matriarchal organization of the family），不管是以现代视角还是从古代传统观念来看，都显得奇怪；而且，将那种更为原始的人类生活方式——以女性为中心的家庭组织与它相关，形成于其中，又唯有借助于它才可以解释得通——置于**希腊人**（the Hellenic）❶旁边来看，就显得更加的奇怪了。下面的文字将致力于揭示并诠释母权制时代（matriarchal age）的原理和原理的演变，以及演变的原理相对于人类历史较低级和更高级的文化发展阶段，扮演了什么角色、具有什么地位。因此，本书所涉及的范围远比本书的题目看起来要广得多。我在本书中意欲探讨母权制文化的方方面面，揭示其多元特征以及这些特征背后的基本观念。我希望通过这种方式还原被古代社会后来的发展所掩盖或者完全破坏了的一个文化阶段的原貌。无疑，这是一个雄心勃勃而且异常艰巨的任务，不过，唯有通过如是拓宽视野，我们才能对真相以及真相是否为我们所完全掌握进行科学的思考，进而获得真知灼见。

现在，我将尝试简要概括我的观点，相信会对读者更好地了解本作品有所裨益。

所有关于母权或者涉及到母权现象的记录中，有关吕

---

❶ 原文涉及 "希腊" 一词时，既使用了 Hellenes［希腊人或赫楞人，后者为希腊人对自己的称呼，源自他们认为自己是丢卡利翁（Deucalion）与皮拉（Pyrrha）之子赫楞（Hellen）的后裔］一词，又用了 Greece 一词。中文统一翻译为 "希腊"，但标出了原文使用 Hellenes 及其衍生词（Hellenic 或 Hellenism）的地方。——译者注（正文部分的注释除标明译者注、巴霍芬注，其余均为英译本注。）

基亚人（Lycian people）的记录最清楚，也最具价值。根据希罗多德（Herodotus）[1]的记录，吕基亚人不像希腊人一样在给孩子取名时使用父亲的姓氏，而完全采用母亲的姓氏；吕基亚人的家庭谱系完全根据母系（maternal line）来记录，孩子的身份也完全由母亲的身份来决定。大马士革人尼古劳斯（Nicolaus）[2]为我们讲述的情况也证实了希罗多德的记录。尼古劳斯告诉我们，在吕基亚民族中，只有女儿拥有继承权；他还说，这种制度源于吕基亚人的习惯法（common law），即不成文法（unwritten law）——苏格拉底（Socrates）称之为神亲授的法律。所有这些习俗都属于一个基本观念而且是同一个基本观念的外在表现。尽管希罗多德认为这些习俗不过是些偏离了希腊习俗的奇风异俗，但更深入的考察收获的必定是更深刻的洞察。我们进一步的研究发现，吕基亚人的这些习俗并非一些杂乱无章的社会现象，而是系统的制度；也并非当时人类一时兴起所致，而是社会必要的组成部分。那些认为这些习俗是不具有任何意义的反常现象的人们，因为明确否认这些习俗曾经受到任何制定法（body of legislation）的影响，他们的观点也失去了最后一丝依据。实际上我们所发现的是与希腊、罗马的父系原则（father principle）并存的一种家庭组织，而对二者所做的比较研究清楚表明，这一家庭组织存在的基础及其后续演变，截然不同于父权制。类似观念存在于其他民族的研究发现也证实了该观点。在埃及只有女儿负有赡养年迈父母义务的做法［根据狄奥多罗斯（Diodorus）的记载］与吕基亚人只有女儿享有继承权的现象如出一辙。而根据斯特拉波[3]的记录，坎塔布里人（Cantabri）的姐妹为兄弟提供嫁妆的习俗所反映的也是与吕基亚人相似的基本观念。

上文列举的种种记录汇集在一起形成的画面只有一个，引向的结论也只有一个，即母权现象并不仅限于哪个民族，而是标志着一个人类文化发展阶段。鉴于人性具有一些普遍特征和共通性，因此我们不能说只有某些民族的家庭（ethnic family）经历了该文化发展阶段。而且相应地，我们无须过多关注出现在不同民族的个体现象之间的相似性，而必须更多关注出现在这些民族的一些基本观念的同一性。波里比阿（Polybius）[4]的作品对埃佩泽菲利亚的洛克里斯人（Epizephyrian Locrians）中上百个高贵世家母权制家庭谱系的描述，告诉了我们另外两方面的事实，而这另外两方面的事实也在我们进一步的探究中得到证实，即：（1）母权属于父权制体系（patriarchal system）出现前的文化阶段；（2）随着父系体系（paternal system）的兴起和发展，母权才逐渐衰落。母权制形式主要在**希腊**古典时期前（pre-Hellenic）的古代希腊民族中实行，是这一远古时期希腊文化的重要组成部分；母权制形式在希腊文化上留下的烙印，并不逊于后来的父权制形式。

我们根据观察到的现象推导出的原理，得到了研究过程中获得的大量资料的印证。从洛克里斯人到列列该斯人（Leleges）、卡里亚人（Carians）、埃托利亚人（Aetolians）、佩拉斯吉人（Pelasgians）、考寇涅斯人（Caucones）、阿卡迪亚人（Arcadians）、埃利斯人（Epeians），以及米尼埃伊人（Minyae），再到塔福斯人（Teleboeans），这些古老民族为我们一一呈现了关于母权和母权文化的多姿多彩的画面。不论这些民族中的人们肤色差别多大，他们的女性身份所代表的尊贵地位都令古人惊诧不已。女性拥有的尊贵地位赋予了这些民族一种与**希腊**古典文化（Hellenic culture）反差鲜明的高贵性。从这些民族中我们观察催生了下述种种的基本观念：赫西俄德的作品《名媛录》（Hesiodic *Eoiai* and "Catalogues"）❶中的谱系；女神们与凡身男人结合并和他们生儿育女；对母系财产和母系姓氏的强调；紧密的母系血缘关系——孕育出了"母亲的国度"（mother country）的用语和"祖国"（motherland）的称谓；女人作为祭祀牺牲更为神圣以及弑母属于不可饶恕的罪行。

在本段导论部分——我们在这一部分关注的不是某一具体资料而是具有普遍性的观念，我们必须强调神话传统对于所要展开的讨论的重要性。由于母权在这些希腊最早期民族中占据着重要位置，因此我们可以期待，这一体系在神话中会得到反映，也因此神话这种最古老的传统将成为我们了解母权制度（matriarchal institutions）的一个重要途径。而现在，我们需要面对的问题是：我们应该赋予这种最古老的人类传统怎样的重要性？我们又可以如何使用这些神话呈现

---

❶ 赫西俄德（Hesiod）的诗歌作品。其中大部分已经失传，只有少数章节留存下来。主要描写古希腊的神和英雄谱系。

给我们的证据？下面，我们先从吕基亚的神话故事中举一个例子来回答这两个问题。

　　根据母系确定继承权的做法不仅记录在了希罗多德的纯历史著作中，也得到有关吕基亚王国国王们的神话故事的印证。有权继承吕基亚国王萨耳珀冬（Sarpedon）王位的不是他的儿子们，而是他的女儿拉俄达弥亚（Laodamia）。拉俄达弥亚后来又将王位传给了她的儿子，而她儿子的叔叔们则被排除在王位继承权之外。❶欧斯塔修斯（Eustathius）[5]记录下来的关于吕基亚的一则故事，赋予了这一基于母系的继承体系一种象征性表达，揭示了存在于吕基亚人群交生活背后的母权的基本观念。如果希罗多德和尼古劳斯的作品没能保存下来，那些持主流观点的人便会否定欧斯塔修斯所讲故事的真实性，因为他们会认为他所讲的故事得不到更早时期史料——更不用说同时期史料——的支持；他们会争论说，故事的神秘性说明某个愚蠢的神话讲述者或神话作者杜撰了该故事。他们并不会说，神话围绕历史事实而形成，如贝壳的形成一样，相反地，他们只会说，人们从神话中提取了历史事实。他们会将欧斯塔修斯所讲的故事当作一无是处

---

❶ 此处萨耳珀冬与拉俄达弥亚的父女关系与原文词汇索引中"Laodamia"一词描述的两人的母子关系似乎矛盾。据历史学家狄奥多罗斯的说法，这里的萨耳珀冬是两个不同的人，他们之间通过拉俄达弥亚产生了联系：即拉俄达弥亚与第一个萨耳珀冬的儿子伊万德（Evander）结婚后，生下了叫萨耳珀冬的儿子（实际上是她和宙斯的儿子）（www. en. wikipedia. org，2016 年 5 月 15 日）。这或许可以解释原文中萨耳珀冬与拉俄达弥亚之间前后矛盾的关系。——译者注

的垃圾丢到废弃堆；在他们看来，这种垃圾越堆越大，即代表对他们所谓"批判式"对待神话的破坏在不断增加。不过，我们比较神话与历史记录就会发现，他们的方法论是完全错误的。神话传统已经得到了确定的历史事实的证实，这样的神话传统是对人类远古时期历史的真实和独立的记录，而这一记录中没有人为杜撰的成分。也因此，吕基亚国王优先选择拉俄达弥亚而非她的兄弟们继承王位的事实，必须被当作可以充分证明母权曾经在吕基亚盛行的证据。

尽管母权制体系（matriarchal system）的某一特征在神话传统与历史记录中的相似性并不总是来自同一个民族，但母权制体系具有的所有特征几乎无一例外地都能以这种方式记录下来。事实上，我们在神话传统与历史记录中甚至能找到反映母权制文化整体面貌的这种相似性，原因在于，母权在某些地方至少是部分地得以保存到离我们相对较近的时期。神话传统与严格的历史传统都为我们描绘了相似的母权制画面。古代神话与较晚时期出现的作品之间存在的惊人一致，使我们差点儿忘了二者所间隔的时间之长。这种一致或相似性证明了神话传统的价值，也证明今天的学者们所持的观点经不起推敲，站不住脚。恰恰就人类历史最重要的方面即古代观念与制度方面的知识而言，对史前时代与有史时代继续进行牵强的区分，已经毫无道理了。

现在，我们的问题已经有了答案：神话传统可以被看作是对远古时代人类生活的忠实反映。神话是人类最原初思维的体现，是对远古时代最直接的写照，因此，神话也是了解历史高度可靠的材料。

欧斯塔修斯称，在吕基亚，是拉俄达弥亚而不是她的兄弟们继承王位，这种做法与**希腊人**的观念大相径庭。他做出这一评论的时间离我们的时代更近一些，因此也就更加值得我们关注了。这位博学的拜占庭人和现代批评家们不一样，他并没有因为发现这一传统反常而质疑它，更不用说去窜改对这一传统的记录了。即便他记录这一传统的时间较晚，但他对所记录的对象不做评判，反而坦然面对；这样的记录方式虽然常常被指责为轻率的照搬，却最好地保证了他的记录作为历史证明材料的可靠性。我们发现，所有书写人类最早期历史的古人，在保护与传承传统时，表现出了同样的忠诚，这种忠诚渗透到了细微处；我们发现，他们都同样不愿意擅自窜改原初时代所残留下来的星星点点。正是得益于这种对待历史的态度，我们才有一定程度地了解人类最远古时代基本特征的可能性，才有可能将人类的想法溯源到开天辟地之时。这样的作者越少使用批判和主观的方法，他就越值得信赖，他所记录的历史也就越不容易歪曲事实。

还有一个原因可以解释神话所呈现的母权为什么是真实的。神话里的观念与后来社会流行的观念之间的差别如此巨大，以至于我们可以说，人类不可能在后来的观念盛行的时代虚构出母权制（matriarchy）的种种现象。母权制这一旧制度对父权制时期的人类来说，是个不折不扣的谜，因此其中的任何一部分对他们来说都可能是难以想象的。以**希腊人**的思维不可能构想出拉俄达弥亚拥有优先继承王位权力的做法，因为这与**希腊**的做法完全背道而驰，同样的道理也适用于已汇入所有古代民族史前历史长河之中的、母权制形式所残留下来的大量蛛丝马迹——雅典和罗马这两个父系（paternity）的坚定拥护者也不例外。任何历史阶段的思维和文献总是无意识地遵循该历史阶段生命形态的规律；而这种规律的力量如此之大，以至于在纷繁的旧时代特征上留下新烙印往往成为自然趋势。

　　母权制传统也不能摆脱该历史命运。我们在探究中会遇到一些令人无比诧异的现象，这些现象或者因新观念影响了旧时代遗留下来的观念而产生；或者是因人性的弱点而产生——人性的弱点致使某些作者从自身的文化角度出发，用个人能理解之事来替换个人所不能理解之事。旧时代的特征被新时代的特征所覆盖，母权制时代的一些重要人物以符合新时代精神的方式被呈现给了新时代，他们身上不好的方面被轻描淡写或者被美化；旧时代的制度、态度、动机与激情被新时代用新的视角予以重新评价。新旧同时出现的情况并不少见；或者，同一事实或同一人物有两个不同的版本，一个是旧时代的产物，一个则是新时代的创造；又或者，一个是无辜的，一个却是有罪的；再或者，一个无比高贵与威严，一个却是令人恐惧之物与翻案诗的对象。其他一些情况下，母亲让道给了父亲，姐妹让道给了兄弟，原本属于母亲或姐妹的位子，现在由父亲或兄弟取而代之，或者两者交替出现；之前的女性名字也因此被改成了男性名字。一言以蔽之，母系观念向随后出现的父权制理论的要求屈服了。

因此，后世在书写和记录更早的人类社会时，完全不是本着旧的、已消失文化的精神，而是试图用自身所处时代的思维方式去看待与他们的时代格格不入的观念和事实。这种情况常常能确保流传下来的神话故事关于母权制时代的点滴信息的真实性，使它们成为可靠、有力的证据。不过，受到后世的影响而发生变化了的神话故事，就更具有启发意义了。因为变化往往产生自新观念无意识的作用，而只有在例外的情况下，才产生自新观念对旧观念有意的敌视，所以神话故事在其变化过程中成为对一个民族不同发展阶段的鲜活的表达，而且对善于观察的人来说，发生变化了的神话故事还忠实地反映了该民族生活所经历的所有发展阶段。

　　我希望，我上文所阐述的几个方面可以说明，我在下文中用神话传统作为论证材料是合理的。但是，如此使用神话传统所结出的果实之丰硕，只有在随后细致翔实的研究讨论中才能体会到。我们的现代历史学家们太过执着于某个时代的史实、重要人物和制度，所以他们在有史时代和神话时代之间做了泾渭分明的划分，也使所谓神话时代变得极不合理的漫长。依照他们这样的方法，我们不可能深入、透彻地了解远古时代。所有历史制度都基于之前时代所形成的制度：我们在人类历史中找不到一个个起点，只有进程；一切原因同时也是结果。科学真知不能只简单回答"是什么"的问题，还必须探索"自何处来"以及"往何处去"的问题。只有当知识本身包含了起源、演变与最终结果，知识才转化为领悟力。

鉴于人类历史的源头存在于神话之中，因此要想对人类古代历史展开任何严肃认真的探究，必须以神话为起点。神话蕴含了人类的起源，而且神话本身即能揭开人类的起源之谜。人类的起源决定其后来的发展，决定其发展的特征和方向。没有人类起源方面的知识，历史学这门学科就无法形成任何结论。如果我们仅仅在谈表达方式的不同，我们或许有理由对神话和历史进行区分。但如果这种区分人为断开了人类历史发展的连续性，那么这种区分就失去了意义或理由。我们的尝试能否成功，基本取决于我们是否能摒弃这种做法。我们所熟悉的历史阶段盛行的家庭组织形式并非其最早的形式，而属于更早历史阶段家庭形式发展的产物。孤立地探讨家庭组织形式，揭示的只是现象本身，无法揭示前因后果；而且它们不过是相互独立的信息，至多也不过是些零散的知识，不是真正的领悟。罗马实行父权制度（patriarchal system）的严厉程度表明在此之前存在遭到打击和压制的其他体系，同样的道理也适用于雅典作为无母而生的宙斯的女儿雅典娜的城市所实行的父系体系（paternal system）。即便在雅典的父系体系处处散发着阿波罗的纯洁之光时，它代表的也不过是某个人类发展阶段的巅峰，而该发展阶段的初期却一定属于一个由完全不同的观念和制度构成的世界。如果起点对我们来说仍是个谜，我们又如何了解终点呢？要揭开谜底的话，我们又到哪里去寻找这些起点呢？答案不容置疑。从神话中寻找，别无他处，因为神话忠实地描绘了关于人类最远古时代的画面。

人类对系统性地了解远古时代的渴望，激发起许多通过哲学思辨揭示人类起源之真相的尝试，也激励着许多人尝试用抽象推理获得的模糊形象来填补历史记录的大片空白。人类在这样的尝试和努力中却表现出了奇怪的自相矛盾：他们一方面不接受神话是虚构的故事，但另一方面却自信满满地接受自己虚构的乌托邦。我们在随后的研究调查中，应该不遗余力地避开这类诱惑。如果我们小心谨慎，我们的探索之路将能够顺着前方弯弯曲曲的海岸线展开，我们将能够沿着坚实的陆地前行，避开波涛汹涌的大海所暗藏的危险和不测。探索之路上过度的谨慎可能也不过分。在缺乏前人经验可循的地方，我们必须对细节予以最密切的关注。只有在手中握有大量细节的情况下，我们才能进行比较，进而区分什么是关键因素，什么是偶然因素，什么是合乎规律的、具有普遍意义的，什么只是地方性的，并最终得出越来越具有普遍意义的原理。

　　有人说，神话似流沙，永远无法提供牢固的立足点。这样的指责，不可针对神话本身，只可针对人们对待神话的方式。尽管神话的外在表现形式多种多样而且变化无常，但却遵循特定规律，并且在向我们提供确定和可靠的结论方面，并不逊色于其他任何形式的历史知识。神话作为人类还完全依赖天时地利和谐自然的文化阶段的产物，和大自然共享支配大自然的无意识的规律，而虚构的作品则缺乏这种规律。制度存在的地方，也存在内聚力；伟大的基本规律在每一处细节中都得到表达，而该基本规律在神话中的大量体现，揭示出了该规律的内在真谛与自然必然性。

　　某一主导观念具有同质性的现象特别明显地体现在母权制文化中。母权制文化的外在表现虽然各式各样，但他们都由一个模子铸造出来，表明母权制文化所属的阶段是人类精神发展过程中的一个单独的阶段。母亲在家庭中的支配地位不应被看作是某一孤立的现象。母亲处于支配地位的现象与诸如希腊古典时期的文化类别截然对立。父系体系与母系体系（paternal and maternal systems）之间的对立注定会贯穿围绕这两种制度的所有生命形式。

　　母权制观念的这一同质性得到了左比右更重要更受喜爱的观念的证明。左属于被动的阴性原则（feminine principle，或女性原则、雌性原则），右则属于主动的阳性原则（masculine principle，或男性原则、雄性原则）。在实行母权制的埃及，伊西斯（Isis）的左手能起的作用充分说明这种联系明确存在。我们在研究过程中发现的大量资料也都进一步证明了这种联系的重要性、普遍性和原初性，而且这种联系并非哲学思辨影响的结果。社会生活与宗教生活中的习俗惯例，服饰和头饰的某些特别之处，某些语言的使用，等等，都揭示了"左更尊贵"（*major honos laevarum partium*）这同一观念，以及该观念与母权的紧密联系。在体现上述同一基本法则方面同样重要的便是黑夜比从黑夜的子宫诞生的白昼更重要的观念。而反过来，白昼比黑夜更重要便是直接与母权制观念对立的。古人已经将黑夜的重要性与左边的重要性联系在了一起，又将这二者与母亲的重要性联系在了一起。同样地，在夜晚举行某些活动的古老习俗，如选择黑夜打仗、商议事务、伸张正义和举行祭拜仪式等等，都表明我们所面对的并非更晚时期才产生的抽象哲学观念，而是人类最早期生活方式的现实。我们如果将该观念延伸开来就会认识到，从宗教意义上看，月亮比太阳更受钟爱，孕育万物的大地比具有受孕能力的海洋更重要，死亡代表的黑暗比生长代表的光明更重要，死者比生者更重要，哀悼比欢庆更重要，如此等等，都是母权制支配时代的一些必然性特征。在我们的研究过程中，这些特征都会反复出现，也具有越来越深刻的含义。

现在，呈现在我们眼前世界中的母权，已经不再是看似奇怪而且让人难以理解的一种社会形态，而不过是一个同质性的现象而已。不过，关于该世界的画面还存在许多空白和令人费解之处。但所有深刻认识的形成都有这样的特点：首先尽快将所有相关对象集中到它们的领地，然后找出一条从显性深入到隐性的路。古人些微的一点暗示，常常如四两拨千金，能为我们打开全新的视角。我们从材料中可以找到姐妹在家庭中享有更高地位的例子，也可以找到最年幼的孩子在家庭中享有更高地位的例子。但这两种观念都属于母权制原则的范畴的同时，又都呈现出在其基本观念基础上的新变化。通过塔西佗（Tacitus）[6]对日耳曼民族的观察，我们了解了姐妹身份在日耳曼民族中的重要性，而普鲁塔克（Plutarch）[7]就罗马习俗所做的相关说明又证明，姐姐和妹妹具有重要地位并不是局限于某一地方的偶然出现的观念，而是一个一直存在的基本观念。对家庭中最年幼孩子的重视，在菲洛斯特拉托斯（Philostratus）的作品《论英雄》（Heroicus）中的许多章节得到证实。菲洛斯特拉托斯的这一作品虽然成书较晚，却是一部在阐述人类古老观念方面极为重要的作品。大量的例子，不论来自神话传统，还是来自曾经存在过或者今天依然生活在地球上的民族的古代历史的记录，证明这两种现象都具有普遍性和原初性。我们不难确定他们都和母权制观念的什么方面联系在一起。姐妹比兄弟更受重视，不过是对女儿比儿子更受重视观念的新的表达；而家庭中年龄最小的孩子的重要性则与母系氏族的存亡联系在一起。作为母系中最年轻的子嗣，因为最晚出生，因此也将最晚离世。

讨论到此，我几乎无需再费笔墨特别指出我们所观察到的上述两点将什么样的新视角呈现在了眼前。人类根据自然生命的规律判断事物，故而更喜欢春天萌生的新芽。吕基亚人用树叶所做的比喻与这种做法完全相符；[1]这种基于自然评判事物的行为充分表明母权属于物质质料法则，而不属于更高级的精神法则；而且还说明，母权制世界作为一个整体来看，是用母性和大地的视角而不是用父性和从天的视角看待人类存在的产物。

再者，我们几乎也没有多大必要在此指出，塔西佗关于姐妹身份作为日耳曼民族家庭的基础具有深远意义的评

---

[1] 参见本书，第87页。

论，让多少古代文献中的段落以及多少母权制文化现象有了意义并能为本书所用。姐妹更受钟爱的现象将我们带入了母权制文化最高尚方面中的一面。到目前为止，我们着重强调的是母权的法权（juridical）方面。而现在，我们将讨论其伦理方面的意义。母权的法权形式与我们已经习以为常地以为是家庭的自然组织的形式反差明显，这一点让我们惊诧不已；而且，这些形式乍看上去似乎让人费解。而母权的伦理性则能与人类的自然情感产生共鸣，对不论什么时代的人类来说都不陌生，因此几乎可以即刻为我们所理解。当人类尚处于最低级、最黑暗的存在阶段时，母亲和她的孩子之间的爱是人类生活的闪光点，是道德的黑暗里发出的唯一的光，是深重苦难中仅有的欢愉。了解上述事实后，对今天仍生活在地球上其他洲的一些民族所做的观察便让我们认清了另一事实，即神话中"恋父者"（□ιλοπάτορες）形象的出现，代表的是人类文化发展历程中一个重要的转折点。孩子与父亲之间关系密切，儿子为作为播种人的父亲牺牲自我，这种关系与遍布自然万物的神秘力量母爱相比，需要发展程度更高的伦理道德的支撑。父爱的观念出现得比母爱观念晚。处于所有教养、每一种美德和任何更高尚的存在之道源头的，便是母亲与孩子之间的关系；母亲与孩子之间的关系作为爱、和睦与和平的神圣原则在暴力充斥的世界里发挥着作用。在抚养年幼子女的过程中，母亲比男人更早地学会了牺牲自我，学会把呵护和爱奉献给另一个生灵；她还比男人更早地学会运用一切聪明才智，竭尽所能保护这另一生灵，并带给他更好的生活。这一阶段的女性是集一切教养、仁慈、奉献、对生者之关心和对死者之悲悯于一身的人类的宝库。

神话和历史用各种方式表达了这一观念。克里特人（Cretan）用"母亲的国度"（mother country）这样的词表达他们对出生地的热爱；同一子宫或娘胎生出来的孩子之间被认为具有最紧密的纽带关系，他们也被视为真正的亲人，而且最早还被视作唯一的亲人；帮助、保护母亲和为母亲复仇被视为最高职责，而威胁母亲的生命则被视为犯下了不可救赎的罪，即便这种罪行是为了替作为受害人的父亲复仇而对母亲犯下的。

无需更多细节，上述例子足以唤起我们对母权制文化伦理性的兴趣。赤胆忠心于母亲和姐妹，男人为了遭遇危险或者死去的姐妹历尽艰辛，还有作为某方面的典范受到广泛喜爱和崇拜的一对对姐妹形象，所有这些例子因此变得多么有意义啊。而且，来自母亲的爱不仅更强烈，也更具普遍性。塔西佗在讲述日耳曼人时暗示过此观念，但明确讲到的只有姐妹这一层的关系，因此几乎不太可能认识到其全部的意义和整个的历史视野。母系原则（maternal principle）与父系原则（paternal principle）相比较的话，后者具有固有的限制性，而前者则普遍存在；后者隐含了对特定群体的限制，而前者则像大自然的生命一样，无处不在。想到母亲，一种全人类都是同胞的感觉便油然而生，这种感觉随着父系的兴起而消失殆尽。基于父权（father right）的家庭是一个闭合的个体有机体，而母权制的家庭具有普遍都属家庭成员的典型特征——这是人类发展最初阶段的特征，显示该阶段的人类过着与更高级的精神生活不同的物质生活。母亲的子宫是地母德墨忒尔在人间的化身，从每个女人子宫出生的兄弟姐妹，同时也是其他所有女人所生孩子的兄弟姐妹；人类生活的家园是不分三六九等的单一体，在这里，人类互相之间都是兄弟姐妹。父系体系的兴起和发展导致了这种单一体的解体，并产生了一种人与人之间的特定的相互关系。

母权制文化中有许多表达母系原则的伦理性的例子，有些甚至还以法权的形式出现。在实行母权制的民族中，人民普遍享有自由，人人平等，而母系原则的伦理性是自由与平等在这些民族非常普遍的基础，也是这些民族为什么热情友善，不喜欢任何形式的约束的根本原因。母系原则还是如罗马的"弑亲"（*paricidium*）这类观念为什么具有广泛影响力的原因所在——"弑亲"最初是个自然的、普遍的概念，后来才演变成指个体的并具有特定含义的概念。而且，母权制文化中为人称颂的亲属观念和"同胞情"（συμπάθεια）也根植于母系原则的该方面，意味着人与人之间没有隔阂，也没有界线，对民族中的所有成员一视同仁。母权制国家尤其以远离内讧和内部冲突闻名。同一民族中不同的群体聚在一起欢庆手足般的友爱和表达对本民族共同认同的重要节日，便最早出现在这些实行母权制的民族中，并在这些民族中得到了最极致的表达。在这些母权制的民族中，伤害同族人乃至伤害他们饲养的动物的身体都会被判以特殊的罪——这一做法同样是母权制民族的典型特征。罗马女性祈求"大母神"（the Great Mother）恩赐丈夫给她们姐妹的子女而非给自己的子女；波斯人除非为了他们整个民族，否则从不向神祈祷；卡里亚人把对亲人的"同胞情"看作最高美德。我们从这些现象中发现，母系原则转化成了日常生活。一种温柔人性的气息渗透了母权制世界的文化，从埃及人物雕像的面部表情中我们甚至可以分辨出这种气息。而且现在，好似"黄金时代"❶的纯真无邪的光环环绕着这些生活在更古老时代的人类。这一时期的人类将自己的全部存在完全置于母性法则（law of motherhood）的支配之下，后世人类的眼中关于"白银时代"❷的主要特征，即来自这一时期的人类生活。现在我们发现，赫西俄德描写的世界是多么的自然：在家庭中居支配地位的母亲向一直依靠她的儿子慷慨奉献她无尽的爱和关心，光阴在流逝，儿子在长大，但儿子的成长更多是身体上的而非精神上的，儿子即便年老了依然生活在母亲身边，和她一起享受农耕生活的宁静与富足。我们还发现，赫西俄德所描绘的世界又与消失了的幸福的画面多么相似，母亲的支配地位总是这一幸福画面所描绘的世界的中心；他描绘的世界又与那些"原初女性民族"（ἀρχαῖα φύλα γυναικῶν）多么相似，当这些女性民族从地球上消失时，和平也随之消失

---

❶ "黄金时代"即作为掌管农业和丰收的神克洛诺斯（Cronus）所统治的时代，人类与神和平相处，物质丰饶，生活无忧无虑。——译者注

❷ "白银时代"指克洛诺斯的儿子宙斯所统治的时代。这一时代的人类有力量但缺乏理智，已经开始违背神的意志。——译者注

了。神话的历史性在此非常惊奇地得到了证实。虽然神话不缺少天马行空的想象与诗意的渲染，但因为人类记忆常常裹在其中，因此想象和诗意仍无力去掉神话的历史之核，也不能抹去这一早期人类生活阶段的显著特征和意义。

至此，我希望大家允许我停歇片刻，断开思路，穿插一些评论。对基本母权制观念的研究让我们得以重新审视和理解大量特定历史事实和现象。这些事实和现象如果孤立起来看让人费解，但如果把它们放入历史背景之中，就会发现它们具有内在必然性。当然，想要取得这样的结果，条件只有一个，即从事研究的学者必须完全抛开他所处时代的观念和充斥他心中的信条，将他本人置身于一个想法完全不同的世界的正中央。没有这样的忘我精神，要想在人类早期历史研究方面获得真正的成功是不可想象的事。倘若他以前人的看法为起点，一定会偏离对这段人类最早期历史的了解。在研究历史现象的过程中，当矛盾加剧，当我们无法解释某一现象时，我们似乎以为唯一的出路就是怀疑并否定该现象的存在。正因为这样的做法，我们所处时代的学术与批评才难以取得重大而且经得起时间考验的研究成果。真正的批评存在于研究材料自身。其标准除了揭示隐藏在材料本身的客观规律外，别无其他；其目标除了了解陌生的制度外，也别无其他；对它的检验除了用其基本原理能够解释的历史现象的数量之众外，也别无其他。当学者歪曲事实，过错在学者，而不在他所使用的材料，尽管他因自己的无知、傲慢和疏忽大意而失败，却将失败归咎于材料。严肃的学者必须牢记：他正在探索的世界与他所熟悉的世界差异巨大；他的知识再渊博也总是有限的；他的人生经历只是对历史弹指一挥间的观察，因而常常是不成熟的，而他将着手研究的材料却是由大量残片和支离破碎的遗留物堆积起来的。从单一视角来看它们似乎缺乏真实性，但后续如果将其置于它们所属的历史场景来看，之前的判断就显得为时过早了。

　　站在罗马父权制社会（patriarchate）的角度来看，萨宾（Sabine）女性出现在交战正酣的战场上这样的现象，和普鲁塔克[8]描写的无疑来自瓦罗（Varro）所记录的母权制形式的萨宾盟约一样，令人费解。但如果我们将这两个现象与古代的记录以及与今天仍生活在地球上、处于较低文化发展阶段的民族所记录下来的相似现象联系起来看，并且联系母权的基本观念，它们就不再是谜了。这两个现象从被现代人认定为充满诗意的虚构的神话故事中浮出水面，露出了其作为历史真相的身份，是母亲身份意味着高贵和不可侵犯，并具有宗教神圣性后浑然天成的产物。汉尼拔（Hannibal）与高卢人（the Gauls）签订的协议规定，所有争端必须由高卢人中年长的已婚女性来裁定；也有大量神话传统描写一名或一群女性，或独自或与男性一起伸张正义、参加民众集会、裁定和平协议；这些女性为了拯救国家不惜牺牲自己的孩子、献出自己的生命。现在谁还能说这些现象没有可能性，或者说像看起来的那样，跟我们的一切经验以及跟人性的规律不符？更不用提人类关于那一原初时代的记忆被赋予了诗意，就据此否认这些记忆代表了历史事实。难道我们要为了今天而牺牲昨天？用西摩尼德斯（Simonides）的话说，难道我们要依照一盏灯、一根灯芯改变世界？ ❶难道我们要抹去千年的历史，将其变成人类似昙花般一现的看法的玩物？[9]

批评家们眼中的不可能，也会随着时代的改变成为可能；与一个文化发展阶段的精神不和谐的东西，却与另一个文化发展阶段和谐；在一个文化发展阶段看来不可能的东西，在另一个文化发展阶段却变成了可能。至于批评家又讲到，那些与我们的所有经验都不符：但主观经验和主观思维无关乎历史，除非历史已经完全沦落为个人的一己之见。

难道我们还需要专门答复那些以古代文献的诗意性为借口而否认其所描写的原初时代的人吗？任何企图否认存在这种诗意的人，在面对古代诗歌乃至现代诗歌时——现代诗歌中最美丽动人的主题常常来自那个远古世界——都会哑口无言。仿佛诗歌与雕刻这两门艺术为了谁更富于创造力而争奇斗艳，在古代而且更多在原初时代，似乎有某种东西为人类的心灵插上翅膀，让人类的思想从日常生活中升华。这一特性是该时代的本质所在，是该时代内有的东西，因此应该成为我们研究探寻的对象，而不是以它为理由来否认它所属的时代。

母权制时代的确是历史的诗：这个时代高尚，有着英

---

❶ 巴霍芬此处记忆有误。他指的应该是阿尔凯奥斯（Alcaeus）的作品，片段 66（*Lyra Graeca*，Vol. 1，p.360）；也参考本书第 129 页。

雄般的恢弘气势；这个时代的女人们因为激励男人们成为勇者和侠义之士而让女性美达到了新的高度；这个时代的女人们赋予了女人的爱以意义，并将年轻男子塑造成了具有纯洁和克制品质的人。所有这些对古人来说，就像日耳曼民族高尚的骑士精神浮现在我们眼前一样。就像我们对日耳曼民族的骑士精神有许多疑问一样，这些古人也会问：那些拥有绝世美貌而且纯洁和高尚得让神灵都心生爱意的女人们今天何在？那些被代表母权制的诗人赫西俄德赞美和歌颂的女主人公们又到哪里去了？还有那些女人们的集会呢？女神狄刻（Dike）也曾喜欢亲自参与类似的讨论。而那些像吕基亚的柏勒洛丰（Bellerophon）——他行侠仗义、心地纯洁、勇敢，是个了不起的英雄，同时又由衷承认女性的权力——一样勇敢无畏、完美无缺的英雄们，他们又到哪里去了呢？亚里士多德（Aristotle）[10]评论说，所有好战的民族，都臣服于女人，为女人而战。而且关于之后时代的研究也证明了同样的道理：人类的战争要么为了抵御外来的危险，要么为了冒险，要么为了美人——这些美德是一个充满活力、正值鼎盛时期的民族的标志。从我们所处的时代来看，所有这些像虚构的小说。但最高境界的诗，更加有生气又更加动人心弦，却正是真实的历史。人类所经历的艰辛与危险，远非我们所能想象。母权制时代和这个时代出现的人物、发生的事情以及经历的动荡，并非更文明但同时却更虚弱了的时代的诗歌所能想象得出来的。让我们永远不要忘记，当人类行高尚之举的力量变弱，人类无拘无束的心灵也将开始被羁绊，最初滋生的颓废很快便蔓延到人类生活的方方面面。

　　我希望通过上文所补充的评论，能让读者对我的研究方法有新的认识，我试图通过运用它们探究一直以来被诗意与想象的阴影笼罩的时代。现在，我准备重新回到讨论母权制世界的话题。我将努力使自己不迷失在各式各样的总是出人意料的细节中，而将精力集中在母权最重要的现象方面，因为该方面可以被看作母权的精髓以及母权其他所有方面的基石。

　　母权制的宗教基础使其作为最高贵的制度呈现在我们面前，该制度与生活的最高方面联系在一起，并让我们对那一原初时代的尊严有了深刻的认识。后来的**希腊古典文化**（Hellenism），表面光辉灿烂，但在观念的深度与高尚性方面却不及母权制文化。对这一远古时代的观点与当代理论以及以这些理论为基础形成的现代历史观之间存在着的巨大鸿沟，我再清楚不过了。将宗教看作影响民族生活的重要因素，在塑造人类整体存在的多种创造力中把宗教列为首要的创造力，认为古人在最拿捏不定的时候便转向宗教寻求启示，这些对今日的历史学家们来说，意味着对神权的过度狂热，是狭隘、无能的表现，是让人类重新堕落到"黑暗时代"（Dark Ages）❶的可悲行为。

---

❶ "黑暗时代"指公元前1100年前后到公元前9世纪的这段希腊历史时期。迈锡尼文明的衰落是黑暗时代开始的标志，城邦的兴起一般被认为是其结束的标志。——译者注

所有这些指责，我都有所耳闻，但在探究远古时代时，我还是愿意忠于旧的保守精神。宁可尚古，不愿追新；宁可追寻真相，也不愿人云亦云。支撑一切文明的强大的杠杆只有一个，这就是宗教。人类历史上的每一次兴衰都来自这一至为重要的领域所产生的变化。没有宗教，我们就无法理解古代生活的任何方面，人类最早时期的生活尤其成为难解之谜。处在这一阶段的人类，完全受宗教信仰支配，将每一种存在形式和每一个历史传统都与基本宗教观念联系起来，从宗教的角度看待每一事件，并将每一事件看作神的旨意。如果说尤其母权制社会（matriarchate）必须带有这一宗教印记的话，那么究其原因，就在于女人的天性，在于那一深深的神圣存在感，当它再与爱的情感相结合，便给女人尤其母亲平添了一种宗教虔诚，这种宗教虔诚在最荒蛮的时代发挥了非常积极的作用。考虑到女人在体力上不如男人，但地位却比男人高，这让我们尤为惊讶。根据自然法（law of nature），强者为王。但在远古时代，自然法却将权杖从更强壮的男人手中拿走，给了比男人体弱的女人。为什么会这样呢？一定是人性的其他方面发挥了作用，一定是多个更深层的力量造就了女人在这一时期的影响力。

我们基本不需要古代社会亲历者的帮助就能认识到，这一女性对男性的胜利与什么力量关系最大。这一时期，女性通过对超自然力量和神的力量，以及对非理性和奇迹的偏爱，无时无刻地对男性及所属民族的教育和文化发挥着巨大的影响力。毕达哥拉斯（Pythagoras）[11]曾就女性拥有"虔诚"（εὐσέβεια）的特殊禀赋和天生的宗教性的话题向克罗顿（Croton）的女人们宣讲；继柏拉图（Plato）之后，斯特拉波（Strabo）[12]也指出，自远古时代开始，也都是女性在传播所有"对神的畏惧"（δεισιδαιμονία）和一切信仰以及迷信观念。所有时代、所有民族的历史事实都证实了这一点。女性往往是第一个领悟神示的人；女性在大多数宗教的传播上都发挥了最积极的作用，她们有时不惜斥诸武力，还常常利用自己的美貌。这样的例子不胜枚举。预言最早由女性开始；相比男性，女性作为宗教的守护者更执着，她有"更坚定的信念"；尽管女性在体力上弱于男性，但她获得的地位有时远远高于男性；她更保守，尤其在宗教事务和遵守宗教仪式方面最为保守。无论身在何处，她总是极力发挥、扩大她的宗教影响力。她让人们皈依宗教的热情来自她的弱势感，这种弱势感让她对征服强者满怀自豪。被赋予了上述种种力量的女性，虽然是体弱的一方，却敢于直面强者并赢得胜利。面对男性更优越的身体力量，她凭借自身被宗教圣化的巨大影响力与之对抗；她用和平对抗暴力，用怀柔制衡敌意，用爱回报恨；而且，她引导人类克服最早期荒蛮混乱的生存方式，将他们带入更温和、更友好的文化，而她作为更高原则的化身、作为神的诫命的体现，身居中心位置进行统治。女性拥有的神奇力量即在于此。她可以抚平狂怒，可以使交战的双方休战媾和；她能成为神圣的先知和法官；而最重要的，则是她所拥有的神力让她的意志成为至高无上的法律。费阿克斯人（Phaeacians）对他们的女王阿瑞忒（Arete）

如神一般的崇拜，将她的话奉若神旨。对此，欧斯塔修斯[13]这样一个非常早期的学者居然认为不过是完全虚构的神话故事中富有诗意的渲染罢了。但费阿克斯人对女王的崇拜并非孤立的现象，而是对一个完全以宗教为基础，并且可以赋予一个民族福佑与美的母权制的完美表达。

我们可以列举大量的例子证明母权制与女人的宗教性之间有着紧密的联系。洛克里斯人中只有少女才可以启动向神"供奉祭祀碗"（φιαληφορία）的仪式。波里比阿（Polybius）[14]在证明母权曾在这些埃佩泽菲利亚人中盛行时援引该习俗，承认该习俗与母权制的基本观念有关。而且，洛克里斯人还用少女做祭祀的牺牲为埃阿斯（Ajax）❶亵渎神灵的行为赎罪。这个例子也证实了母权制与女性宗教性之间的关系，并且为我们指出了女性作为祭祀的牺牲更能取悦神灵的这一广为流传的观念基础何在。而且，这样的思路将我们带入了母权制观念最深层的基础和含义。人间母亲形象的原型最早可追溯到德墨忒尔女神。母亲是德墨忒尔这一原初地母神在人世间的化身，成为她的女祭司和主祭司，代表她在人间管理她的神秘力量。所有这些都属于同一类现象，是同一文化阶段在多方面的体现。母亲身份在宗教上的支配地位带来了女性在俗世的支配地位；而德墨忒尔和她女儿科瑞（Kore）之间唯一的纽带关系又使俗世的母亲和女儿之间也具有同样唯一的继承关系；最后一点，神秘主义

---

❶ 他在中文出版物中一般被叫作小埃阿斯。——译者注

（mystery）与阴间女神崇拜之间的内在联系也使母亲能够司祭司之职，并在祭司的位置上达到了最高程度的宗教圣化。

以上谈到的各个方面为我们认识以母权制为主要特征的文化阶段带来了新视角。我们所面对的是**希腊**古典时期前的文化的核心和伟大之处：**希腊**古典时期前的文化拥有可以结出高尚成就之硕果的种子，孕育了这粒种子的是德墨忒尔的神秘主义和母亲身份在宗教及世俗事务中的支配地位。人类社会后来的发展不仅压制了这粒种子，还常常毁掉了它。传统上我们认为，佩拉斯吉人（the Pelasgian）的世界是野蛮的世界，母权制与高尚的生活方式风马牛不相及，宗教中的神秘元素较晚才出现。这些传统观念应该被彻底摒弃。长久以来，研习希腊上古史的人都有将古代人类最高尚的行为归因于人类最基本需求的习惯。我们难道能期待他们对宗教置若罔闻但反过来却承认宗教中的那些最高尚的元素——对超自然力量（the supernatural）、超验性（the transcendent）和神秘的关注——扎根于人类灵魂最深处的需要？在这些学者看来，只有利己而道貌岸然的预言家们才会用宗教不祥的乌云遮住**希腊**清澈的天空，只有**堕落颓废**的时代才会这般步入歧途。而实际上，神秘主义才是一切宗教真正的精髓所在。只要女性支配宗教或世俗生活，她就会鼓励、培育神秘主义。神秘主义根植于她的天性中，神秘主义与物质和超感觉（the supersensory）都关系密切；从她与物质性相同的血统关系中产生了神秘主义，而物质永恒消亡时便产生了想获得安慰的需要，并通过痛苦唤醒希望；再者，神秘主义是德墨忒尔母亲身份法则所固有的，在种子的孕育发芽中，在消亡与形成的相互关系中被显现给了女人，揭示了死亡是更高级的重生不可或缺的前提，是"圣化更大善"（™πίκτησις τής τελετής）的先决条件。❶

母亲身份所蕴含的上述所有方面，完全得到了历史的证实。不论我们在哪里接触到母权制，都一定会出现与之紧密联系在一起的阴间神灵崇拜（chthonian religion）的神秘主义，无论所崇拜的是德墨忒尔还是其他类似的女神。吕基亚人和埃佩泽菲利亚人的生活是明确反映这两种现象之间关系的例子。神秘主义在这两个民族发展到了很高的程度——这一点得到了一些至今仍被我们误解的很不同凡响的现象的证实——是母权在这两个民族难得存活下来的原因。该历史事实将我们引向一个我们无法逃避的结论。如果我们承认母权的原初性，承认它与更古老的文化阶段有关，那么我们也必须同样地看待神秘主义，因为二者不过是同一文化形态的不同方面罢了；它们是不可分割的孪生体。而且，当我们考虑到母权制的宗教方面是其社会表现的基石时，这一点就更加确定了。阴间神灵崇拜观念是原因，社会形态是结果，是外在表达。科瑞与德墨忒尔之间的纽带关系是母亲比父亲重

---

❶ 巴霍芬在他的作品《墓葬的符号象征》（*Gräbersymbolik*, *Gesammelte Werke*, Vol.4, p.44）中说，加入德墨忒尔密教的人在仪式上会被赋予两方面的庇佑：今生富足的物质生活和死后更美好的来生，后者是入会仪式的最主要目的。"保佑富足的物质生活"（EÙθηνία）是为人们的今生赐福；"更大善"（™πίκτησις）则是更高的恩赐，是"无偿的恩赐"（*adventicium lucrum*），保佑人们死后拥有幸福的来世。

要、女儿比儿子重要的根源，她们之间的关系并不是从社会关系中提取出来的。或者，用古人的说法，母亲生育孩子的"子宫"（κτείς）在原始崇拜或宗教上代表的含义（织布的梭子、织布的梳子、织布的女人）是主要的、支配性的，而其社会和法权方面的含义"羞耻"（*pudenda*）则是衍生的。女人的"子宫"（feminine *sporium*）不论从较低级的生理含义还是更高级的超验含义来说，都主要被看作是德墨忒尔神秘主义的象征，只有其衍生含义才成为对母权制的社会性表达，如吕基亚神话中关于萨耳珀冬的故事所体现的那样。这一点驳斥了现代历史学家的观点，即认为神秘主义只有在颓废时代才出现，并且是**希腊**古典文化衰退的产物。历史所呈现的是完全相反的关系：母性神秘主义属于古老的宗教元素，而古典时期（classic age）所代表的则是晚一些的宗教阶段；更晚的阶段而不是神秘主义，才被看作是历史的倒退，是牺牲超验性向神性固有论屈服，以及牺牲意味着更大希望的神秘主义的模糊而向形式上的清晰屈服的宗教上的退步。

希腊古典文化对这一世界是敌视的。母亲的重要地位消失了，与之相关的影响也随之消失；父权制渐渐兴起，人性中完全不同的一面得到了强调，这一点体现在了完全不同的社会形态和观念中。希罗多德发现，埃及文明完全属于希腊文明尤其是阿提卡文明的对立面，将埃及与他身处的**希腊**做比较，他感觉埃及是个完全颠倒的世界。如果这位"历史之父"能够将希腊历史上两个重要的时期做类似的比较，他一定也同样惊诧于这两个时期的巨大差异。原因在于，埃及属于典型的母权制社会，其整个文化基本建立在母亲崇拜的基础之上，建立在伊西斯的重要性高于奥西里斯（Osiris）的基础之上；埃及与希腊古典时期前的各民族的生活呈现出的不胜枚举的母权制现象有着惊人的相似之处。而且，历史也就希腊不同时期的两种文明之间的反差提供了另一引人瞩目的例子。身处古典文化盛行时期的希腊的毕达哥拉斯，让他的世界恢复了更古时期的宗教和生活方面的根本。他试图让人类的存在再一次得到圣化，还试图复兴阴间神灵—母亲崇拜的神秘主义，以满足人类更深层的宗教需要。因此毕达哥拉斯学派最终并不是在推动希腊古典文化，而是在抵制它，与它针锋相对。他们的努力，正像我们手头的某个参考文献所说，恰如一丝散发着浓郁陈旧气息的古风吹过。不过，其发端并非希腊人的智慧，而在东方——静止的非洲和亚洲世界——更古老的习俗。毕达哥拉斯主要在那些仍遵守古老传统的民族中发展他的信徒，这些民族对古老传统的执着似乎让他们对毕达哥拉斯所宣扬的学说有最深的认同感。信徒们尤其产生自"西方之国"（Hesperia，即意大利）的部落和城市，即便在今天，这片土地似乎也留下了那些在其他地方已经消失殆尽的宗教发展阶段。

毕达哥拉斯学派钟情于人类更早时期生活观念的事实很确定地表明，远古时代确实存在德墨忒尔母权原则，存在对宗教中的神秘元素、超验性和超感觉元素的特别偏爱；而且最重要的是，该事实说明，具有至高无上地位的女祭司曾出现在人类历史中。鉴于此，难道我们还能不认可这些现象的内在一致性，以及它们与**希腊**古典时期前的文化之间的联系？一个更早的世界从坟墓里复活，人类生活努力回到起点。原初时代之后的悠长岁月消失了，后代的人们与原初时代的人们融合在了一起，似乎时间不曾流逝，观念不曾改变。希腊古典主义（classicism）无法解释毕达哥拉斯学派女性信徒的行为和精神上的追求，只有佩拉斯吉人所信仰的宗教——阴间神灵崇拜—母亲崇拜——的神秘主义，才可以解释得了。如果脱离了该崇拜基础，被称为"毕达哥拉斯学派智慧之女"的西雅娜（Theano）的宗教特性就属于不折不扣的反常现象，成为一个我们无法仅以毕达哥拉斯学派属于神秘主义派别为由就可以揭开的谜。古人将西雅娜、第俄提玛（Diotima）和萨福（Sappho）这三位女性相提并论就是肯定这种联系的存在。这三位分属不同时代和民族的女性的相似之处在什么地方呢？除了阴间神灵—母亲崇拜的宗教神秘主义之外，还能是其他什么吗？佩拉斯吉女人的宗教天性正是在这三位杰出的女性身上绽放出最崇高、最绚丽多姿的光。萨福的家乡是俄耳甫斯（Orphic）神秘主义宗教传播的一个重镇，第俄提玛则生活在位于阿卡迪亚城邦的曼提尼亚（Mantinea），那里以践行人类古老生活方式和崇拜萨摩色雷斯（Samothracian）的德墨忒尔女神而远近闻名；一个是伊奥利亚人（Aeolian），另一个则是佩拉斯吉人；两人都属于依然忠于**希腊**古典时期前的宗教和文化基础的民族。历史上最伟大的哲学家中的一位独具慧眼，从生活在不曾受到**希腊**

古典文化影响的古老民族中一个名不见经传的女人身上悟出了即便在灿烂的阿提卡文化中也难觅踪迹的宗教启示。

自本书开篇我就强调的核心观念，即女性的重要地位与**希腊**古典时期前的文化和宗教之间存在联系，恰恰得到了那些表面看起来或者孤立开来看似乎最反对该观点的现象的证实。在古老的秘教得以保存或者得到复兴的任何地方，女性都能摆脱该文化所强加给她的卑微和受奴役的处境，恢复她所有的尊严。这一文化与希腊的爱奥尼亚（Ionian）文化的光辉夺目形成鲜明反差。人类历史出现的早期母权制的基础究竟何在，它恩赐给各个民族的福祉的源泉又究竟何在，还容我们再有质疑吗？第俄提玛对神的启示总能心领神会，她这种轻灵飘逸又神秘莫测的灵性，连苏格拉底也难望其项背。苏格拉底的心被第俄提玛虏获了，他公开承认自己需要她的智慧。对母权制的表达，还有比这更高贵的吗？在证明佩拉斯吉人的母性神秘主义与女人天性具有内在亲缘关系方面，还有比这更荡人心腑的证据吗？我们还能到哪里找到对母权制文化的道德伦理准则，对母亲身份最神圣方面即母爱的更完美、更诗意的表达呢？所有时代都称颂母亲的这一形象，但如果我们不仅仅将母亲的这一形象看作是伟大人物塑造的形象，如果我们还能将母亲的这一形象看作是一幅主题为母权制宗教的画，看作是母亲在司女祭司之职的画，那么我们还会更热烈地赞美她。在这里，充满诗意的想象再次升华为历史。

我不打算再进一步讨论母权制的宗教基础问题了：母

权制深深地植根于女性喜欢宗教生活的天性。讨论到这里，谁还会对这样的问题穷追不舍：为什么让人类生活更美好的所有品格如奉献、正义等都是阴性名词？为什么宗教的"入会"（τελετή）仪式需要通过一个女人的形象来体现？这一选择既非人类所虚构，也非偶然，而是历史真相的反映。我们发现，实行母权制的民族都以"公正、虔诚"和"有教养"（εὐνομία，εὐσέβεια，παιδεία）的品格著称；我们看到，女性成为神秘主义、正义与和平自觉的守护者；而且我们还看到，历史事实与语言现象之间的一致性非常明显。用这样的视角来看，母权制就成了文化进步的标志；既是文化发展造福人类的源泉和保障，又是人类受教化过程的必经之路；也因此，母权制是自然法的践行，用该法管理民族及民族中的个体。

我们的讨论到这里正呼应了本书开篇所提出的观点，即母权制是普遍存在的现象，独立于一切特定教义或立法。现在，我们可以将母权制的研究拓展开来，开始着手探讨并确定其反映自然真相的特点。就像母亲的自然形象是生育孩子，母权制也完全服从于质料（matter）和自然生命现象，并从中推衍出其内在和外在存在的规律；尽管母权制民族还未能了解宇宙和世间万物，但他们比后世的人类更加强烈地感受到世间万物的统一和宇宙的和谐；实行母权制的民族还更敏锐地体会到死亡的痛苦和自然生命的脆弱，而女性尤其母亲更深切地感受到，进而哀悼这种痛苦和脆弱。他们更热切地希望获得更大的安慰——他们从自然生命现象中可以寻找到这种安慰，并将这种安慰同繁衍子嗣的子宫，同能够提供孕育、保护和滋养的母爱联系起来。他们让一切服从物理存在的定律，因此他们双眼紧盯大地，让阴间神灵的地位高于天上光明的神灵。他们让大地上的水代表男性原则，让具有受孕和生殖力的水受生育孩子的"母亲的子宫"（*gremium matris*）支配，让海洋受大地的支配。他们以一种完全物质的方式让全身心致力于物质存在的改善和"实践的德行"（πρακτική ἐρετή）。不论是在最初由女性开始从事的农业方面，还是在用石头筑墙建城方面——古人把用石头筑起城墙与阴间神灵崇拜联系在一起，实行母权制的民族所成就的完美让后世惊叹不已。没有哪个时代如此重视外在形式和身体的神圣性，却如此忽视内在的精神因素；没有哪个时代在法律生活中如此一以贯之地推崇母性的双重性和身体实际占有的原则；❶也没有哪个时代如此执着于浪漫情怀，这是种非常女性化的、根植于感受大自然的情怀。一言以蔽之，母权制阶段的人类生活是有序的自然主义（naturalism），这一阶段的人类思维是物质性的，这一阶段的人类变化也主要是身体层面的。母权对该文化阶段的重要程度，恰如其对父权（patriarchy）时代的陌生和令人费解程度一样。

到目前为止，我们所关注的一直是母权制体系以及整

---

❶ 显然，巴霍芬此处的双重性指女性身体内所经历的生与死，而身体实际占有原则指女性对未出生的孩子物理上的占有。

个相关文化的内部结构。现在，我们将转换讨论的话题。在研究了母权制文化的精髓之后，我们现在有必要考虑其历史；我们已经揭示了其原则，现在我们将试图确定母权制与其他文化阶段的关系。我们将探讨早期低级的文化阶段和后来具有更高级观念的文化阶段，以及他们各自与德墨忒尔母权之间的较量。我们将直面新的历史领域；将接触到让我们重新认识人类命运起起伏伏的社会变革与动荡。人类历史上男女两性之间关系的每一次变化总伴随着腥风血雨，充满暴力的剧变远比和平的渐变频繁得多。每一原则的实践到了极端时，反而会带来其对立原则的胜利；过度与滥用甚至变成了撬动社会进步的杠杆；至上的胜利反而意味着失败的开始。在这里，人类倾向于摆脱大自然的束缚，但自身又无力达到超自然的水平；在这里，学者进入粗蛮但却聪慧的民族的能力，学者在充满奇思怪想和社会形态完全不一样的世界中轻松自如的能力，也遭受到前所未有的严峻考验。

尽管母权制与其他形式之间的对抗反映在诸多现象中，但这段历史演变的基本规律却清楚明了。母权制出现之前是无序的群婚制（hetaerism），而紧随母权制之后出现的是父权制。因此，有序的德墨忒尔母权制位于两个发展阶段的中间位置，标志着人类从最低级的阶段向最高级阶段的过渡。中间阶段与之前的初级阶段一样都共同遵循物质性和母性的视角，中间阶段与之后的阶段都具有婚姻的独占性；中间阶段与前一阶段的不同之处在于，它实行了有序的德墨忒尔母亲身份法则，因此超越了群婚制；与后一阶段的不同之处则在于，中间阶段赋予具有生育繁衍能力的子宫以重要地位，因此被证明是比高度发达的父权制低级的发展阶段。下面我们的讨论将遵循历史发展的顺序，首先探讨母权制与群婚制之间的关系，再探讨母权制向父权制体系的演变。

婚姻关系的独占性似乎在体现人性的崇高和人性具有更高准则方面如此至关重要，以至大多数学者将它看作两性关系最初的状态，而且在他们看来，那些认为人类在此之前存在更低级、无节制性关系的观点，不过是种臆断，是对最早期人类生活所做的滑稽无理的猜测。当然，为了抹去我们人类童年时代不太光彩的记忆，谁会不喜欢这样的观点？不过，历史呈现在我们面前的证据不容许我们为了人类的骄傲和自爱这么做。我们无法质疑，婚姻制度是漫长的人类社会发展过程中的产物。在我们的研究过程中，大量严格的史料涌现出来，在如山的铁证面前，任何抵制不过是徒劳的。古人的观察与后世人类的观察一致，而即便在今天，我们对处于较低文化发展阶段的民族所做的经验研究也证实了这一传统。从我下文的讨论涉及到的所有民族以及其他许多民族中，我们都找到了人类最初实行群婚形式的明显痕迹。根据历史留存下来的有关这些民族生活中最私密方面的记录，群婚制与更高级的德墨忒尔原则之间的冲突也常常有迹可循。无疑，不论哪里的母权制，都从女性有意识地、持续地抵制她们在群婚制下所处的卑微低贱的状态中产生。面对男人的纵欲，她们束手无策，而且，根据斯特拉波记录下来的某一阿拉伯传统，她们也疲于满足男人的性欲，因此，她们最先感到有必要约束这种状况并建立起更纯洁的道德准则。而在体力上更有优势的男性，只好迫于无奈接受约束了。了解这一背景情况本身，我们就能充分认识到严格的、具有约束力的婚姻独占性作为母权制社会显著特征之一的整个历史意义，并且给予作为每一种神秘主义最高准则的婚姻的贞洁其在人类礼仪历史中应有的地位。只有当我们承认在德墨忒尔母权制出现之前存在过更野蛮的群婚状态，这一母权制才能为我们所理解；母权制的基本原则以其对立原则为前提条件，并在与其对立的过程中形成。因此可以说，母权制的历史性证明了群婚制的历史性。

不过，上述观点是否站得住脚，还有待我们在密切接触反德墨忒尔原则的各式各样的外在表达的过程中寻找最重要的证据。对这些外在表达进行仔细探究就会发现，制度总是存在于其中，而且该制度将我们带回到了植根于宗教的基本观念，该制度既不是偶然或随意出现的，也并非某一地域的地方观念。对那些认为婚姻是人类两性关系必然的和最原初形态的人，等待他们的将是苦涩的意外。古人所持的观点正好与之相反。他们认为德墨忒尔原则是对一种更古老原则的侵犯，而且认为婚姻是一宗触犯了宗教诚命的罪行。在现代人看来非常奇怪的这一人类历史状态，却得到了历史材料的证明。而且，人类所处的这一状态还可以解释清楚许多重大的历史现象，还原这些现象其不曾获得的历史本来面目。不然，我们如何解释这样的观念呢：因为婚姻的独占性触犯了神的法律，因此这样的婚姻需要向神献祭以便让神息怒？对远古时代来说，上天赋予女性无穷魅力，不是为了让她们终老在男人的怀抱中——质料之法排斥所有限制、厌恶所有束缚，将婚姻的独占性视作对物质之法神圣性的触犯。这样的观念可以解释女人为什么在结婚时需要与多人交媾。尽管这种要求的外在形式多种多样，其内在的观念却具有同质性。即，婚姻作为背离物质自然法的罪行必须获得救赎，所以通过一段时间的群婚，进入婚姻的人又重新获得了神的庇佑。现在，群婚制与严格的婚姻法——这两种原则原本似乎永远水火不容——结成了最亲密的联盟："卖淫"（prostitution）本身变成了婚姻贞洁的保证，而这种贞洁以女性必须在结婚前完成她的天赋使命为前提条件。母权制在与受到宗教自身支撑的这类观念的较量中，向更高道德水准走近的每一步都步履维艰，其进程因此注定会非常缓慢。

群婚制和母权制之间存在不同中间状态的现象说明，这一场持续了上千年的角力经历了起起伏伏。德墨忒尔原则的胜利是逐渐取得的，在这一过程中，为了向神赎罪而奉献给神的牺牲逐渐受到了限制。献祭物或献祭方式的变化极为有趣。最初，为安抚神灵而进行的"卖淫"由每年一次变成了一生只需要一次；最初，"卖淫"在已婚女人中也实行，后来则仅限于年轻的未婚女子；"卖淫"后来也演变成婚后不再需要进行，而仅仅需要在婚前进行，同时发生的变化是，婚前的"卖淫"不再是无限制的群交，而仅仅需要与事先选好的特定人群进行。随着这一系列限制措施的实行，开始出现特别指定的"圣妓"——这代表人类向更高的道德标准迈进了重要的一步，因为"卖淫"的义务不再由所有女人承担，而仅仅局限在特定的女性群体，已婚女人得以从"卖淫"的职责中解脱出来。在用女人向神赎罪的各种方式中，最轻的只需要向神献上自己的头发，因为在某些情况下，人的头发即等同于人的身体。头发之所以被当作向神赎罪的祭物，是因为头发通常被等同于群婚繁殖的混乱无序以及群婚繁殖在大自然中的原型沼泽植被。上述所有发展阶段都同时在神话和许多迥然不同的民族的历史中留下了大量的蛛丝马迹，在语言上也有迹可循——从许多地名、神和民族的名字可以观察得到。这些残留下来的痕迹告诉我们，历史上确曾出现过德墨忒尔原则与群婚原则针锋相对的较量，而且二者之间的较量是宗教性的。通过这些遗留下来的痕迹，我们第一次幡然领悟了许多著名的神话故事。最后一点，这些遗留的痕迹还向我们展示了母权制社会（matriarchate）如何通过严格遵守德墨忒尔原则，以及如何坚持不懈地抵制人类重返纯原始自然法的任何行为，来继续它的文化使命。

古人留下的关于新娘嫁妆的文字陈述为我们的理论提供了重要的支持。在古罗马，"没有嫁妆的女人"（indotata）和妾的地位没有什么不同，这种观念可谓广为人知。但古罗马人的该观念尽管与我们所有的观念如此对立，我们却并未尝试去了解它。要了解其真正的历史含义，我们还需要从群婚制的经济层面寻找答案。当时的社会遵循自然原则，这使女性有能力为自己挣得"嫁妆"（dos）。如果想要废除群婚制，新娘的家庭就必然要为新娘准备嫁妆。这一点成为德墨忒尔原则难以战胜群婚制的一个主要障碍，也可以解释为什么"没有嫁妆的女人"会受到歧视，以及为什么到了相对较晚时期甚至还存在女人没有陪嫁嫁妆就结婚会受到惩罚的现象。在德墨忒尔原则与群婚制在生活方式的较量中，嫁妆是一个重要的因素。所以，当我们发现嫁妆与母权制的最高宗教观念，如秘教许诺人们来世"至福"（εÙδαιμονία）的观念联系在一起时，不应该感到诧异；当我们了解到，某个广为人知的莱斯博斯（Lesbian）❶和埃及神话故事将女人结婚必须提供陪嫁嫁妆的习俗归因于一位了不起的公主所制定的法律时，我们也不必大惊小怪。❷

至此，关于德墨忒尔母权制观念与女儿拥有唯一遗产继承权之间不寻常的关系，我们获得了新的启示。对此继承法所表达的道德观念，对其在提升民族的道德水平以及在树立"替他人着想的美德"（σωφροσύνη）方面（吕基亚人在这方面尤其为人所称道）所发挥的作用，我们也有了新的认识。根据留存下来的古人的记载，儿子从父亲那里得到矛和剑用以谋生，不再需要其他遗产。而如果女儿没有遗产可以继承，那么她拥有的只有自己的身体，她就只能通过自己的身体获得财富，以便嫁个好丈夫。今天，在那些先民们曾遵

---

❶ Lesbian 由 Lesbos（莱斯博斯岛）而来，表示莱斯博斯人或莱斯博斯的，现在指女同性恋者。——译者注。

❷ 这里说的是埃及托勒密三世（Ptolemy III）的妻子贝勒尼基二世（Berenice II）所制定的一项关于嫁妆的法律。该法律规定，如果出嫁的女儿在她还没有找到丈夫前母亲就去世了，她有权通过诉讼获得购买嫁妆的钱。

守母权制法则的希腊岛屿，人们依旧持相同的观念；甚至连阿提卡的作者们也注意到，尽管他们民族曾经拥有高度发达的父权制，但他们会把来自母亲一方的所有财产留给女儿，作为她的嫁妆，以免她沦落到过放荡生活的悲惨境地。再没有哪一制度能更美好地表达母权制观念的内在真相与尊严了：在为女性的社会地位、她固有的尊严和纯洁提供更有效的支持方面，没有其他制度能与之媲美。

上文讨论的现象不容我们对它之所以产生的基本观念再存有一丝怀疑。除了存在提升母亲身份的德墨忒尔法之外，我们还发现了一种更低级、更原初的观念的存在，即没有任何约束的原始自然法。我们了解，农业与"大地母亲无约束的野生生长模式"（*iniussa ultronea creatio*）❶不同，后者最充分最鲜明地体现在沼泽地生命中。群婚制以自然界野生植物的自然生长模式为原型，而高度发展的母权制所实行的严格的德墨忒尔婚姻法遵循的是开垦过的耕地上农作物的生长模式。属于人类不同发展阶段的这两种模式都基于相同的基本原则：具有繁衍力的子宫处于支配地位。这两种模式的不同之处在于与大自然的密切程度不同，及它们如何据此诠释母亲的角色。群婚制与最低级的植物联系在一起，而母权制则与更高级的农业联系在一起。群婚制的原则通过低洼沼泽地的动植物来体现，因此这些动植物成了群婚制阶段人类信奉的主神；而母权制则崇尚谷穗和种子，它们因此成为母性神

---

❶ 参见本书，第191页。

秘主义崇拜最神圣的象征物。这两个母权阶段之间的差异在大量的神话故事和崇拜仪式中得到了意味深长的体现；而且，不论在哪里，二者间的冲突都既是宗教性的也是历史性的，人类从其中一个阶段发展到另一个阶段的进程也是所有生命实现升华的进程，意味着人类进入了更高级的文化阶段。来自沼泽地的司寇纽斯王（Schoeneus）、阿塔兰忒（Atalanta）的金苹果、卡耳波斯（Carpus）战胜卡拉墨斯（Calamus），象征的都是这同一冲突和同一发展规律。而历史上象征这一冲突和变化的最典型的事件便是厄琉西斯（Eleusinian）的秘教战胜爱奥克西兹人（Ioxids）信仰的沼泽地母系原始崇拜。大自然引导人类向前发展的现象无处不在，一定程度上来说，大自然甚至将人类放在她的膝上呵护备至；人类向前发展的进程经历着和大自然自身相同发展阶段的现象也随处可见。下述种种现象，并不是人类闲来无事时的想入非非，也不是诗歌创作时的虚构，而是关于一些民族生活必然经历的某一伟大转折点的记忆——一夫一妻制首次出现在神话中时被描写为重大事件；第一次实行一夫一妻制的刻克洛普斯（Cecrops），因为他的这一涉及人类文化的创举而名声显赫；神话对婚生子的强调，如雅典国王忒修斯（Theseus）及戒指的故事，又如荷鲁斯（Horus）受到父亲考验的故事，或者如表示"真实的"或"真正的"（ἐτεός）希腊语一词出现在个人、氏族、神灵或民族的名字中；以及能够"说出父亲是谁"（patrem ciere）的罗马观念，等等。正如历史上出现过德墨忒尔母系原则支配父系原则一样，历史上也曾经出现过只有这同一母亲身份的现象：孩子只有母亲，不知道父亲是谁，因此属于"无父之子"（ἀπάτορες），或者同理来说属于"许多父亲的孩子"（πολυπάτορες）；他们属于"播种到地里后生出的人"（*spurii*，σπαρτοί）；或者换个说法，他们是"一方所生的孩子"（*unilaterales*），这时作为让女人怀孕的父亲不过是"微不足道的人"（οὐδείς）或"播种人"（*Sertor*，*Semo*）。德墨忒尔母权制的产生是以更早的人类发展阶段为先决条件，正如德墨忒尔母权制是父权制产生的先决条件一样。

一般来讲，人类历史不存在跳跃式的发展，也没有突变，只有逐渐的发展与演变；人类历史的发展经历了许多阶段，而每一阶段都可以说包含了之前的阶段同时孕育着随后的阶段。所有重要的自然女神——质料的繁衍力通过她们有了各自的名字和各自的形象——身上都综合了两个层次的母性：较低级的、纯自然的阶段，和更高级的、具有一定约束性婚姻关系的阶段。只是随着历史向前发展，以及不同民族受不同因素的影响，导致其中一层或另一层占了上风。而且这也是历史上婚姻出现前曾经存在过更早的群婚形态的一个最关键的证据。当神性观念逐渐净化时，会相应地带来世俗生活的升华，而且只可能和后者一起发生；正如相反地，历史每一次倒退到更低级、更物质性的状态时，这种倒退也相应地在宗教领域得到了表达。决定众神神性的原则曾经主宰人类生活并赋予人类所属的那一阶段文化形态；基于人类思考大自然形成的宗教必然是人类生活的真实反映，因此，其内容亦属于人类历史的一部分。我所提出的基本观点中，没有哪一点比上述观点更频繁地在此次探究过程中得到证实，也没有哪一点能更清楚地阐释群婚制与具有婚姻关系的母权制之间的冲突。人类生活的两个阶段相互对抗，各自都受某一宗教观念的滋养。我到现在为止所阐述的理论是否站得住脚，埃佩泽菲利亚的洛克里斯人的历史能最好地予以证明。在其他任何地方，我们都无法找到更值得关注的例子来体现德墨忒尔母权制渐渐兴起并取代旧的阿芙洛狄忒"自然法"（Aphroditean *ius naturale*）了；也没有其他哪个民族的历史可以如此清楚地为我们揭示，一切政治发展如何取决于群婚制的衰落，或者说没有其他哪个民族的历史能如此惊人地向我们展示旧的宗教观念所具有的根深蒂固的力量，以及这些宗教观念如何有能力重新主导历史舞台。

我们将有关家庭生活这一私密空间的状况和所发生的事件列为政治生活起伏兴衰如此关键的影响力量，似乎既奇怪又与当前的想法格格不入。而且，事实上，研习古代历史的人对人类在该领域的发展变化也不曾给予哪怕是一点点的关注。但是，正是男女关系及对此所做的较低级或更高级的解释这两方面，与生命的整体及民族命运之间的联系，将我们的研究直接与历史的根本问题联系在了一起。亚洲世界与希腊世界之间的第一次伟大接触是以阿芙洛狄忒所代表的群婚制和赫拉所代表的婚姻原则之间的较量的方式出现的；我们还会发现特洛伊战争（Trojan war）的起因在于婚姻的一方违背了婚约；如果顺着这同一思路展开来看，我们还可以将代表已婚女人的天后朱诺（Juno）彻底打败埃涅阿斯族人

（Aeneads）的母亲阿芙洛狄忒女神的时间确定为第二次布匿战争期间，即罗马内在的伟大达到登峰造极的时期。

所有这些现象之间毫无疑问存在着联系，而且现在看来也能够充分为我们所理解。那时的"西方"（the Occident）相比东方更为纯洁更为忠贞，因此历史赋予了"西方"让更高级的德墨忒尔原则出现并经久不衰的历史使命，使人类因此得以从"东方人"（the Orientals）的魔巫牢牢控制的，最低级的原始自然法的束缚中解放出来。以"军政权"（imperium）政治观念进入人类历史视野的罗马凭借该观念为上述发展阶段画上了句号。和埃佩泽菲利亚的洛克里斯人一样，罗马人最初也信奉亚细亚的阿芙洛狄忒女神；一直以来，他们与那片遥远的女神故土的联系，远比希腊人与那里的联系更紧密，尤其在宗教事务方面，而希腊人更早更彻底地摆脱了与那片土地的联系；在塔奎尼亚国王们（Tarquinian kings）统治时期，罗马与伊特鲁里亚（Etruscan）母系文化建立起了密切联系；当罗马一度处在困境中时，神谕还指示罗马人，他们需要迎入专属亚细亚人的母神。如果没有其军政权观念的支持，罗马这座注定联结新旧世界的城邦将永远无法战胜来自亚细亚的、受大自然束缚的物质性母系观念；罗马将永远无法摆脱"自然法"，虽然"自然法"在罗马早就徒有虚名；罗马也将永远无法战胜埃及的诱惑——最后一位完全代表阿芙洛狄忒群婚制的东方"坎迪斯"（Candace）克丽奥帕特拉女王死去，奥古斯都（Augustus）大帝默默注视她的遗体，这一场景美化了这一胜利，当然也可以说这一场景是罗马胜利的象征。

狄奥尼索斯宗教（Dionysian religion）的传播使群婚制与德墨忒尔原则之间的较量出现了新的变化，而新的变化对所有古代文明来说都意味着灾难性的历史倒退。狄奥尼索斯教的产生与传播在母权制社会的发展历史中占据了极其重要的地位。在所有反对母权制的主要神灵中，狄奥尼索斯当属最重要的一位，他尤其在与母权制的极端形式阿玛宗（Amazonian）母权制针锋相对的斗争中最为活跃。阿玛宗的极端母权观念对他来说违背了女人的天性、让女人的生活倒退回了过去，因此他毫不妥协地与之对抗。无论走到哪里，他都积极主张实行婚姻法，倡导女人们回归她们作为母亲的天赋使命，号召人们信奉他的阳具所代表的更优越的男性生殖力。如此来看，狄奥尼索斯教一方面似乎是德墨忒尔婚姻原则的支持者，但同时似乎又是造成母系原则被父系原则所取代的主要原因之一。对这两方面我们都无法否认。尽管如此，从狄奥尼索斯教即酒神崇拜影响整个古代世界的历史来看，该宗教必须被看作是人类倒退回群婚生活这一趋势的最强有力的盟友。这一主要强调婚姻的宗教，在使女性的生活退回到阿芙洛狄忒崇拜所主张的纯自然状态方面，发挥了比其他任何因素更大的作用；而以牺牲女性为代价建立起了父系原则的该宗教，在将男人的地位降到比女人更低方面，发挥的作用却也最大。

母权制的极端形式阿玛宗母权制，以及与之相伴而生的非常普遍的野蛮生活方式，是狄奥尼索斯这个新神迅速受到喜爱与崇拜的主要原因之一。母性法则愈是严格，受其支配的女人们发现背离她们天性的阿玛宗女战士的生活愈加难以为继。当狄奥尼索斯这个相貌俊美又同时拥有超然魅力的神出现时，他对女人们格外具有诱惑力。她们自然欣喜若狂地迎接这位新神的到来，也无比狂热地崇拜他。没有多久，阿玛宗极端母权制对这一新神便由最初的强烈抵制转变成了对他同样强烈的忠诚；这些尚武好战的英勇女人们最初还和狄奥尼索斯殊死相斗，不久却变成了效忠于他并为他四处征战的女英雄队伍。随后，一个极端事件紧随着另一个极端事件，折射出女性一直以来多么难以接受约束和限制。从记载伴随酒神崇拜宗教最初的传播而发生的血腥事件以及该宗教所激起的巨大动荡纷争的传统中可以判断，这些现象明显属于历史上真实发生的事。这些动荡纷争虽然各自独立出现在有着天壤之别的民族中，但却都具有相同的特征。这些动荡纷争与后来强调平和享受以及美好生活的狄奥尼索斯教的宗教精神如此大相径庭，以至我们很难将它们看作后来时代的人们虚构的故事。

　　那些现象体现了，这位代表旺盛自然生命力的男性生殖神如何用非凡的魔力使女性世界发生翻天覆地的变化，既与我们的经历相去甚远，也完全超乎我们的想象。不过，如果我们仅仅将这些现象定义为人类的诗意与想象力，就说明我们不仅对人性的黑暗面孤陋寡闻，也不了解宗教在满足人类感官和超验需求方面的力量。这样做的话，意味着我们忽视了如此紧密地结合了内在性与超验元素的女性情感特性，也忽视了繁茂葱郁的南方大自然的超凡魔力。

狄奥尼索斯崇拜在其整个发展过程中都保留了最初产生时所具有的特性。该宗教出现之初便偏爱感官享受，强调性爱，因此表现出对女人天性明显的认同感，吸引的也主要是女人们；它最忠诚的支持者是女人们，最殷勤的侍奉者也是女人们，她们的狂热是狄奥尼索斯宗教具有影响力的基础。"狄奥尼索斯"一词完整的字面意思即表示，他是个受女人们崇拜的神。他是所有女人感官和超验希望的源泉，是她们整个存在的中心。他从名不见经传到成为光芒四射的神是因为她们，也是她们在传播对他的崇拜并使他声名远扬受到广泛信奉。但一个将更大的希望寄托在驾驭肉体获得肉体满足感的宗教，一个在超感官存在的愉悦与感官的满足感之间建立起最紧密联系的宗教，不可能不因为将声色犬马引入女性生活从而削弱德墨忒尔原则所倡导的伦理道德，并最终使母权制倒退到完全以自然生命的随意性为模板的阿芙洛狄忒群婚制。

历史充分支持上述结论。狄奥尼索斯与德墨忒尔之间的联系很快便淹没在了他与阿芙洛狄忒及与其他类似自然母神之间的联系中；作为德墨忒尔有序母系原则象征物的谷穗和面包片，让位给了代表酒神旺盛生殖力的水果葡萄；牛奶、蜂蜜和水，这些在之前的祭祀中所使用的纯洁的祭供，被作为肉体狂欢诱惑物的酒所取代；代表原始自然法和沼泽地动植物以及所有沼泽地物产的宗教，取代了农业及农业给人类的馈赠物，重拾支配地位。这同一新趋势渗透并影响了整个人类生活，这种影响力在所有的古代墓葬中尤其得到了反映。死人的墓葬成了活生生的悖论，因为古代墓葬成为我们了解崇拜狄奥尼索斯神的女人们（Dionysian women）如何耽溺于肉欲的主要途径。我们再次认识到了宗教对所有文化发展所产生的深刻影响。狄奥尼索斯酒神崇拜将上古社会带入了一个彻头彻尾阿芙洛狄忒式文明的最鼎盛时期，它给予这一文明的光芒让现代生活的精致和艺术性都黯然失色。狄奥尼索斯酒神崇拜使人类摆脱一切束缚、抛开所有差别，并通过将人类心灵引向物质和物理存在的美化，把人类重新带回到了物质法则。这种存在的感官享受化到处都与政治组织的解体以及政治生活的衰落同时发生，复杂的等级制消失了，取而代之的是民主，是没有区别的大众，是使自然生活有别于有序社会生活，以及涉及人性外在方面和物质层面的自由与平等。

对这种联系，古人再清楚不过了，他们曾毫不含糊地指出，肉体的解放和政治上的解放是不可分割的孪生兄弟。狄奥尼索斯宗教不仅歌颂阿芙洛狄忒式的肉体享受，还宣扬博爱、大同的观念，因此既很容易被受奴役阶层接受，又受到君王们——如庇西斯特拉图们（the Pisistratids）、托勒密王朝的国王们（the Ptolemies），以及凯撒——的支持与鼓励，因为狄奥尼索斯教有利于巩固他们以僭主或君王身份进行统治的民主基础。所有这些外在表现都拥有同一渊源，它们不过属于古人自称为"狄奥尼索斯时代"的不同方面罢了。本质上来说属于女性文化分支的狄奥尼索斯宗教，将阿里斯托芬（Aristophanes）所描写的鸟国中巴赛勒亚（Basileia）手中的权杖重新赋予了女性；并且支持她们争取解放的努力，如阿里斯托芬作品中的人物吕西斯忒拉忒（Lysistrata）和"公民大会的女人们"（Ecclesiazusae）身上所体现的——这些人物来自阿提卡地区和爱奥尼亚地区城邦现实生活中的真实人物；并最终建立起了一个狄奥尼索斯式的新的母权制。该母权制不太通过法律形式来确定自己的影响力，而更多凭借阿芙洛狄忒的原始自然法无声的力量控制着人类生活的方方面面。

将新出现的母权制与旧的母权制进行比较的话就会发现二者之间的差别。旧的母权制信奉德墨忒尔原则，强调贞洁，严格遵守秩序和伦理道德，而新出现的母权制则基本上建立在重视肉体解放的阿芙洛狄忒原则基础之上。旧的母权制是人类高尚品德的源泉，而且尽管那时的人类思想较为匮乏，社会却安定有序；而在新的母权制下，尽管人类过着更充裕的物质生活，精神生活也丰富，但表面的繁荣却难以掩饰社会渐渐消失的活力和日渐堕落的伦理道德，而且比起其他任何原因，活力的消失和伦理道德的日渐式微才是造成古代社会衰落的最重要原因。与旧的母权制相伴而生的是男人们英勇无畏的品格，但狄奥尼索斯宗教下的母权制却削弱了男人们的地位，把他们变得如此不堪，以至连女人们都蔑视他们。吕基亚和埃利亚（Elean）❶这两个民族相比其他民族更长久地保持了德墨忒尔母系原则的纯洁性，使其没有因狄奥尼索斯宗教力量的破坏而分崩离析，旧的母权制成为了这两个民族内在力量的标志。不过，随着俄耳甫斯教的秘密教义——尽管其男性生殖崇拜发展到很高的程度——与旧的女性神秘主义靠得越来越近，其失败的危险也越来越大。这种变化及其产生的影响最显著地体现在埃佩泽菲利亚的洛克里斯人及莱斯博斯岛（Lesbos）的伊奥利亚人中，但狄奥尼索斯宗教导致旧的母权制经历了最彻底变革的地方却是在非洲和亚洲。

历史已经反复证明，民族生活中最早时期出现的现象，到了发展阶段的晚期有重新出现的趋势。生命的周期重新回到了起点。在下面的探讨中我们有责任彻底揭示历史真相，有责任让真相经得起任何质疑，即使揭示真相的责任令我们不快，即使真相本身让我们难过。我们发现，这一规律的外在现象主要出现在东方国家，虽然绝非只在那里出现。随着古代社会内部分崩离析的加剧，母性物质原则又逐渐重拾支配地位，阿芙洛狄忒群婚制淹没了德墨忒尔原则，属于自然存在最底层的自然法重获新生。而且我们看到，最低级的自然法，虽然其支配人类最早期历史的事实甚至还受到质疑，却带着对大自然兽性一面有意识的神化，到了其发展的后期

---

❶ 埃利亚为古希腊的城邦之一，位于今天意大利南部那不勒斯附近。——译者注

重新全面发挥着作用。自然法成为了秘教的核心和精髓，并作为人类心目中至善至美的理想而受到赞美。而且，我们发现了大量与这些最古老传统中最让人费解方面相似的现象。但我们最初开始探讨时所碰到的穿着神话外衣的现象，现在却成为晚些时期的历史特点，因而证明，尽管人类拥有完全的行为自由，但人类历史的发展却遵循着严格的规律。

我在阐述母系原则的不同发展阶段及它们之间的冲突时，反复提到了阿玛宗极端母权制，并暗示这种极端母权制在两性关系的发展历史上发挥过重要作用。实际上，阿玛宗极端母权制与群婚制是紧密联系在一起的，这两种值得我们关注的反映女性生活状态的现象互相制约，互相解释对方的存在。下面，我们将试图根据流传下来的传统厘清二者之间的关系。

在谈到阿玛宗女王翁法勒（Amazon Omphale）时，克里楚斯（Clearchus）[15]指出，每当出现这样一种女性强权统治时，之前必然发生了贬低女性地位的情况，而且之后必然会发生一系列的极端事件。此观点在多个著名的神话故事中得到了证实，如利姆诺斯岛（Lemnos）上的女人残杀男人的行为，❶达那伊得斯姊妹们（Danaïds）的行为，乃至克吕泰涅斯特拉（Clytaemnestra）的杀夫行为。在这些例子中，总是女人的权利先受到侵犯，她们的反抗意识因此被

---

❶ 参见本书，第159页。

挑起，这自然会激起她们奋起自卫，随之发生流血的报复行为。基于这一人性特别是女人天性的规律，群婚制必然走向阿玛宗极端母权制。满足男人们过度的性交需要让女人们感到卑微，所以最先向往更安稳地位与更纯洁生活的是她们。她们的卑微感，外加因绝望而生的愤怒，促使她们拿起武器投身战事，最终使她们成为了那种勇猛尚武的女战士女英雄。她们的这一新角色看似逾越了女人身份的界线，但实际上不过植根于她们对更好生活的向往。

我们可以从上面的论述中得出两个结论，而这两个结论都得到了历史的证实。首先，阿玛宗极端母权制是一个普遍存在的现象，它并非因某个特定民族特定的自然或历史环境而产生，它的产生以人类共有的特征为基础。而且，阿玛宗母权制和群婚制共同具有这种普遍性。无论在哪里，都是同样的原因导致了同样的结果。阿玛宗现象与所有民族的早期历史交织在一起，从亚洲中部到"西方"，从西徐亚（Scythian）北部到非洲西部，到处都出现过阿玛宗现象；越过大洋，阿玛宗现象同样不胜枚举，也同样确定地存在；就是在离我们不远的年代，也观察到某些地方还在实行阿玛宗母权制，还同样伴随着对男性的血腥复仇行为。根据人性的规律，恰恰是人类历史最早期发展阶段揭示了其最典型、最普遍的特征。

其次，阿玛宗极端母权制虽然具有野蛮性，从这方面来说属于历史的倒退，但却标志着人类文化的显著提升。尽管发展到后来的阶段出现了倒退和扭曲，但最初出现时却使

对那些仍生活在大地上的某些民族的观察已经显示，人类走向农业社会也主要是女人们努力的结果，而男人们倾向于抵制这种转变。该历史事实得到了无数古代传统的支持。譬如，女人们为了结束游牧生活烧掉了渔猎用的船；女人们创建了大多数的城市；又譬如，在罗马或埃利斯（Elis），女人们首先开始分配土地。女性通过让人类过上定居生活来履行她们的自然使命。

一切文化和文明基本上都是以建立家园、美化家园为基础发展起来的。在沿着这一发展规律行进的过程中，这些阿玛宗人的生活方式开始变得越来越和平，她们不再频繁地诉诸武力，四处打仗也不再是她们的主要事务。母权制国家的女人们从未完全放弃使用武力，因为在她们看来，为了维护她们作为尚武民族统治者的地位，武力是必不可少的，她们对马的热衷甚至还反映在了相对较晚的宗教象征符号中。不过很快，即便打仗还没有成为男人们的专属职责，他们至少开始和女人们并肩作战。有时，男性构成的军队与女性骑兵队伍一起行军；有时，情况则正好相反，如密西亚的希俄拉（Mysian Hiera）❶所领导的军队。

尽管渐渐发生了上述生活方式的改变，女性在家庭和

---

❶ 根据菲洛斯特拉图斯（Philostratus）留下的文字（*Heroicus*，Kayser，299.30f），希俄拉是密西亚（Mysia）国王忒勒福斯（Telephus）的妻子，由她带领的密西亚女人组成的军队参加了特洛伊战争。菲洛斯特拉图斯说，荷马（Homer）在作品中没有提到她，是因为她是所有女人中最伟大、最公正的一个，如果提到她，她的光芒就会让荷马作品中的女主人公海伦黯然失色。

国家事务中的统治地位仍然长期未被削弱。不过，她们的统治地位还是不可避免地在逐渐发生变化，渐渐地，母权制开始受到限制。这一变化以多种不同的形式出现。有时，女性最先失去的是她们的政治权力；而有时，她们最先失去的却是对家庭的控制权。以吕基亚为例，我们只能获得关于女性在家庭中拥有支配地位的情况；尽管我们知道吕基亚的政治权力也是依据母权来继承的，但流传下来的文献并没有关于她们拥有政治权力的记录。在其他地方，情形正好相反。那里的政治权力全部或部分地掌握在女性手中，而家庭不再继续依据母权来管理。旧制度中那些与宗教紧密联系在一起的元素，因为受到与该宗教崇拜息息相关的一切更神圣的观念的保护，因此能经受时代精神最长期的影响。不过，其他因素也发挥了作用。吕基亚和埃佩泽菲利亚与外界隔绝的地理环境，埃及及整个非洲的地形和气候，都有助于母权制不受外来影响得以保留下来。在其他地方，母权制在政治上的影响力原本就不大，反而因此受到了保护，或者母权制因为人为的方式得到了巩固，就像人们将文字的发明归因于整日待在皇宫高墙内的亚洲王后们一样。❶

　　关于这一曾经包罗万象的体系，历史为我们留下了星星点点的痕迹。中国的作者们记录下来的关于中亚女人们的状况，与这些记录结合在一起看，呈现出特别有意思的

---

❶ 巴霍芬此处指的是薛西斯一世（Xerxes）的母亲阿托莎（Atossa），后来的学者们将文字的发明归功于她。参见 *Mutterrecht*（in *Gesammelte Werke*，Vol. 3, p. 976）。

一面。这些国家直到公元 8 世纪还一直在政治及社会体系中保留着母权制，这些中亚的母权制国家所具有的所有典型特征都与古人对阿玛宗母权制王国的记录相符，而且她们对"正直"（εÙvoμία）品质和宁静的赞美也支持我的发现。中亚母权制王国的终结，并不像大多数阿玛宗母权制王国包括曾定居在古意大利的阿玛宗女王克勒忒（Cleitae）统治的王国一样，是由于暴力造成的，而是时间的鬼斧神工，还有与周边强大国家长期接触潜移默化的影响所导致的。这一段的人类历史成了欧洲人最古老、最模糊的记忆之一，甚至在今天也还必须承认是历史长河中已被遗忘的一段。

我们在面对本书所涉及的研究主题时，犹如站在一堆巨大的废墟面前。对于这类的研究工作，如何运用时间跨度非常之大并且是由许多不同民族留下来的残存记录，常常成为在黑暗中发现一线曙光的唯一途径。只有仔细斟酌一切能为我们所用的线索、暗示，我们才能从星星点点的资料中理出头绪。古代世界的母权制在不同民族呈现出的不同形式和不同现象，现在看来似乎意味着一个伟大历史进程中如此多的阶段——该历史进程开始于原初时代，并一直延续到了非常晚的时期——这是一个在今天的非洲民族中仍在继续的进程。从探讨德墨忒尔有秩序的母权制开始，我们业已对古代社会的群婚制和阿玛宗极端母权制有了了解。了解了人类发展的低级阶段后，我们将能够认识到人类发展的更高阶段的真正意义，并赋予父权制的胜利在人类历史中以恰当位置。

人类从母系观念发展到父系观念，构成了男女两性关系史上最重要的转折点。德墨忒尔母权制和阿芙洛狄忒群婚制阶段都主张拥有繁衍子嗣能力的母亲的支配地位，只不过它们诠释母亲身份时具有更多还是更少的纯洁性，才使这两个阶段的人类生活方式不同罢了。但是，随着母系体系向父系体系的过渡，最基本的原则发生了变化：旧的观念被彻底超越，全新的观念浮出了水面。母亲与孩子之间的联系基于一种物质关系，可以被感知到，而且总是以自然客观事实存在；但父亲作为播种人意味着完全不同的方面。父亲和孩子之间的关系是隐性的、看不见的，即便处在婚姻关系中，父亲也无法摆脱一种虚构人物的角色。父亲只有在以母亲为媒介的情况下才被他的子嗣认同，所以父亲总是作为一种更疏远的让女人受孕的力量出现。父亲作为起推动作用的因素呈现出非物质性，而为家庭提供庇护之所、滋养家庭成员的母亲则作为"质料"（ΰλη）的形象出现，是"繁衍后代的地方和居所"（χώρ κα□ δεξαμενή γενέσεως），是家庭的"看护人"（τιθήνη）。

父亲身上的所有这些特征将我们引向一个结论，即：随着父亲的胜利，人类不再依赖自然现象的昭示，获得了精神上的解放，人类超越物质生活法则实现了升华。母系原则普遍存在于自然万物，相对于此，男性则通过让女人受孕的男性生殖力位居主导地位，从这种关系中现身，并开始意识到上天赋予他的更高的使命。精神生活超越了肉身的存在，人类与更低级的自然法则之间的关系被限制在了身体层面。现在，母系原则只涉及人类的身体，这也是人类和动物之间现在唯一具有的共性；父系精神原则仅属于人类。人类冲破了原始自然法的束缚，抬起头将眼光投向了宇宙的更高区域。以胜利者姿态出现的父亲分享天界的光明，而生育孩子的母亲则与孕育万物的大地联系在一起；父系权利被普遍描写成由天界的太阳神英雄建立起来，而捍卫母权则成为阴间母神们的首要职责。

神话通过阿尔克迈翁（Alcmaeon）及俄瑞斯忒斯（Orestes）弑母的行为，表达了上文阐述的这种新旧原则之间的冲突，并将这一人类伟大转折点与宗教的升华联系了起来。这些传统无疑包含了对人类真实经历的记忆。如果母权制的历史性不容置疑，那么伴随母权制的衰落的事件也必定不只是诗歌中的虚构情节。我们发现，在俄瑞斯忒斯的故事中，导致父系战胜阴间神灵崇拜的母系原则的那些社会动荡与纷争得到了反映。无论其中诗歌想象的成分有多大，我们都不能否认埃斯库罗斯（Aeschylus）和欧里庇得斯（Euripides）的作品所描写的两种原则之间的较量具有历史真实性。复仇三女神（the Erinyes）代表的是旧的法律体系，根据旧的法律体系，俄瑞斯忒斯弑母是有罪的，他犯下让他母亲鲜血洒地的罪不可饶恕；但阿波罗和雅典娜却宣告新的法律体系的胜利，更高级的父系和天界光明的胜利。这场较量绝非文学作品中对立的双方通过辩论决定孰对孰错，而是历史上真实发生过的较量，神灵们亲自决定较量的结果。旧的时代消亡了，另一个时代——一个阿波罗的时代，从旧时代的废墟中崛起。一个与旧理念完全对立的新的时代精神正在酝酿之中。母亲的神圣性让位给了父亲，黑夜的重要性让位给了白天，左的重要性让位给了右。只有将这两个阶段放在一起进行比较，它们之间的不同之处才会格外鲜明。佩拉斯吉文化因其对母系的强调而在历史上留下了自己的印迹，**希腊文化**则与父权制观念息息相关。佩拉斯吉人展现给世人的是一幅受制于物质的画面，**希腊人**展现的则是一幅人类精神发展的画面；佩拉斯吉人生活的显著特征是无意识的规律在起着作用，而**希腊人**的生活则明显崇尚个人主义；我们看到其中一个寻求接受自然，另一个则寻求超越自然；旧的制约人类存在的因素被打破了，积极进取而且充满艰辛苦难的普罗米修斯（Promethean）式的人生取代了追求永久安宁、和平享受以及即便年老了也永葆童真的生活方式。德墨忒尔秘主义将更大的希望寄托在母亲的免费馈赠中，这种馈赠从种子长出嫩芽中可以看到；**希腊人**则希望通过自身的努力成就一切，甚至包括获得神性的最高目标。在与母系的较量中他开始意识到他身为父亲的天性；在战场上他不仅将自己提升到了之前完全支配他的母系之上，他也通过在战场上的英勇表现获得神圣性。对他来说，永恒的源泉不再是生育孩子的女性，而是被他赋予了神圣性的男性生殖原则，而在此之前，这种神圣性仅仅被赋予母亲。

将宙斯身上的父性特征发展到最高处的无疑是阿提卡

民族。❶尽管雅典本身有佩拉斯吉文化的渊源，但雅典在其发展过程中，完全将德墨忒尔原则置于阿波罗原则的支配之下。雅典人把忒修斯当作憎恶女人的赫拉克勒斯（Heracles）第二来崇拜；他们通过雅典娜女神的形象让无母有父取代无父有母；他们甚至立法使普遍性的父系原则神圣不可侵犯，而在复仇女神所代表的旧的法律体系下，只有母亲才享有这一神圣地位。处女神雅典娜喜欢阳刚气的男子，常常帮助代表父系太阳法则的英雄们；在她身上，过去时代尚武好战的阿玛宗母权制精神再现了。当那些捍卫女性权利的女人们将船停泊在阿提卡的海岸向她的城市雅典寻求帮助时，她的城市把她们当作敌人。阿波罗原则与德墨忒尔原则之间的对立在此格外鲜明。雅典这座最早期历史遗留下了母权制痕迹的城市，让父系法则发展到了登峰造极的程度；这座城市一味贬低女性的地位，女性在雅典所沦落到的处境之卑微，如果与神秘主义崇拜盛行的厄琉西斯的女性地位相比，令人瞠目。

研究上古史之所以特别有启发意义，是因为几乎人类的所有形态在那一时期都经历了有始有终的完整的发展历程，而且支配各种形态的每一原则在那一时期都得到了充分的实践。从这一层面来说，那一时期呈现给我们的是一个整体——尽管流传下来的只是零零散散的传统。而且，相比研究其他时期来说研究上古史具有无可比拟的优势。关于这一

---

❶ 雅典属于阿提卡地区。——译者注

时期的知识积累到一定程度便注定会开花结果。比较起点与终点将为我们了解二者的本原带来丰富的启示。只有通过比较，不同阶段具有的特殊性才能完全为我们所理解。

因此，我将精力放在研究父系体系的演变以及随之而来的人类生活的变化，并非多此一举，而是研究工作必不可少的一环。关于母权制观念向父权制观念的转变，有两个领域将会被着重关注：与收养孩子和与预言有关的领域。在群婚生活盛行的时代，领养孩子是不可想象的事，因而注定在德墨忒尔原则和阿波罗原则下会具有完全不同的形式。在受德墨忒尔原则支配的世界，孩子必须由母亲生育，生育孩子不得背离其作为自然客观事实的特性；到了阿波罗原则支配的时期，由于父亲的身份是虚构的，便产生了纯粹精神上的繁殖观念，出现了摆脱掉一切质料的无母之父。这就催生了母权制所缺乏的直系继承的观念，以及阿波罗原则下家族永生的观念。预言，尤其是雅米达伊预言（Iamidian prophecy），也经历了与收养孩子观念相同的发展历程。在墨兰波斯（Melampus）最初开始传播狄奥尼索斯教的时期，尚处于最初级阶段的雅米达伊预言属于母系和原始自然法；在它发展到鼎盛时期时，则完全属于父系，受阿波罗法的支配。该预言也强调世代相传的观念，所以与收养的精神化的形式也具有相似性。不过，使雅米达伊预言格外具有启发意义的则是，它将我们带到了实行母权制的两个重镇阿卡迪亚（Arcadia）和埃利斯，使我们一方面得以观察家庭法所经历的相似的发展历程，另一方面还得以观察预言与宗教总体上也经历的相似的演变过程。

我们将人类生活中的上述两个方面进行比较就会发现，人类在精神上的发展符合一定的历史规律并具有高度的客观必然性。到处都发生了从大地上升到天空、从质料上升到非质料、从母亲上升到父亲的变化；各地俄耳甫斯教的宗旨，紧跟这一自下而上的趋势，也见证了人类存在的持续不断的净化，并且显示出其在本质上与基督教教义及"男人不是为女人而造的，女人乃是为男人而造的"的基督教格言不同。[16]

我探讨的第二条主线，即对母权制与较低级和更高级的人类生活阶段的较量进行历史探究，建立在研究人类精神发展的渐进过程与宇宙表达的等级化体系之间的内在关系的基础之上。和我们即将踏进的领域相比，没有哪个领域能如此惊人地暴露出，我们今天的思维方式和古代思维方式之间的截然对立。那一阶段的人类把精神法则置于物理定律的支配之下，使人类发展听命于宇宙力量。这种现象似乎如此奇怪，以至我们禁不住把它当作哲学幻想，或者将它贬为"痴心妄想和无稽之谈"。❶然而，它既不是古人或现代人违背常理的思辨，也不是毫无根据的类比，更不是胡乱猜测，而是——如果我可以这么表达自己的意思——客观真相、经验

---

❶ 此话引自康拉德·博尔辛（Conrad Bursian）对《墓葬的符号象征》（*Gräbersymbolik*）所做的尖酸刻薄的评论。*Gräbersymbolik* in Zarncke's *Literarisches Centralblatt*, 1860, pp. 228f.

论和思辨并存的一种哲学，一种在古代社会自身的发展过程中呈现出来的哲学。它渗透到古代生活的方方面面，在宗教发展的各个阶段它都作为指导思想凸显出来，它是家庭法向前发展的每一步的基石。支撑整个知识体系的正是这一真相，也正是它为我们提供开启许多一直以来困扰我们的神话故事和符号之谜的唯一钥匙。

到目前为止的论述让我们在了解古代人的生活观方面更进了一步。上文通过揭示家庭组织的每一阶段如何依赖于某一宗教观念，暗示家庭关系必然和宗教一样受相同自然现象的支配。而且，我们对上古时代所做的每一步研究都一次又一次地证实了这一点。男女两性关系所经历的每个阶段，从阿芙洛狄忒群婚制直到纯洁的阿波罗父系原则，都在自然生命的不同阶段有其对应的原型——从代表无婚姻的母亲身份的沼泽地野生植被，到对应能够永远再生的精神上的父亲身份的天界和谐法则，以及天界的光明，即"无火之光"（*flamma non urens*）。这一对应关系如此普遍，以至我们可以根据哪一宇宙天体在崇拜体系中支配另一宇宙天体，来判断两性关系处于什么状态。譬如，在月亮崇拜的重镇之一，●我们从当地人给月神取的是男性还是女性名字就可以判断，在

● 巴霍芬在这里可能指临近叙利亚埃德萨（Edessa，尚勒乌尔法的旧称，现属土耳其。——译者注）的卡雷（Carrhae，现属土耳其。——译者注）。在那里，月神同时以 Lunus（阳性）和 Luna（阴性）这两个名字受到人们的崇拜。参看埃里乌斯·斯帕提亚努斯的《卡拉卡拉大帝传》（Aelius Spartianus, *Caracalla* 6. 6 and 7. 3-5），以及德尔图良的《护教学》（Tertullian, *Apology*）。

该地方处于支配地位的是男性还是女性。

三个重要的宇宙天体——地、月和日——之中，第一个是母系原则的载体，最后一个则掌管父系原则的发展；第一个也代表最低级的宗教阶段，即原始自然法阶段，孕育孩子的母亲的子宫在这一阶段处于支配地位。它将生殖力赋予了风和地上的水，而风和水属于地的大气层，是地的组成部分，因此也属于阴间体系的一部分。它让男性受阴性原则的支配，让海洋受"地母的子宫"（*gremium matris terrae*）支配。在这个阶段，黑夜被等同于地，被古人看作是母神和阴间神灵；黑夜之神是最古老的神祇，与女人之间具有一种特殊的关系。而另一方面，太阳日则使男人抬头将目光聚焦这个男性神灵闪耀的光辉。这个发光的天体宣告的是父权制的胜利。从原始自然法到父权制的胜利，人类社会共经历了三个发展阶段，其中前两个阶段还完全遵循自然的启示，而第三个阶段则追求超越自然。古代宗教将太阳从东方升起与太阳战胜代表母亲的黑夜的观念联系起来了，这种观念在神秘主义中常常作为一切超验希望的本原出现。不过，在初期，这位绽放光芒的儿子还是完全受母亲控制，白天还是属于"黑夜的白天"（ἡμέρη νυκτερινή），而且，他作为伟大的"黎明之母"（*mater matuta*）艾莉西亚（Eileithyia）无父生下的子嗣，仍然受母权制支配。只有当太阳的光芒充分绽放时，他才会彻底从与母亲的纽带关系中解放出来。当太阳处在诞生时辰与消亡时辰的中间点，当它位于由驭手从东方驾出到驾回西方的正中间时，太阳的光芒达到顶点，此刻意味着父亲战胜母亲处在支配地位，父亲的光芒淹没了母亲，就像母亲曾经主宰波塞冬（Poseidonian）的男性特征一样。此阶段属于狄奥尼索斯的父权阶段。在这一阶段，狄奥尼索斯既作为完全成熟的太阳神又作为父系体系的开创者受到崇拜。他身上两方面的特性正好互相呼应：一方面，像生殖力最旺盛时的太阳一样，狄奥尼索斯代表的父亲即旺盛的男性生殖力，他是阳具神和男性生殖神；另一方面，狄奥尼索斯代表的父亲角色又和索尔神（Sol）一样，总是在寻找能受孕的质料（receptive matter），以便唤醒质料的生命。

与之前的阶段完全不同而且更为纯洁的是第三个发展阶段太阳神阶段，即阿波罗崇拜阶段。在这一阶段，永远活动在日出和日落之间出现又消失的阳具神太阳，蜕变成了光明的永恒源泉。它抛开了一切交配受精的观念以及与阴性物质结合在一起的所有渴望，进入了太阳神的界域。狄奥尼索斯只是将父亲的地位提升到了母亲之上，而阿波罗本人则彻底摆脱了与女人的一切纽带关系。他身上的父亲身份是无母的和精神上的，如收养孩子的观念所体现的；因此也是永恒的，面对代表死亡的黑夜女神无动于衷，而此前，代表男性生殖力的阳具神狄奥尼索斯会永远遇到黑夜女神。我们的看法是，欧里庇得斯的《伊翁》（*Ion*）所描写的两个太阳神以及他们所代表的两种父系体系，体现的正是上面这种关系。《伊翁》中的描写完全符合德尔菲的太阳神观念，对我们下面的讨论所具有的意义甚至比黑留都勒斯（Heliodorus）的小说更大。

在地与日这两端之间，月亮处在中间位置。古人将地与日这两个世界之间的中间地带划归月亮管辖。作为属于地的实体中最纯洁的一个和天上的发光体中最不纯洁的一个，它成了德墨忒尔原则支配时达到了最大程度净化的母亲形象的象征；作为一个属于天的地，它不同于属于冥界的地，正如受德墨忒尔原则支配的女人不同于群婚制下的女人一样。相应地，具有婚姻关系的母权总是和"月亮比太阳更重要"这一宗教观念联系在一起，而且更高级的德墨忒尔神秘主义宗教观念——德墨忒尔神秘主义宗教观念是母权制的基础——被看作是月亮赐给人类的礼物。月神卢娜（Luna）在德墨忒尔神秘主义和狄奥尼索斯神秘主义中都同样有着双重身份，她既是母亲也是宗教之源，而且她在这双重身份中，又都是母权制女人形象的原型。

在这里我们无需就此更深入地探讨古代观念；我下面的研究显示，这些古代的观念对我们理解许许多多的细节举足轻重。不过，到目前为止，我们对基本原则所做的阐述已经足够了。男女两性关系不同发展阶段对宇宙现象的倚赖，并非人类随意虚构的故事，而是确凿的历史现象，是历史自身孕育出来的观念。作为宇宙最高体现的人类，岂能独善其身，不受宇宙定律的约束？以重要宇宙天体的等级化体系为基础——这些宇宙天体持续不断地支配着古代各民族人民的崇拜与观念，家庭组织的发展呈现出最高程度的内在必然性和合乎规律性；消失的历史现象成为作为宗教基础的神话创世观的表达。

上述讨论也使我们有机会了解、感受两性关系发展史上的最后一个阶段。到目前为止，我们从无序的原始自然法阶段一直到太阳原则支配的最纯洁的阶段等各个发展阶段已经做了概要性讨论，并相继从历史、宗教和宇宙表达方面探究了各个阶段。不过还有一个问题尚待回答，否则我这部专题论著就不算完整，即：男女关系在上古时代最终演变成了何种形式？

在我们的讨论中，似乎出现了两种可以使人类建立起父系原则的力量，即德尔菲的阿波罗太阳神和男性治权的罗马政治观念。而历史教给我们的是，父系原则的胜利更多归功于罗马的军政权观念，较少归功于阿波罗太阳神。尽管罗马的军政权原则在精神层面的影响力可能不如德尔菲的太阳神崇拜观念，但它以司法的形式使自己与社会的公共生活和私人生活建立起了密切的联系，而只在精神上具有影响力的太阳神则缺乏这样的支持体系。因此，罗马军政权观念在遭受各种威胁和攻击时仍能立于不败之地，在面临社会倒退回野蛮时代和物质观念不时卷土重来的危险时，依旧稳如磐石，而阿波罗崇拜观念却无法经受住比其低级的宗教教义与日俱增的威胁。我们看到，父亲的观念从阿波罗崇拜的纯洁倒退回了狄奥尼索斯酒神崇拜的物质性，这种倒退为阴性原则的再一次胜利和母亲崇拜的再一次繁荣铺平了道路。尽管这两个发光的神灵在德尔菲达成妥协成为亲密盟友，此举似乎用心良苦，旨在通过阿波罗永恒不变的恬静和纯洁来净化狄奥尼索斯这个男性生殖神过度的肉体享受并使他得到升华，但实际结果却恰恰相反：男性生殖神狄奥尼索斯外在的吸引力赛过了他的同伴阿波罗精神上的美，狄奥尼索斯渐渐夺走了本该属于阿波罗的权力。随之降临的不是阿波罗的时代，而是狄奥尼索斯的时代；宙斯没有将权杖给其他任何人，只给了狄奥尼索斯。狄奥尼索斯吸收了其他所有崇拜的思想，最终成为了一个遍布各地并支配整个古代世界的宗教的中心人物。在诺努斯（Nonnus）的作品《狄奥尼西亚》(Dionysiaca)〔17〕中，阿波罗和狄奥尼索斯这两个神在众神的集会上为了夺得奖品一争高下。阿波罗抬头仰望上空，胜券在握的样子，而他的对手狄奥尼索斯则为众神提供了香醇的葡萄酒。此时，阿波罗不由得羞红了脸垂下了眼睑，因为他没有可与葡萄酒媲美的东西献给众神。这一场景同时将阿波罗的高贵与薄弱处展现了出来，并为我们揭示了狄奥尼索斯获胜的秘诀。由此，亚历山大大帝的远征引发的希腊与东方世界之间的碰撞也具有了特殊的重要性。我们看到了这两个世界之间巨大的冲突与对立，但最初僵持不下的敌对状态最终由狄奥尼索斯崇拜做出了一定程度的妥协。托勒密王朝时期，对狄奥尼索斯的崇拜到了空前绝后的程度，对他的狂热也超过了其他任何神灵，因为统治者们发现，他们可以借助狄奥尼索斯教，让外来文化元素融入到本土文化。

在下面的讨论中，我们将特别关注这一历史冲突是如何在两性关系中得到体现的，并考察埃及本土伊西斯原则如何顽强地抵制来自希腊的父系理论。其中，我们将对神话故事和历史文献这两方面的传统给予最特别的关注。关于亚历山大大帝与印度—麦罗埃王国的坎迪斯女王（Indian-Meroitic Candace）斗智的故事在他们同时代人的笔下出现时，反映的是这些古人对突出体现在亚历山大身上的男性精神原则与支配亚洲和埃及的母系原则之间关系的看法。在故事中，父系原则更神圣的地位是得到承认的。但故事同时也暗含着这样的意思：这位大步流星从历史舞台匆匆走过的年轻英雄，虽然受到东西两个世界无比惊诧的瞩目，却不能彻底征服女性原则，因此他走过舞台的每一步都不得不承认这一点。另一留下来的记录则属于严格的史料，讲的是从托勒密一世统治时期开始，当埃及人故意回避德尔菲的太阳神和纯洁的父系原则时，希腊统治者便将锡诺普（Sinope）的塞拉皮斯神（Sarapis）[18]引入了埃及。

最有趣的是，这个希腊化王国从建立之初便被迫采取了上述措施以巩固其统治。留存下来的宗教史和政治史方面的记录都与这一点完全相符。德尔菲的阿波罗太阳神所代表的精神原则无法在更古老的世界留下烙印，因为它没有力量战胜更古老的世界在两性关系方面所持的更低级的物质观念。父系原则最终能彻底战胜母系原则，归功于罗马的政治观念。罗马将父系原则用严格的法律形式确定下来，父系原则因此得以渗透到社会的方方面面；罗马使父系原则成为一切生活的基石，保护父系原则免受宗教衰退和礼仪堕落的负面影响，并确保大众不会重新信奉母权制观念。罗马法律承受住了东方世界不断的威胁和攻击，承受住了伊西斯和库柏勒（Cybele）母亲崇拜甚至狄奥尼索斯神秘主义的流行和传播，依然维持了罗马传统的父系原则；奥古斯都大帝以法律约束女性生育原则，但它依然没有动摇；它还经受住了那些蔑视传统罗马精神并曾试图（并非没有成功过）将"束棒"（fasces，象征司法权力的权棒）和"徽章"（signa，象征军事权力）夺到手中的皇帝妻子们和母亲们的影响；当查士丁尼（Justinian）大帝喜欢用完全自然的观念看待男女关系，主张赋予女人平等权利，并让具有繁衍后代能力的母亲受到尊重时，它也不曾屈服。甚至在东方，它在与一直此起彼伏地抵制罗马打压阴性原则的行为的较量中也取得过胜利。

我们比较罗马政治观念力量的这种强大与纯粹宗教教旨的势单力薄时就会发现，人性在缺乏严格制度的保护而任由其自生自灭时，是多么的弱不禁风和不堪一击！奥古斯都是凯撒收养的孩子，他作为儿子为他精神上的父亲凯撒报仇，因此被古人视为俄瑞斯忒斯第二，他的掌权也被看作一个新的阿波罗时代的到来。不过，人类并没有将这个最高发展阶段的胜利归因于宗教观念的内在力量，而基本上将功劳给了罗马的政治体制。不过，政治体制尽管可以改变基本宗教观念，但无法将其斩草除根。这一观点显然得到了罗马法律理念的传播与埃及母权崇拜宗教影响力的变化二者关系的证实。准确地说，当东方完全向西方臣服，连最后的"坎迪斯女王"也已陨落，母系原则在政治领域节节失利，颓势似已不可扭转，但其在宗教领域却卷土重来，影响力倍增，并最终赢回了其在政治领域失去的阵地。它们之间的较量，在一个战场上虽然结束了，但在另一个战场上，一个更高级别的战场上，却硝烟再起，而且失利的那方夺回支配权。母系原则超越纯粹精神上的父系原则重新获得胜利的现象表明，一直以来，不论处于哪个时代，不论受诸多宗教中哪一宗教的支配，男人们想要克服人类惯有的物质天性，进而从世俗存在升华到圣父原则的纯洁，以履行上天赋予的最高职责，是多么艰难啊。

上述最后部分的讨论结束后，我想要表达的基本观点就已完整地呈现给了读者，而我下面的论述也将依此展开。对所讨论的主题探根寻底的边界并非由我主观限定，而由历史事实决定。我探究问题的方法和呈现研究成果的方式同样也不是主观臆断的，对此，我尚有必要向读者做些说明。我们探究历史问题，必须先从搜集、核实和整理所有相关文献开始，必须处处强调具有特殊意义的材料，而且对问题形成全面观点的过程一定是循序渐进的。研究是否成功取决于是否对文献做过最彻底的调查和是否展开不带任何偏见的、完全客观的评估。依此而言，将有两个标准需要我们遵循，而这两个标准也决定了我将如何展开下面的讨论。我将所有资料按民族进行了归纳整理，这成为我们最主要的分类原则。下文每章的开篇首先讨论关于该民族最有意义的历史记录。这一方法本身可以避免我们在阐述母权制的观念时按逻辑来推进，取而代之的是，我们将不得不跟随每个民族的资料走，有时强调这一方面，有时又强调那一方面；而且，我们还将不得不反复涉及同一问题。

在一个如此具有开拓性又完全陌生的研究领域，对文献进行上述分类和重复讨论，既不应受到责备，也无需感到遗憾，因为这两种方法都是通常情况下具备很大优势的研究体系不可分割的组成部分。不同民族的生活多姿多彩、形式多样。受不同环境以及某些发展状况的影响，某些基本观念在处于某一特定文化阶段的某个民族中的外在形式会千姿百态。进而，不同民族之间的相似之处渐渐消失，不同民族的独特之处则逐渐涌现出来；而且我们将看到，在各种不同情形的影响下，生活中的某一方面在一个地方的早期发展阶段衰落了，却在另一个地方繁荣起来。很显然，只有单独研究探讨每个民族，我们才能不偏不倚地对待这些丰富多彩的历史构成，我们的研究才能避免教条和片面。以扩展历史领域、开拓我们的历史知识为目的的研究工作，不能仅仅止步于建立起一个体系，还应当力图从一切发展变化、一切外在表达中真正了解生活。形成包罗万象的视角也许相当有价值，但唯有通过跟细节关联起来才能展现：只有当普遍性与特殊性结合在一起，只有当某一文化阶段的整体特性得到不同个体民族特征的阐释与证实，人类心中对一致性与多样性的双重需要才能得到满足。每一个进入我们研究视野的民族，在为我们呈现女性当政（gynocracy）的整体画面和历史脉络的同时，又都增添了新画面，而且使我们对先前被忽视的方面产生了新的认识。因此，我们对问题的理解也将随着研究的深入而加深，空白处将被填上，初步观察得出的结论也将获得后续观察的确认、修正或强化；我们的知识会渐渐丰满起来并开始具有内在凝聚力；我们的视野将变得越来越开阔；而且最后，所有这一切将汇聚一起，形成一个最重要的观点。从抵达终点前一路的思考中获得的满足会大于抵达终点时的愉悦。如果本书不想失去这样的魅力，我们就必须少盯着终点看，更多关注我们是如何逐步到达终点的。因此，我们在抵达终点前的每一步都需要读者的合作。而作为作者，我将不遗余力地避免在读者的观察与古代资料之间穿插进自己的存在，以免扰乱读者对古代资料的注意力，而古代资料本身即是最好的保证。唯有通过自己的努力获得的东西才有价值，从人类的本性来讲，没有比包装好的现成产品更让人反感的了。本书别无其他奢望，只图能为学术思考提供还算称得上源源不断的新素材。如蒙本书还能为他人提供些灵感，也算在相关前期工作上略尽了微薄之力，我因此心满意足，而且将欣然接受所有第一次尝试必须面对的共同命运，即所有第一次尝试都将遭到后人无情的批判，而后人往往只根据不足之处论成败。

吕基亚

任何对母权制的探究，必须从吕基亚民族开始，因为我们所拥有的最丰富、最确定的文献都是关于这个民族的。因此，我们的首要任务便是详细了解古代作者关于吕基亚人都说了些什么，以便为我们展开后面的讨论打下牢固的基础。

根据希罗多德的记载，吕基亚人最初来自克里特岛（Crete）。国王萨耳珀冬统治时期，他们被称为忒尔米莱人（Termilians），而直到较晚时期，他们周边的城邦还依然以此称呼他们；雅典开国国王潘迪翁（Pandion）的儿子吕科斯（Lycus）从雅典来到忒尔米莱人生活的地方造访萨耳珀冬之后，人们才改用吕科斯的名字来称呼他们，他们才被称为吕基亚人。

这位历史学家继续写道："他们的习俗部分来自克里特，部分则来自卡里亚（Caria）。不过，他们却有一个其他民族都没有的奇风异俗，那便是，他们民族使用母亲而不是父亲的名字为孩子命名。若有人问吕基亚人他是谁时，他会告诉对方他母亲一方的血统，还列出他母亲的母亲及再往前的母系祖先的名字。而且，当他们的女性公民跟奴隶结婚生了孩子，他们的孩子仍被认为是出身高贵的人；而当男性公民与外国女性结婚，或纳妾，即便他拥有最尊贵的身份，他所生的孩子依然被认为是地位卑贱的人。"[19]这段话之所以不同寻常，是因为它描写了用母亲的名字为孩子命名的习俗与孩子的法律地位之间的关系，继而说明该习俗是吕基亚民族基本观念的一部分。这一基本观念怎样影响他们的生活，他们是充分认识到的。

希罗多德对吕基亚人的记录得到了其他古代作者的确认和进一步的补充。以下文字选自大马士革人尼古劳斯所著的《通史》（*Universal History*）一书："吕基亚人给予女人比男人更高的地位，他们使用母亲的姓氏，他们的财产留给女儿，不留给儿子。"[20]赫拉克利德斯·彭提库斯（Heraclides Ponticus）关于吕基亚人也有简短的评论："他们没有成文的法律，仅有口头传承的习俗。从远古时代开始，他们便一直由女性统治。"[21]

此外，普鲁塔克也向我们讲述了一个有关吕基亚人的挺不寻常的故事。他在讲这个故事时说明是引自赫拉克勒亚（Heraclea）人尼姆菲斯（Nymphis）的话，以表示故事的真实可靠。这段话翻译过来，基本是这样的意思："尼姆菲斯在他关于赫拉克勒亚的第四部作品中讲，一头野猪肆掠该地区，摧毁了那里的动物和果实，直到柏勒洛丰杀了这头野猪。不过，柏勒洛丰并没有因为他的英勇行为受到当地人感激。他因此诅咒桑索斯人（Xanthians），并请求波塞冬让赫拉克勒亚的大地变成一片盐地。因为大地不高兴了，所以地上生长的一切都被破坏了。情况持续如此，直到柏勒洛丰经不住女人们的再三恳求，动了恻隐之心，便再度向波塞冬发出请求，请他停止这一切破坏行为，苦难才结束。因为这件事，桑索斯人就有了使用母亲名字而不是父亲名字的习俗。"[22]在尼姆菲斯所讲的故事中，依母系命名的习俗被描写成宗教观念的产物；而且在故事中，大地的生育力即等同于女人的生育力。

上段文字中最后提到的观念在关于柏勒洛丰的另一个版本的神话故事中体现得更为强烈。普鲁塔克在同一段文字中讲道："下面所讲的故事据说发生在吕基亚，故事听起来像寓言，但实际上来自一个旧的神话传说。在这个故事中，吕基亚国王阿密索达鲁斯（Amisodarus），或伊萨拉斯（Isaras，吕基亚人这么称呼他）最初来自临近泽雷亚城（Zeleia）的吕基亚人定居点。他来的时候还带了几艘海盗船。这些船由英勇好战却野蛮残忍的喀迈拉斯（Cheimarrhus）指挥，他本人所乘之船的船头为狮子形，船尾则为蛇形。他来到这里后给吕基亚人带来了极大的伤害，以至吕基亚人既不敢出海，也不敢在沿海的城市居住。柏勒洛丰坐着飞马珀伽索斯（Pegasus）追赶喀迈拉斯并杀死了他；此外，柏勒洛丰还将阿玛宗人赶出了吕基亚。不过，柏勒洛丰并没有因为他的壮举得到吕基亚国王伊俄巴忒斯（Iobates）许诺给他的奖励，反而遭到了最不公平的待遇。盛怒之下，柏勒洛丰来到大海，祈求波塞冬让吕基亚的土地变得贫瘠，让这片土地颗粒不收。祈求完后他便离开了。随后，一股巨浪翻滚上岸，片刻就淹没了这片土地。人们惊恐地眼看着海水跟着柏勒洛丰涌上岸边，他走到哪里水就淹到哪里，海水很快便淹没了平原。对男人们让大海停止吞噬大地的请求，他无动于衷。但当女人们撩起身上的衣服向他走来时，他马上谦恭地避开了；而且据传，他避开的时候，海水也随之退回大海。"[23]

柏勒洛丰在这个故事中的形象与女性具有双重关系。一方面，他和阿玛宗女人交战并打败了她们；另一方面，他见到女人们便让步，而且对她们无法视而不见，所以他又成为吕基亚母权制实质上的开创者。这种同时包含了胜利与失败的双重关系非常不同凡响，因为它向我们呈现的是母权与父权之间的冲突，而冲突的结果是父权仅仅获得局部的胜利。作为母权分支的极端形式的阿玛宗母权制被这位科林斯（Corinthian）英雄、西绪福斯（Sisyphus）的后代所摧毁。那些尚武好战、嗜杀男人的处女们被他打败了。不过，女性的更高权利，即回归婚姻和女性天职的权利，却在这场较量中占了上风，赢得了胜利。所以，被破坏的并非母权制本身，而是被扭曲了的阿玛宗母权制。

母权建立在女人质料天性的基础之上。在我们引用的神话故事中，女人被等同于大地。恰如柏勒洛丰在见到女性生育力的标志时屈服一样，波塞冬在见到大地有毁灭的危险时，也收回了极具破坏力的海浪。男性生殖神将更高的权利让位给了能受孕、可以生育孩子的质料。作为万物之母的大地对波塞冬的意义，恰如凡俗女人对柏勒洛丰的意义一样。"大地"（Iή）和"女人"（γυνή）或盖亚（Gaia）被等同起来了。女人代替大地，继续在俗世以原初大地化母亲的身份行使职责。能够让女人怀孕的男人则成了让万物受孕的大洋之神俄刻阿诺斯（Oceanus）的代表。水在这里成了具有授孕能力的元素。当水与阴性大地质料混合在一起，水便充满了该质料并使该质料受孕，此时一切大地上的生命的胚胎便在母亲子宫的黑暗深处孕育并形成。因此，俄刻阿诺斯被放在了与大地对立的位置上，而男人则被放在与女人对立的位置上。在二者的结合中谁处于首要位置？哪一方将占支配地位，波塞冬还是大地，男人还是女人？这些冲突在我们引用的神话故事中都有描写。柏勒洛丰与波塞冬都在争取父权的胜利，但当他们见到母亲孕育生命的标志物时都让步了。盐，作为男性力量的象征和内容，并没有起到破坏质料的作用，反而让质料受孕。母性的质料原则战胜了男性正在觉醒的非物质力量。

　　神话故事中的其他地方也暗含了同样的意思。在神话故事中，柏勒洛丰最后不得不接受半征服的结果。他每一次的胜利都伴随失败。借助雅典娜女神的帮助，柏勒洛丰驯服了飞马珀伽索斯。他骑着飞马与阿玛宗人较量并击溃了她们。在进攻阿玛宗人时，他是骑着飞马从凉飕飕的上空突降袭击并击溃她们的。[24] 不过，当他获胜后他还想借助长着翅膀的飞马飞得更高，飞到天国到达天神居住和光明所在地时，他触怒了宙斯，被宙斯从半空中赶了下来，摔在了阿勒伊俄斯的荒原（Aleian meadow）上。柏勒洛丰最终的失败使他有别于其他几个与母权对抗的人物：赫拉克勒斯、狄奥尼索斯、珀耳修斯（Perseus）、阿波罗以及另外两个太阳神英雄阿喀琉斯（Achilles）和忒修斯。其他几个人物在摧毁阿玛宗极端母权制时也完全摧毁了母权制；作为纯洁的光明之神，他们将父系的非物质的太阳原则提升到了物质的和属于大地的母权之上。而柏勒洛丰无法到达天上的光明的高度。他很害怕地低头看大地，之后便从他所在的高空重重地摔了下来，重新回到了大地的怀抱。从戈耳贡流血的鼻子出生的长着翅膀的飞马珀伽索斯则顺利地飞到了天界，变成了神马，而骑飞马的凡人柏勒洛丰，尽管受到雅典娜的疼爱并从她那里学会了如何驯服珀伽索斯，却跌回大地，重新回到他作为波塞冬的儿子所属的地方。他所代表的男性原则仍然是在吕基亚人的崇拜中发挥了显著作用的波塞冬的水元素法则。他的存在的物质基础仍然是大地上的水，以及环绕大地的以太——大地吸取水分，再将水分释放出来，如此周而复始，永不停歇。他命中注定无法脱离这一大地的范围而上升到太阳的高度，命中注定无法将父系原则转换成太阳。他注定不能像飞马一样，飞入天国变成天神中的一员。

飞马珀伽索斯也主要属于波塞冬所管辖的界域——大地上的水。他的马蹄可以流出让质料受孕的清泉。但他超越了那一较低级的原则，因为他的翅膀使他能飞入天界。在那里，他的职责便是每天向女神奥罗拉（Aurora）宣告光芒四射的太阳神的到来。不过，他并不是太阳，只是太阳的信使。不论在大地还是在天上，他都服从女人的命令：在大地时，他听命于雅典娜；到了天界，他听命于与希腊人的厄俄斯（Eos）一样的黎明女神奥罗拉。他自身和柏勒洛丰一样，仍然属于母权一方，只不过，当黎明女神奥罗拉指向正在升起的太阳时，他也指向更高级的太阳原则，即父权赖以存在的原则。他尽管已经跨越了最低级的阶段，却还没有到达最高级的阶段。

到目前为止，我们在本章的讨论仅仅涉及吕基亚神话中与母权制密切相关的方面，但关于吕基亚的神话还包含了另外一方面。就那另外的一方面展开讨论，将大大加深我们对本书主题的了解。在吕基亚的神话故事中，吕基亚国王伊俄巴忒斯的女儿菲罗诺厄－卡珊德拉（Philonoë-Cassandra）为柏勒洛丰这位英雄生下了三个孩子：伊桑德尔（Isander）、拉俄达弥亚和希波洛克斯（Hippolochus）。柏勒洛丰最大的两个孩子按神的意志被相继从他身边夺走。这位遭到神灵厌恶的孤独的父亲，孤零零一人游荡在阿勒伊俄斯的荒原上，悲痛无比；他走的都是杳无人烟的地方，最终也悲惨地死去。因此，这位期盼获得永生的英雄，却发现他和他的种族无法摆脱受大地物质之法束缚的命运。柏勒洛丰和提洛岛的国王艾尼奥斯（Delian Anius）[25] 这个"悲伤的人"（¢vía）一样，必定落得白发人送黑发人的悲惨结局，自己最终也难逃死亡的命运。这就是他痛苦的根源，是他感到自己受众神厌恶的根源。奥维德（Ovid）谈到塞浦路斯的喀尼拉斯（Cinyras）时所说的话也适用于柏勒洛丰："假如他没有孩子，喀尼拉斯或许可以算是幸福的人。"（*si sine prole fuisset, inter felices Cinyras potuisset haberi.*）[26] 我们在此处见到的柏勒洛丰的形象又和上文中的他一样。作为波塞冬的儿子，他属于受死亡支配的质料，不属于由永生主宰的光辉的天界。他命中注定无法获得永生，只能回到大地，在那里听从命运的安排。他属于无穷无尽的生成的世界，不属于永恒的存在的世界。物质的能量产生的一切注定有死亡的结局。尽管能量本身可能是永恒的，但它所产生的一切则注定会死亡。波塞冬代表能量，柏勒洛丰则代表能量的产物。

　　只有通过繁衍生息代代相传，种族的永生才能实现。"人类也如是，一代出生一代凋谢。"❶〔27〕"肉身的人类，如大自然的植物，凋谢又长出新芽，如此循环往复，"普鲁塔克说，"一个绽放生命，一个枯死后被割刈。"〔28〕而且维吉尔（Virgil）还为蜜蜂唱这样美丽的赞歌——大自然通过蜜蜂王国为人类提供了最原汁原味的母权的原型：

>　　生是短暂的，死是迅疾的，
>
>　　　　（七个寒暑，是他们生命的上限）
>
>　　蜜蜂物种却生生不息，因为
>
>　　蜂群福祚绵延，
>
>　　父亲般的雄蜂可追溯四代以上。〔29〕

　　死亡自身是生命的先决条件，只有当生命化作死亡，种族才能在生死两极的不断变换中永不消亡。成为无数神

---

❶　译文选自水建馥译《古希腊抒情诗选》，人民文学出版社，1988年初版，第3页。——译者注

话故事主题的这种对生与死的认知，非常鲜明地体现在了柏勒洛丰这个人物身上。他的身上一方面承载着波塞冬的男性生殖原则，但同时，而且鉴于这同一原因，我们也可以说他是大自然破坏力原则的代表，是死亡的仆人。他的名字 Bellerophontes（柏勒洛丰忒斯）❶或 Laophontes（拉俄丰忒斯），代表了这双重的寓意：他既是波塞冬交配授精而生的儿子，又被称为"杀害同族的凶手"。他还没开始建功立业，却已先失手杀了亲兄弟，"谋杀了自己的血亲"。孕育生命的力量同时也是毁灭的力量。他在唤醒生命的同时也为死亡效力。出生与消亡同时存在于自然万物中，与另一方不曾片刻分离。任何时候，对大自然的任何生命体来说，生命的孕育都离不开死亡。一个消亡，另一个取而代之；而且只有旧的消失，新的才会出现。

上述原则的外在表达是永无止境的毁灭的猎物，永恒的只有原则本身。和怪物喀迈拉（Chimaera）一样，柏勒洛丰所经历的三重考验都有死亡的危险，都受同一规律支配。这位父亲在他还年轻的时候可能没有认识到这一点，但当他年老时他通过自己孩子的死亡明白了。他和海洋女神忒提斯（Thetis）一样存在不切实际的幻想，相信凡人所生的孩子也可以永生。当摩利俄涅斯兄弟（the Moliones）在涅墨亚（Nemea）掉进赫拉克勒斯布下的陷阱时，柏勒洛丰却逃脱了伊俄巴忒斯设下的埋伏。尽管如此，柏勒洛丰终究无

---

❶ "柏勒洛斯（Belleros）的杀手"之意。——译者注

果而终。现在他意识到了，"命运"（fatum），或"狄俄墨得斯必然性" ❶（Diomedean necessity）主宰着大自然一切高级和低级生物；他明白了天神们用同样的愤怒包围了世间万物。吕基亚人代达罗斯（Daedalus），这位极有男性气概的建筑大师，也被沼泽地的蛇咬伤，最终遭遇他一直以为能躲开的死亡。这就是柏勒洛丰为什么指责天神们忘恩负义，也是他为什么怂恿波塞冬发起针对吕基亚大地的报复行为。他希望用贫瘠来惩罚给了他孩子却又夺走他们的母性质料，那是孕育凡身、只滋养死者的母性质料；因此，和皮革马利翁（Pygmalion）一样，〔30〕他避开人群，一个人孤独地生活。宁可失去子嗣，也不向毁灭屈服。既然都是徒劳，为什么还要执迷不悟地继续辛劳呢？当母驴不断吃掉奥克努斯（Ocnus）编好的绳子，他为什么还要再不断编织绳子、蹉跎老去呢？为什么达那伊得斯姊妹们还要不断往一只四处是洞的桶里注水呢？与其让盐带给大地伤害，不如让盐毁灭大地；与其让母性质料收成欠缺，还不如让母性质料颗粒无收。幻想破灭的西绪福斯子嗣在绝望中如此祈求。这个傻子！他对主宰一切自然生命的最深处的法则、对掌管子宫的法则视而不见，没有意识到他本人也受该法则的束缚。只有在太阳的殿堂，在他竭尽全力却无法到达的天界，永恒与不朽才统治；在月亮下，掌管万物的是质料法则，在这里，死亡是与一切生命

---

❶ 参见《伊利亚特》（*Iliad* VIII，133ff）及格雷夫斯《希腊神话》（Graves, *Greek Myths*，166，I，end）。

相依相伴的孪生兄弟。

> 假如一个人富有，又仪表堂堂，
>
> 在竞技会上再技压群芳，
>
> 那么，让他记得，
>
> 他赢取荣誉的四肢终将腐朽，
>
> 他也注定将回归大地，万物终结的地方。[31]

　　希波洛克斯高贵的儿子、沿用了波塞冬这个名字的格劳科斯（Glaucus）要比他父亲有智慧。❶当狄俄墨得斯（Diomedes）在战场上见到格劳科斯，问起他的家世时，格劳科斯以树叶为比喻答道——荷马在描写这个情节前先用柏勒洛丰的故事做了铺垫：

> 正如树叶荣枯，人类的世代也如此，
>
> 秋风将枯叶撒落一地，春天来到，
>
> 林中又会滋发许多新的绿叶，
>
> 人类也如是，一代出生一代凋谢。❷[32]

　　柏勒洛丰未能懂得的，他自己的孙子、希波洛克斯的儿子却用感人至深的话讲了出来。最高级和最低级的生物都

---

❶ Γλαυκός，"蓝绿色"之意，即海洋的别称。

❷ 译文选自水建馥译《古希腊抒情诗选》，人民文学出版社，1988年初版。——译者注

受一个法则支配，树上的叶子如此，代代相传的人类也是如此。西绪福斯不停地往上推石头，石头则反复向冥神阿迪斯（Aides）的住所冥界所在的方向滚下去。大自然永不停息的劳作使树叶、动物还有人类不断获得新生，但最终都会徒劳地回归大自然。这就是质料的法则，这就是质料的命运。当柏勒洛丰看到女性生育孩子的阴沟时最终也完全认识到了这种命运，认识到了凡身女人所生的所有孩子都命该如此。

格劳科斯这位吕基亚人嘴里说出的树叶的比喻包含了双重含义，因为它无疑还为我们揭示了吕基亚母权的基础。树叶并不从其他树叶而一律从树干长出；树叶并不繁殖树叶，树才是繁殖所有树叶的共同母亲。根据母权制观念，人类的繁衍也是如此。父亲不过意味着播种者，他一旦在女人的阴道播下种子后便消失了。被播撒了种子的女人阴道属于母性质料，它将种子包裹起来，孕育它，让它发芽，而后还滋养它。不过，这里所指的母亲总是同一个母亲：她就是地母神，她在俗世由凡身女性通过母亲与女儿之间的传承来代表。就像树叶不是相互繁殖而由树干繁殖出来一样，人类也不是相互繁衍，而是由原初物质原则，由"造物主"（Phytalmios）波塞冬或"创世者"（Genesios）波塞冬，也即生命的树干所繁衍。因而在格劳科斯看来，狄俄墨得斯询问他的家世，说明他对吕基亚母权缺乏了解。不过，这个对质料观一无所知的希腊人狄俄墨得斯，眼中只有正在崛起的男性原则，认为儿子因父亲而产生，所以根据他的思维模式，提出这样的疑问很正常。另一方面，这位吕基亚人格劳科斯从母权的背景回答了狄俄墨得斯的提问，即一视同仁看待人类和大自然其他生物，不加区别对待，只根据由之而生的物质评判人类，就像评判动植物一样。人类作为父亲的儿子，有一系列祖先，这些祖先之间缺乏可以感知的纽带联系；但作为母亲的儿子，人类世世代代只有一个祖先，那便是原初的地母神。所以，对这位吕基亚人来说，为什么需要说出那么多树叶的名字呢？

我们还可以更清楚地进一步阐述这两种不同态度之间的区别。在父权体系下，"女人既是她的家庭的起点，也是终点"（*mulier familiae suae caput et finis est*）。[33] 不论她生了多少孩子，她并不创建家庭，她不具有延续性，只是纯粹个体的存在。男人在母权体系下的情况与父权体系下的女人相同。母权体系下的父亲与父权体系下的母亲都是落叶，一旦掉在地上便枯死，既不会有记忆，也不会留名于世。让这位吕基亚人说出他的父亲及父系祖先的名字，就如同让某人说出从树上落下而且被遗忘了的树叶的名字。这位忠于自然质料之法的吕基亚人，在回答"提丢斯之子"（Tydides）的问话时道出了该质料法永恒的真理：像树和树叶。他以吕基亚人的观念符合自然质料法为由说明其合理性，而属于父权社会的希腊则已经对自然质料法弃而不用了。

质料生命的易逝性与母权相生相伴，父权则与属于光明天界的超质料生命的永恒不朽联系在一起。只要宗教承认生育繁衍原则在大地质料中的重要地位，质料法就会盛行：此时，人类与无人怜惜的低级生物无异，母权同时掌管人类和动物的繁衍。不过，一旦该生育繁衍原则脱离了与大地质料的联系而与太阳联系在一起，那么一种更高级的状态便会出现。那时，母权就只存在于动物之中，人类大家庭则进入了由父权支配的时代。同时，会死亡的只有物质，物质回到它产生的地方子宫，而被燃烧的物质产生的火净化了的精神则升入了永生和非物质性的发光的天上。因此，柏勒洛丰是母权的凡身代表，而作为父权开创人的赫拉克勒斯则和奥林匹亚众神一起居住在发光的天上。我们在研究过程中搜集到的所有资料都支持我们的推论：母权是关于质料的，关于一个只知道躯体死活的宗教阶段；因此，和柏勒洛丰一样，它哀悼自然万物命定的死亡。另一方面，父权却与超物质生命原则关联在一起。它将自己等同于太阳无形的力量，具有超越一切变化并且与神一样永恒的精神。母权是柏勒洛丰所代表的原则，而父权则是赫拉克勒斯所代表的原则；吕基亚文化属于前者，**希腊**文化则属于后者；吕基亚人的阿波罗是母权制的，他的母亲黑夜女神拉托娜（Latona）是掌管沼泽地的女王，❶他只在什么都不生长的六个寒冬月住在他的出生地；**希腊人**的阿波罗则属于父权制，他已经升华了，具有了形而上学的纯洁，在孕育生命的六个温暖夏月统治提洛岛（Delos）。

关于吕基亚—科林斯的神话故事多姿多彩而且意味深长，但却不为世人所熟悉。现在，为了让读者不存丝毫疑虑，我们将进一步讨论其中的一些细节。

---

❶ 罗马神话中的拉托娜即希腊神话中的勒托。——译者注

根据普鲁塔克的描写，柏勒洛丰把从北方入侵的阿玛宗人赶出了吕基亚——和其他小亚细亚（Asia Minor）民族一样，吕基亚也是从北方遭到阿玛宗人的入侵。其他作品对该事件的描写更为详尽。根据《伊利亚特》（*Iliad*）[34]以及品达（Pindar）[35]和阿波罗多罗斯（Apollodorus）[36]的作品中的描写，还有后人对品达[37]和吕柯普隆（Lycophron）[38]的作品所做的注解，这位英雄彻底消灭了入侵的阿玛宗女弓箭手队伍。而且，他的这一壮举相比他的其他英雄事迹——不论是打败了长着三种动物模样的怪物喀迈拉，还是战胜四处肆掠的野猪，亦或是打败可怕的索吕默人（Solymi）——毫不逊色。不过，保留至今的古代艺术作品所反映的事实似乎与此相反；在这些作品中，柏勒洛丰在与喀迈拉对峙时得到了阿玛宗人的支持。他的敌人变成了他的盟友。[39]

　　这种转变也出现在与阿玛宗人铰量的一些伟大斗士的神话故事中，尤其是狄奥尼索斯和阿喀琉斯。无论在文学还是艺术作品中，阿玛宗人经常与不少希腊英雄人物联系在一起，而她们最初总是与这些英雄兵戎相见于战场。在一些可谓人尽皆知的神话故事版本中，他们之间由最初战场上的酣战转变为相互倾慕的爱情。当彭忒西勒亚（Penthesilea）❶死在阿喀琉斯的怀中时，他被她的美貌所吸引，并深深地爱上了这个被他杀死了的敌人。这个故事以及许多关于同一主题

---

❶　彭忒西勒亚：阿玛宗人的女王，率领她们参加特洛伊战争，后为阿喀琉斯所杀。——译者注

的不同版本的故事表达的都是相同的意思。故事中的女人承认英雄人物更强大的力量，并为他俊美的外貌所吸引，故而由衷倾心于他。以阿玛宗女战士身份四处征战的生活虽然威武雄壮，却如白驹过隙。她厌倦了这样的生活，对恢复她女人天性的英雄，她崇拜并甘心屈从于他。她认识到，上天赋予她的天职不是和男人打仗，而是爱和生育。因此，她心甘情愿追随这个男人——这个战胜她从而使她获得救赎的男人。一如位于巴赛（Bassae）的阿波罗神庙的一处浮雕所表现的那样，[40] 当她那些愤怒的同伴们向倒下的敌人发起新一轮进攻时，她保护了他。这个少女宁可舍弃阿玛宗女人的英勇和残忍而选择温柔，就像达那伊得斯众姐妹中的一个独自救了新郎，使他逃过一劫幸免于难。她意识到敌人的胜利可以恢复她作为女人的本来面目，因此抛弃了最初与他兵戎相见时的敌意。回归女人本性、安于受限制的女人身份的她唤醒了男人的爱；他现在才第一次体会到她摄人心魄的美，看着她那致命的伤口，他悲痛欲绝。他们之间不应该存在战争和杀戮，只应该有爱和婚姻。爱和婚姻才合乎女人的天职。因此可以说，艺术作品中表现柏勒洛丰与阿玛宗人联盟的画面，和文学作品中描写他们酣战的场景并不矛盾。就像悲剧中的最后一幕，双方结成联盟的行为恢复了几乎被阿玛宗人破坏殆尽的男女之间的自然关系。

品达笔下的柏勒洛丰年轻英俊、体魄强健。他天性纯洁，不为斯忒涅玻亚（Stheneboea-Anteia，又叫安忒亚）所诱惑，因此被她恶意诽谤和迫害。[41] 这位阿尔戈斯国王普洛托斯（Proetus）妻子的名字在此很明显暗指母性大地物质的本质——等待、渴望交配受孕。❶在这个科林斯女人身上我们嗅到了柏拉图笔下"珀尼阿"（Platonic Penia，即"贫乏"）的味道，❷她对男人有着无尽的渴望，以达到她不断交配、不断受孕、不断生孩子的目的。普鲁塔克解释说，柏拉图眼中的"珀尼阿"是"质料，本身不具备任何长处，即便得到满足之时，也总是希望能够继续获取"，❸[42]因此也即处于群婚形态下的大地。这个故事中的柏勒洛丰代表夫妻结合的神圣性。他拒绝群婚制和阿玛宗母权制，坚决反对这两种扭曲女性天性的现象——一种是无节制地沉溺其中，一种是背离女人天性。他在这两方面的行为都使他成为吕基亚人的恩人，并赢得了女人们的感激之心。即使是在战争中被他征服了的阿玛宗女人也情愿追随他。身为女神阿耳忒弥斯（Artemis）侍从的这些女人们，通过纯洁的婚姻获得了回归更高的天职即女人天性的满足感，而之前男人对她们无节制的爱，与她们对男人的敌视都同样让她们背离了女人的天性。柏勒洛丰是一切无节制的、野蛮的和破坏性力量的反对者。他杀死喀迈拉，使人类可以从事有序的农耕；他摧毁阿

---

❶ *Stheneboea*："奶牛的产奶量"之意；*Anteia*："开花"之意。根据格雷夫斯《希腊神话》（Graves，*Greek Myths*，index）。

❷ 柏拉图的《会饮篇》中，第俄提玛在和苏格拉底的对话中谈到对爱情的看法时，认为爱神爱若斯（Eros）是丰富神波若斯（Poros）和贫乏神珀尼阿（Penia）的儿子。——译者注

❸ 译文选自段映虹译《论埃及神学与哲学：伊西斯与俄赛里斯》，华夏出版社，2009年1月，第112页。——译者注

玛宗母权制和群婚制，为真正的专偶制婚姻开辟了道路。他这两方面的功绩相辅相成，并因此受到奖励，得到了妻子菲罗诺厄以及肥沃丰产的大地。

农业的原则就是有序的男女结合原则，母权涵盖了这两个方面。萨宾人（Sabines）称"女人的地"为"sporium"，也即"子宫"，进而从希腊文"我播种"（σπείρω）一词产生了"spurii"（"播种到地里后生出的人"）一词；有鉴于此，孩子从母亲的"子宫"，从"苗圃"或"阴道"（κῆπος）生出来，正如地上的谷物从耕犁犁过的沟里长出来一样。普鲁塔克是这样讲的。[43] 普鲁塔克也持爱的意念产生自受伤的伤口这样的看法。这就是爱神阿莫尔（Amor）为什么出现时总是带着弓箭的形象。大地因为耕犁受伤，女人的子宫也因为男人的"耕犁"（aratrum）而受伤。这两层关系都可以解释犁与代表男性生殖力的水神波塞冬之间存在联系。[44] 不论从大地子宫生出的万物还是从女人子宫生出的所有孩子，都只有一个母亲；而父亲扮演的角色不过是耕地的犁，或者不过是走过耕地并将谷物撒在开垦过的犁沟之后便消失得无影无踪的播种人。罗马人把该原则以法律的形式确定下来。尤里安（Julian）称："一切农作物的采摘，依据的是土地的权利，而非种子的权利。"或者又如他所说："在采摘果实时，更应该看果实生长所依附的树枝的权利，而不依据孕育了果实的种子的权利。"[45] 居雅修斯（Cujacius）注意到，古罗马关于私生子的法律遵循的也是同样的原则。《查士丁尼法典》（Codex Iustianianus）有这样的法律条文："法律规定，身份为奴隶的女儿，确定其身份的依据是母亲的奴隶身份，而无关乎父亲的身份。"[46] 因为，奴隶身份的女儿受质料繁衍这一"自然法"的支配，而该自然法将女人等同于"土壤"（solum），将父亲等同为播种人；按罗马的"市民法"（ius civile），她没有任何公民权。罗马的"市民法"在其修订过程中不断修改自然法，也越来越减少了自然法的成分。"这并非大地效仿母亲，"居雅修斯评论道，"而是母亲效仿大地。"[47] 种子承袭土壤的本性，而不是反过来的关系。"种子被播撒在异乡的土地上，"柏拉图说，"结果通常是种子受当地水土的影响，失去其本性，腐烂变质。"[48] 因此，同一部法，即母权制的物质法，既支配农业又支配婚姻。

对母权与夫妻忠贞之间的联系，我们必须给予特别关注。孩子使用母亲的名字以及孩子继承母亲的身份作为母权的产物，尽管在父系体系盛行时只有在非婚关系中才会出现，而且是非婚关系的典型特征，但在母权盛行时他们却与婚姻相伴，并且意味着婚姻中的男女要严格忠于对方。母权制存在于婚姻关系之中，而非婚姻关系之外。它并不站在婚姻的对立面，而是婚姻不可或缺的伴随物。

的确，"婚姻"（matrimony）（其字面意思即"母亲—结婚"）一词本身即基于母权的基本观念而产生。人们最早只用"matrimonium"（即"婚姻"）一词，而不用"patrimonium"（"父亲—结婚""父系继承"的意思），正如人们最早只说"materfamilias"（"母亲作为一家之长"的意思）。"paterfamilias"（"父亲作为一家或一族之长"的意思）一词毫无疑问是后来才出现的。普劳图斯（Plautus）在他的作品中多次使用"*materfamilias*"一词，却一次也没有使用过"*paterfamilias*"一词。基于母权，确实存在"父亲"（*pater*）这一概念，但没有"父亲作为一家或一族之长"（*paterfamilias*）的概念。"*familias*"是个完全自然的概念，因此最初只跟母亲有关。后来该词与父亲联系在一起使用，则属于"衍生用法"（*improprie dictum*）；最初仅仅作为法律用语出现，后来才作为非法律的日常用语被广泛使用。父亲总是法律上假定的角色，而母亲却是个自然存在的事实。保罗（Paulus）阐述说："母亲总是确定的，尽管她可能因不同的人而怀孕；而父亲却仅仅是婚姻证书上被提到的人。"〔49〕正如保罗所说，母权属于"大自然的客观事实"（*natura verum*），即与生俱有的，而父亲仅存在于"市民法"（*iure civili*）中。但"*natura*"（即"自然"）属于物理存在的质料法，进而属于自然的母性面。依此而言，母亲没有领养孩子的权利。"母亲是个自然称呼，不是法律用语，而领养却属于法律用语。"〔50〕由于母亲的这一自然属性，人们便期待对孩子的爱总是最先也最主要来自母亲。"母亲比父亲更爱孩子，"米南德（Menander）说，"因为母亲'知道'孩子是她的，而父亲只是'认为'孩子是他的。"〔51〕在《奥德赛》（*Odyssey*）中，特勒马科斯（Telemachus）说："我是他的儿子，这是我母亲这么说的，我自己则无法知道我到底是谁的儿子；因为没有人自己知道谁是他的父亲。"〔52〕因此，"同母所生的孩子"（*uterini*）之间比"同一父亲的孩子"（*consanguinei, eodem patre nati*）〔53〕之间关系更密切。所以我们看到，在《伊利亚特》中，海伦以她和狄俄斯库里兄弟（Dioscuri）乃同母所生为由来解释她对他们的爱。[54]另一方面，普里阿摩斯（Priam）的儿子吕卡翁（Lycaon）为了让阿喀琉斯息怒而如此大声喊道："我和赫克托耳（Hector）并非出自同一个娘胎，是他杀了你健壮、善良的同伴。"[55]因为吕卡翁是普里阿摩斯与列列该斯国王阿耳忒斯（Altes）的女儿拉俄托厄（Laothoë）所生的孩子。[56]因此，相比"同一父亲的孩子"，"同母所生的孩子"之间由更深的情感联系在一起，因此被认为具有更紧密的关系，而且这也完全符合建立在自然真相基础之上的母权观念。"matrimonium"（即"婚姻"）一词被认为是对更高尚的爱的一种表达，该用法与克里特人表示"亲爱的母亲的国度"遥相呼应。在柏拉图看来，克里特人的用法表达了"父亲的国度"一词中所没有体现的一种非常特殊的纽带关系。[57]

如果我们以为那些呈现出母权制形态的民族属于没有婚姻关系，只存在像动物一样的原始男女关系的人类最低级生活阶段，我们便错了。母权制并不是人类文化出现之前的现象，它自身便是一个文化阶段。它所对应的是农业以及有序的土地耕作，不是大地的自然繁衍，也不是被古人看作代表人类群婚乱交生活形态的沼泽地繁衍。[58]沼泽地植被被等同于"私生子"（nothus），栽培植物则被等同于"婚生子"（legitimus）。尽管因为母权产生于质料法，所以属于"自然法"，但这种"自然法"已经受到了作为实在法的婚姻制度的制约；这样的"自然法"已经不再像它支配动物世界一样能毫无约束地对人类发挥作用了。这样的"自然法"受到了"婚姻"（*matrimonium*）的约束，人类不再可以随意与他人发生性关系了。

现在让我们来看看古人关于古代民族中虽还没有出现婚姻关系，却在遵循母权的同时，其男女完全像大自然动物一样自由交配的一些记录和描述，以便于比较。这些民族受"自然法"的支配，无任何限制。我们现在知道，人类从完全自然的原始生活发展到承认专偶制婚姻，中间经历了多个过渡阶段——而且即使发展到了承认专偶制婚姻的最后阶段也还不时受到旧的野蛮生活残存的影响。在处理这些问题时，我会将重点放在人类是如何从最初完全野蛮的生活状态进化到具有婚姻纽带关系的阶段，以期为读者呈现从"自然法"演变到作为实在法的"市民法"的渐进过程。

当人类还处在最低发展阶段时，男女性关系不仅混乱而且交媾可以在光天化日之下进行。那时的人类和自然界的动物没有什么不同，可以为了满足本能的欲望而在众目睽睽之下性交，男人也不和任何女人建立持久的关系。不同男人可以和同一个女人发生性关系，并且可以公开性交的现象在马萨格泰人（Massagetae）中被证明为千真万确的事。希罗多德写道："每个男人娶一个女人，不过所有的男人都可以和该女人发生性关系。被希腊人认为属于西徐亚人的该习俗，实际上在西徐亚人中并不存在，但存在于马萨格泰人中。当一个男人想和某个女人发生性关系时，他就将自己的箭筒悬挂在她的车前，然后从容地和她交媾。"[59]
在这一场合，他会将他的节杖插入地里，[60]形象地代表他
正在进行的交媾行为。对于这些马萨格泰人，斯特拉波是
这么描写的："每个男人娶一个女人，但都可以使用其他人
的女人，而且不用偷偷摸摸。当一个男人想和不认识的女
人性交时，会将自己的箭筒悬挂在她的车前，然后和她公
开交媾。"[61]希罗多德在他的作品中频繁地把纳撒摩涅司人
（Nasamones）归为和马萨格泰人有相同习俗的民族。譬如，
他写道："根据他们民族的习俗，每个男人都有许多女人，
并且和她们都性交。他们在和这些女人性交时的做法和马萨
格泰人一样：将他们的节杖插入地里。"[62]在这两个例子中，
性交都是混乱的，而且可以在众目睽睽之下进行。

我们发现，在摩西诺俄克人（Mosynoeces）中，结婚以
及与不同女人公开性交二者并存。狄奥尼修斯[63]和狄奥多
罗斯[64]对此都有记载："［居鲁士二世（Cyrus II）的］士
兵们说，这是他们在征战途中见过的最野蛮的民族。他们还
说，那里的男人们在众目睽睽之下公然与女人们交媾。"色
诺芬（Xenophon）也有相同的记载。[65]而根据希罗多德留
下的文字，居住在特里托尼斯湖（Tritonian lake）畔的埃西
欧匹亚部落的奥西亚人（Ethiopian Ausians）❶也属于有着同
样习俗的民族："他们的男人可以和他们民族的所有女人发

❶ 也有将 Ethiopia 译为埃塞俄比亚的，但鉴于出现在古希腊神话和相关文献
中的 Ethiopia 和现在的埃塞俄比亚疆域差别较大，故本书均译为埃西欧匹
亚。——译者注

生性关系，却并不和她们生活在一起。他们与女人性交的方式和牲畜没什么两样。"[66] 关于另一个大的埃西欧匹亚部落加拉曼人（Garamantes），历史则只有关于他们的女人为部落共同拥有的记录。[67] 尽管历史并没有记录下来他们公开性交这一点，但从埃西欧匹亚人把狗作为他们的最高神灵崇拜来看，这种可能性非常大。关于这一点，我们从普林尼（Pliny）、❶[68] 伊利安（Aelian）[69] 和普鲁塔克[70] 的文字中都可以找到证明。狗以交配为乐，因此狗的形象代表群交状态下的大地。狗这种动物的交配毫无节制，而且丝毫也不遮掩，因此代表最原始方式的动物繁衍原则。被普鲁塔克[71] 联系在一起的"狗"（κύων）和"交配授精"（κύειν）这两个希腊词，尽管没有证据表明其中一个源自另一个，但这两个词毫无疑问从同一词根演变而来。普鲁塔克告诉我们，从远古时代开始，狗在埃及便受到最高程度的崇拜。

既然谈到这里，我想引用斯托巴欧斯（Stobaeus）在他的《采花集》（Florilegium）中记录下来的大马士革人尼古劳斯所汇集的各种奇风异俗来进一步阐述："埃西欧匹亚人对姐姐或妹妹特别尊崇。国王们并不将王位传给他们的孩子，而是传给他们姐姐或妹妹的孩子。如果没有这样的后代可以继承王位，那么国王们便会选最美丽、最英勇善战的人为他们的继承人。"[72] 斯托巴欧斯记录下来的这一习俗得到了希罗多德[73] 和斯特拉波[74] 的证实。选择姐姐或妹妹的

---

❶ 常被称为老普林尼，以区别于他的养子小普林尼。——译者注

孩子为王位继承人的习俗是母权的必然产物，而且该习俗在其他地方也可以找到。

其他埃西欧匹亚部落仅仅允许男人们在女人的结婚夜与她群交。关于只崇拜死神的奥格勒人（Augiles），米拉（Mela）这样写道："他们的女人在结婚当晚要和所有带给她礼物的来宾性交，这是奥格勒的女人们需要遵守的一个很庄重的习俗，不仅如此，在结婚夜，哪个新娘性交对象最多，她就被认为是最美丽的女人；除此之外，她们的地位因收到礼物的多寡而不同。"[75]米拉所描写的奥格勒人的习俗与下面有关巴利阿里群岛（Balearic Islands）❶居民习俗的记录具有可比性："他们有着非常奇怪的结婚习俗。举行婚宴时，朋友和熟人中的最年长者最先和新娘性交，随后，其余来宾根据年龄大小依次和新娘性交，而性交的殊荣最后才轮到新郎。"[76]关于非洲的金达涅司人（Gindanes），希罗多德是这样讲述的："他们的女人脚踝佩戴踝环，每个女人所佩戴的踝环都为数众多。这些用兽皮制成的踝环具有特殊含义：她每和一个男人性交便戴上一个踝环，所戴踝环最多的女人被认为最出色，因为她被最多男人所爱。"[77]

塞克斯都（Sextus）关于"嫁妆"（dos）习俗渊源的看法，[78]可以说明奥格勒人为什么带礼物给新娘。普劳图斯面向伊特鲁里亚女人们所讲的那句广为人知的话——"你们用自己的身体为自己挣嫁妆"[79]——也支持塞克斯都关于

---

❶ 巴利阿里群岛位于西班牙东部。——译者注

"嫁妆"来历的观察。男人们送给新娘的礼物属于"交媾费"，变成了她的结婚嫁妆，正如某些秘密宗教，新入会的人需要将"妓女费"（aes meretricium），即一种"税"（stipes），放在阿芙洛狄忒女神的腿上，而作为缴"税"的回报，入会的人会从女神那里得到男人的生殖器。[80]奥格勒人的婚后生活有别于其他民族，以"特别节制持重"（pudicitia insignis）著称。即便如此，他们在结婚时仍有先"群交"的习俗，结婚前的群交行为被看作是未来纯洁婚姻生活的保证。所有上面讲到的习俗，还出现在巴比伦人（Babylonians）、洛克里斯人以及伊特鲁里亚人中。而且，色雷斯人（Thracians）也实行严格的婚姻和允许未结婚的少女们群交结合的做法："他们并不约束未婚少女，给予她们充分自由，让她们随便和任何男人交合。对已婚女人则不同，他们用重金从他们妻子的父母那里买走她们，婚后对她们严加看管。"[81]

与埃西欧匹亚人有着相似习俗的还有昔兰尼加（Cyrenaica）❶的游牧民族："尽管他们以家庭的形式散居各处，缺乏秩序和法律，而且从来不为共同的目的集会议事，但他们却人数众多。这是因为女人为各个氏族所共同拥有，因此每个氏族都生了许多孩子，有众多亲属。"[82]在这个例子中，我们看到对女人的共同占有仅限于氏族内部。只有亲属才生活在一起，不过亲属人数可观，因为女人在氏族中占大多数。在这里，男女之间自由的性关系为这种规模可观的人类

---

❶ 昔兰尼加位于今天的利比亚东部。——译者注

社会组织中的成员们提供了最基本的纽带联系。

　　斯特拉波的作品告诉我们在阿拉伯民族中也存在类似的社会形态："兄弟享有比子女更高的地位。对氏族及其他重要氏族成员的统治依据长幼顺序来确定。氏族财产为所有具有血缘关系的氏族成员所共同拥有。不过，氏族首领由最年长者担任。整个氏族共用一个女人，谁先来，谁就先和她交合。每个男人都携带节杖，所以来的男人在交合时将他的节杖立在门外。到了晚上她则和最年长的人同寝。因此，氏族内的男人相互都是兄弟。他们也和他们的母亲们发生性关系。有通奸行为的人会被处死。所谓通奸，指的是氏族女人和氏族外的男人发生性关系。某个氏族首领有个非常漂亮的女儿。她共有十五个兄弟，而他们都爱她，所以总是一个接一个不停地来找她。她疲于这种没完没了的性交，因此想了个对策。她照着她兄弟们的节杖做了一套一模一样的，当其中一个兄弟离开她的住处后，她将事先照这个兄弟的节杖做好的一模一样的节杖摆放在门前，之后她再将节杖换成另一个兄弟的，如此循环往复。她需要确保的是，按顺序该轮到的兄弟的节杖不会摆放在她的门前。有一次，当所有兄弟都聚在集市，其中的一个想去她的住处，却发现自己的节杖立在她的门前。他想了想，认为一定是某个通奸者和她在一起。他跑去找父亲，并把父亲带到了她的房子前。很快他就发现原来他上了他姊妹的当。"[83]斯特拉波讲述的这则故事之所以特别有趣，是因为该故事并非个案，而反映的是当时普遍存在的一种社会状态。从这则故事我们可以看出，自然界动物的原始自然法虽仅适用于氏族内部，但在氏族内部却得到完全的认可与遵守。

　　婚姻不仅异于质料自然法，还与其积极对抗。婚姻的专偶性侵犯了"地母神"的权利。神赐给海伦潘多拉（Pandora）的倾城魅力，不是为了让她成为某个男人的独占之物。当她背弃婚约，和英俊迷人的特洛伊王子亚历山大（Alexander，即帕里斯，Paris）私奔到伊利姆（Ilium），与其说是为了满足她心中的愿望，不如说是为了服从阿芙洛狄忒的命令，以及听从使她成为"永远的美女"代名词的女性之美的呼唤。我们或许可以顺便提一下，普鲁塔克将该称谓用在雅典政治家亚西比德（Alcibiades）❶[84]身上。同样的，要结婚的女人为了安抚"自然母神"（Mother Nature），必须过一段时间的群交生活，以便通过这种不贞赎得未来婚姻的贞洁。我们从奥格勒人、巴利阿里群岛岛民，以及色雷斯人那里所观察到的女人初婚夜的群交习俗，即由此观念而来。这样的群交行为是在向质料性的"自然母神"献祭，女人通过群交行为安抚她，博得她的欢心，以便从她那里获得未来婚姻的贞洁。这也是为什么新郎在初婚夜只能等到最后才能和新娘交合。为了以后永远占有他的女人，作为丈夫，他必须将交合的机会先让给其他人。根据"自然法"，女人是人尽可夫的淫妇，是将自己献给"偶然遇到的男人"[85]的阿

---

❶ 据传，亚西比德拥有迷人的外貌，喜欢像雅典女人一样穿红色的长袍。——译者注

卡·劳伦缇雅（Acca Larentia），像大地物质一样，像不断渴望交配受孕的"珀尼阿"一样。女人就应该像上文讲到的阿拉伯公主那样，即便累得精疲力尽也要将自己完全献给男人们，就如罗马的奥尔塔（Horta）女神庙，大门永远敞开着。[86]阿拉伯公主通过欺骗行为、通过伪造男人的节杖得到安宁是一桩罪。她应该做个像鲁本蒂娜（Lubentina）女神一样的女人，做个"甘愿委身男人的女人"（*obsequens*），总是热情迎客，决不能不情愿；或者成为真正的奥尔塔女神，成为诱惑男人的女人。对该自然法，阿拉伯人是完全忠诚的，而奥格勒人违背了该法但又试图通过初婚夜的群交来寻求与神的妥协。基于该法，只有异族男人才是通奸者，作为血亲的本族男人永远不可能是通奸者。

这样的家庭通过"自我拥抱"代代相传、生生不息。正是这一点使它成为大地物质的完美形象代表，因为大地物质也通过不断的自我受精来繁衍。还在女神瑞亚（Rhea）子宫的黑暗之中时，伊西斯和奥西里斯便拥抱在一起。[87]这对兄妹分别代表了大自然两个不同的原则，他们通过交合实现的结合便是质料法则。也因此，兄妹对各自的倚赖超过了其他任何东西。从这种质料观念来看，兄妹之间的婚姻不仅应该允许，而且还有其必要性，因为这样的结合符合自然法。而且据柏拉图的观点，这样的结合也得到了德尔菲神庙女祭司皮提亚（Pythia）的确认。[88]这就是为什么神话故事中出现了伊西斯与奥西里斯、宙斯与赫拉、雅努斯（Janus）与卡米萨（Camisa）之间的结合。而且，古希伯来人（Hebrews）

以及古希腊人的法律与习俗遗留下来的大量点点滴滴也表明，这种质料法是如何深深地扎根在古人脑海中。

上述阿拉伯人完全在氏族内繁衍，意味着其对内实行最高的亲等制，对外则实行最大程度的隔离。氏族内部的成员之间都是一亲等的血亲关系，相互之间具有最紧密的关系；他们相互之间都是兄弟、姐妹、儿子以及父亲；但不同氏族之间不存在任何形式的纽带关系。极端的爱和极端的恨并存。团结和睦来自女人一方，孤立对峙来自男人一方。从这个角度来看，氏族内男性与女性可以随便发生性关系此一点即成为处于该文化阶段的人类之所以能形成更高、更持久的纽带关系不可或缺的手段。

上文所讲到的有关母权制生活形态的所有特征，都可以在蜜蜂的世界里观察到。许多古代作者对此都有过评论。蜂群作为人类生活的原型，在人类的发展中发挥过重要的作用。蜜蜂的生活为我们呈现了母权制最清晰最纯洁的形态。亚里士多德将蜜蜂的地位看得比早期人类的地位高，因为他认为蜜蜂更鲜明更完整地体现了自然法；维吉尔也持相同的观点。因此，蜜蜂理所当然被认为代表着大自然的阴性原则。人们将蜂后与德墨忒尔、阿耳忒弥斯以及冥后珀耳塞福涅（Persephone）这些女神形象联系在一起；蜂后具有母亲的典型特征，又拥有强大的繁殖力，所以成为大地质料的典范，也成为德墨忒尔大地灵魂最纯洁形象的象征。蜂蜜作为大自然动物与植物繁衍如此紧密结合的代表，是内生性的大自然最纯洁的物产，因此也是大自然恩赐给母亲们的最纯洁的食物。最远古时代的人类即已食用蜂蜜；最初排斥蜂蜜的僧侣阶层、毕达哥达斯学派、撒冷（Salem）王麦基洗德（Melchizedek）以及施洗者圣约翰（St. John）等等，后来都开始食用蜂蜜。蜂蜜与牛奶都与母系原则联系在一起，而葡萄酒则与狄奥尼索斯阳性自然原则联系在一起。

亚里士多德对利比亚人 ❶做过非常有趣的评论——据称，该民族的名字最初因 "一个从大地生出的女人"（αὐτόχθων）而来。[89] 柏拉图认为，对女人和孩子的共同拥有增进了人们相互间爱与手足的情谊。亚里士多德这位斯塔利亚人（Stagirite）则针锋相对地驳斥说，这种制度甚至连其原本的目的——即消除所有个体之间的纽带联系——也无法达到，"因为，"他继续道，"很显然，该制度难以阻止某些人去猜测谁是他们的兄弟、孩子，谁是他们的父亲、母亲：他们一定会根据孩子和父母之间的相似之处来推测。地理学和民族志方面的作品对这样的民族在日常生活中如何进行判断多有涉及。例如，据记载，上利比亚的某些部落中，女人为部落共同拥有；但她们所生孩子的父亲是谁则依据相貌的相似性来确定。"[90] 希罗多德从居住在特里托尼斯湖畔的奥西亚人（Tritonian Ausians）中也发现了根据孩子和父亲相貌上的相似来确定孩子的习俗。"孩子生下来后和母亲生活在一起，等孩子长大后，男人们会在每年的第三

---

❶ 古希腊人眼中的利比亚即今天的非洲。——译者注

个月聚在一起，讨论孩子和谁长得像，便依此决定孩子是谁的子嗣。"[91]

该习俗揭示了遵守原始自然法的母权向婚姻原则的过渡。在这个例子中，只有母亲已经不够，孩子还需要父亲。母亲总是自然存在的确定事实，是"自然母神"（*mater natura vera*）；而另一方面，父亲不论在婚姻关系中还是群婚制下的混乱杂交关系中，都不过是假定的角色。父亲永远是虚构的、想象的。当存在婚姻关系时，这一虚构角色从法律上得到具有专偶性的婚姻自身的支持，"父亲是婚姻所如是指定的人"（*pater est quem nuptiae demonstrant*）。❶当不存在婚姻关系时，法律所假定的父亲的角色被另一种不同的可能性所取代：即孩子与父亲在外貌上的相似性。一种情况下，对父亲的假定属于法律上的；另一种情况下，对父亲的假定仅仅依据纯粹的身体特性。前一种情况对应的是作为实在法的"市民法"；后一种情况对应的则是母权"自然法"以及对女人的共同占有。母亲再次成为了凝聚的力量，而父亲则再次成为分裂的力量。分散在不同父亲那里的孩子们，通过同一个母亲连成一体。而根据相似的外貌确定父亲的做法是反原始自然法的母权的，该习俗的出现降低了"自然法"的影响力，开启了人类社会越来越偏离自然法的新的历史进程。

对女人的共同拥有必然意味着僭政（tyranny）的出现。我们在阿拉伯人、特洛格罗狄提人（Troglodytes）、埃

---

❶ 参见本书，第 96 页的第 49 号尾注。

西欧匹亚人以及里海（the Caspian Sea）沿岸的伊比利亚人（Iberians）中都发现了这一规律。[92] 每个部落都有自己的部落首领或王，他的僭政基于交配授孕的权利。由于男人和女人之间的性关系是随意的，因此也没有哪个男人是哪个孩子父亲的概念，整个部落只有一个父亲，即部落首领或王；部落所有孩子都是他的儿女，部落所有的财产也都归他一个人所有。[93] 某个男人统治整个部落的做法并不意味着对支配这一人类发展阶段的"自然法"的背离，因为他的一切权利都来自女人。他的"首领权或僭主权"（tyrannis）通过女人的子宫传递给他。埃西欧匹亚王国的国王并不将王位传给自己的孩子，而是传给他姐妹的孩子。因此，正如在吕基亚一样，部落首领或王并不从他父亲一方获得其地位，而由母亲一方传给他；当他要证明权力的合法性时，他会列出他母亲的母亲们的名字，或者列出作为以前国王姐妹的母亲们的名字，也可以达到同样的目的。他娶妻不是为了生育继承人，因为他的儿子们只会成为普通人，不会从他那里继承王位；娶妻的目的只有一个，即大自然的阳性原则需要阴性原则相伴，才能完整地代表质料权力（如某些阴阳同体的利比亚人所代表的）；才能实现双面斧所代表的政治观念——阿玛宗人、忒涅多斯岛（Tenedos）岛民、吕底亚（Lydian）的赫拉克勒斯后裔（Heraclids）以及罗马人，罗马人从伊特鲁里亚人那里沿袭了佩戴双面斧的习俗，象征罗马人的治权。"首领或僭主"（tyrannos）通过和女人的这种结合获得他与部落之间的物质联系，而刻法勒尼亚岛（Cephallenian）上的"首领或王"则通过与部落每个新娘交合，最大程度地获得与部落的物质联系。婚姻对王国王权的继承并不重要，因此，违反了婚约的罪行可以通过献出一只或几只羊来补偿。

将"首领权或王权"与对女人的共同占有这双重权力联系起来看，对我们理解上文所讲阿拉伯公主的故事具有重要的启示。公主疲于没完没了的性交，只得寻求用计谋摆脱困境。上了她的当受了她骗的兄弟请求国王维护他的权利。男人滥用象征男性权利的节杖，是这双重权力的必然产物。而男人对其权利的滥用也随之激起了女人的反抗，导致了母权制的产生。克里楚斯在讨论吕底亚人的母权制时这样写道："女人统治（rule of women）的出现必定是女性因之前受到欺凌奋起反抗的结果；吕底亚王后翁法勒是吕底亚人中第一个报复男人并将男人置于母权制控制之下的女性。"[94]

毫无疑问，克里楚斯的解释是有充分历史依据的。的确，只包含孩子根据母系计算血统的母权属于"自然法"的范畴；它和人类一样古老，而且与群婚下杂交的人类生活形态并不矛盾；但赋予了母亲对家庭和国家"控制权"（domination）的母权制则是后来才出现的，从本质上来说是具有积极意义的。母权制正是从女性反抗无节制无约束的性交行为中产生的，最早从中寻求解放的是女性。最早反抗这种普遍存在的野蛮群婚状态的是女人，通过谋略或武力结束这种低贱状态的也是女人。象征男人权利的节杖被夺走了，女人成了主宰者。没有个体婚姻的出现，这样的转变是不可想象的。当人类社会尚处在原始的群婚杂交状态时，女人不可能统治男人和孩子；只有个体婚姻出现后，按母系来继承财产和计算血统才有了意义。当女人和孩子为氏族所共有，那么财产也必然为氏族所共有，处在这样发展阶段的人类不可能有像样的名字，正如大马士革人尼古劳斯就利比亚阿塔兰司人（Atarantes）的记录所证实的那样。[95]

市民法和明确的继承顺序的出现，导致了原始群婚形态的消亡。不过，从群婚杂交发展到专偶性的婚姻，经历了多个阶段。在马萨格泰人和特洛格罗狄提人中，我们发现，婚姻与对女人的共同占有结合在一起。每个男人有一个妻子，但同时可以和其他男人的妻子交合。奥格勒人、巴利阿里群岛岛民和色雷斯人则处在更高级的发展阶段，因为他们遵守婚姻的贞洁性，仅允许新婚夜的群婚行为。婚姻与共同占有女人相结合的状态比同一阶段中没有婚姻的状态要更纯洁，但不如专偶性的婚姻阶段纯洁。不过，这种婚姻与共同占有女人同时存在的混合状态即便在较晚时期仍盛行于拉克代蒙人（Lacedaemonians）❶中。根据大马士革人尼古劳斯的记录，[96]他们的男人允许自己的妻子与城邦公民和外邦人中最英俊的男人交配受孕。❷

婚姻与对女人的共同占有同时存在的中间阶段意味着，私有财产和个体家庭已经出现在该阶段，而这两种现象在

---

❶ 拉克代蒙人即古斯巴达人。——译者注
❷ 对尼古劳斯的记录，普鲁塔克予以了肯定，并补充了细节（*Lycurgus* 14-16）。他还讨论了斯巴达立法者吕库古（Lycurgus）规定孩子不属于父亲而为国家所有的立法原则。

最低级的群婚阶段还不存在。在最低级的群婚阶段，母系除了在计算血统方面起作用，不再具有其他任何意义；但当财产继承观念出现后，母权变得至关重要。不过，此时的母系并不意味着母权制。中间阶段还像最低级阶段时一样，男性依然占支配地位，每个部落都有自己的"首领或王"，其权力的获得与传递遵循母权。在利比亚的阿比勒人（Abylles）中，男人们有自己的男性首领，女人们则有自己的女性首领。[97]我们在这里观察到的是还没有形成母权制的母权，而且实际上，这时的母权还可能与极端屈辱的女性地位相伴——她们在男人无尽的欲望面前束手无策，必须就范于节杖，就范于只有男人们才可以携带的节杖。非常有趣的是，阿拉伯人和马萨格泰人中的所有男性都携带节杖。[98]男人随身携带"节杖"（σκίπων），便有权和部落中的所有女人发生性关系。这一现象体现的是男性专权和纯粹身体上的专权。当人类发展到下一阶段，这样的男性权力便受到破坏，女性通过专偶制婚姻获得了上文中的阿拉伯公主即便处心积虑谋划也得不到的保护，此时的母权便发展为更广的母权制了。男性被剥夺了所有权利，根据母系继承财产和根据母系计算世系血统因此得到巩固，女人开始控制家庭和国家事务。这种完整的母权制在人类尚处于早期群婚阶段时并没有出现，而是在女性持续不断地与群婚制进行斗争的过程中才发展起来。当人类处于婚姻与共同占有女人同时存在的中间阶段时，也还没有出现完整的母权制；只有当人类的发展超越了中间阶段，母权制才充分发挥作用。因此，母权制的形成以专偶制婚姻的出现为前提，这是人类社会的发展规律。母权制是存在婚姻关系的社会形态，和婚姻本身一样，它也属于一种积极的制度；也都是对原始"自然法"的削弱；而对原始"自然法"来说，任何支配或统治的观念和任何以承认私有财产为基础的继承法都属于全然陌生的概念。

综上所述，我们可以说母权制的形成代表着人类文明向前迈进了一步。它代表着人类从完全像动物一样交配的野蛮生活的束缚中获得了解放。当男人滥用他们强壮的身体力量时，女人利用其神圣的母亲身份的威严与之对抗——如神话故事中柏勒洛丰遭遇吕基亚女人们时一样。处在最初级阶段的男人越是野蛮，女人与之对抗的必要性也就愈大。只要人类依然沉浸在纯粹物质生活中，女人必定会统治。母权制对人类尤其是男人的教化至关重要。正如孩子最先由母亲来规训一样，各个地方的男人们也最先由女人来教育训导。男人学会统治前必须先学会服从，而女人的天职便是驯服男人原始的蛮力，并让男人把力气用在有益的方面。能够驯服第一匹野马赛修斯（Scythius），并且掌握给它系缰绳、套辔头秘诀的只有雅典娜一人。力量越大就越需要对其进行制约。据琉善（Lucian）记录下来的关于比提尼亚（Bithynian）的故事，赫拉用舞蹈来制服他桀骜不驯、精力过剩的儿子战神阿瑞斯（Ares）。[99]这种寻求和谐的准则也包含在婚姻中——其严格的法为女性所拥护。柏勒洛丰没有丝毫犹豫便遵从了那些已婚女人的意愿，并因此成为第一个受到他的国家崇拜的、代表文化与教养的英雄。

斯特拉波在他作品的某个重要段落中将女人的这种教化人类进而使文化产生的仁慈力量归因于她们"对神的畏惧"（δεισιδαιμονία）。他说，这种畏惧之心最先存在于女人心中，后来女人又把它灌输给了男人们。[100] 那时的人们普遍认为，女人比男人离神更近，而且女人被赋予了理解神的意志的非凡能力。她身上体现的是物质法。她对正义的表达虽然无意识但却坚定不移，她是人类的良知；她是天生的"智者"（autonoë），是"正义"（dikaia）的化身，是女神弗娜（Fauna）或者是弗图亚（Fatua）；她是宣告"命运"（fatum）的女先知；她是西比尔（Sibyl）、玛莎（Martha）[101] 和法厄尼斯（Phaënnis），[102] 是正义女神忒弥斯（Themis）。这就是为什么女人被认为是神圣的，被看作是正义之本和先知先觉的源泉。这也是为什么经女人劝说后战火会熄灭，为什么女祭司可以担当仲裁人，负责调解民族之间的纷争。而且，这也是母权制的宗教基础。女人是人类历史上出现的第一个文明的源泉，正如她在之后人类历史的每一次起落中都扮演着举足轻重的角色一样——这样的观念在莱奥帕尔迪伯爵（Count Leopardi）❶献给他妹妹保丽娜（Paolina）新婚的壮丽诗歌中得到了表达。[103]

上文列举了无婚姻社会如何为孩子确定父亲的例子，

---

❶ 莱奥帕尔迪伯爵是意大利浪漫主义诗人。——译者注

而里布尔尼亚人（Liburnians）和西徐亚人也有与之相似的习俗。大马士革人尼古劳斯写道："里布尔尼亚人共同拥有女人。他们也共同抚养孩子，直到孩子年满五岁。孩子进入六岁那一年，男人们聚集在一起商讨哪个孩子和哪个男人长得相像，并根据相似的相貌——为孩子们选定父亲。男人从孩子母亲那里领走与他长得像的孩子，这孩子即成为他的儿子。"[104]关于阿加提尔斯人（Agathyrsi）希罗多德则是这样记录的："男人们和女人们实行群婚，目的是确保他们民族内互相都是有血缘关系的家庭成员，防止相互之间滋生嫉妒与敌意。"[105]尼古劳斯还为我们讲述了西徐亚人中的一支伽拉克托帕奎人（Galactophagi），说他们是个"特别有正义感的民族，而且他们共同拥有女人和财产。鉴于此，他们称所有年长者为父亲，所有年幼者为儿子，对同辈人则称兄道弟"。[106]关于伽拉克托帕奎人，斯特拉波记录下来了关于他们共同拥有财物的习俗，只不过他们共同拥有的财物中唯独不包括剑和饮水的碗，[107]这种情况与移居撒丁岛的利比亚人（Sardolibyan）相同。[108]伽拉克托帕奎人共有女人和孩子。从这个民族，斯特拉波发现人类热爱正义的根源即是对女人、孩子和物品的共同拥有。而一直以来，对正义的热爱被如此普遍地视作西徐亚人和盖塔人（Getae）所特有的品质，乃至埃斯库罗斯称他们是"遵守善的法律"（εὔνομοι）的民族。[109]与**希腊**的颓废形成巨大反差的这些西徐亚人的原初习俗，对于那些哲学理论家们包括柏拉图本人[110]来说，似乎是他们一直徒劳追求的一切的实现。**希腊**本该享有更文雅更精致的文化带来的好处，却反而陷入颓废，对此，那些古人中的佼佼者们哀叹不已，转而充满向往地看着这些对精致文化一无所知的游牧民族。面对罗马社会的腐败与堕落，塔西佗在描绘一幅关于日耳曼人的习俗的画面时，也从中寻求慰藉。

站在古代人类社会发展的终点充满怀旧之心地回望洪荒之初，与用人类历史更高发展阶段的文化视角谴责人类早期实行过的制度，或者说出于人类更高尊严感的需要进而否认这种制度曾经存在过，都一样滑稽可笑。的确，你可以用柏拉图关于金子的话做比喻来说一切先进文明，即金子是所有金属中最漂亮、最闪亮的，但相比劣于它的其他金属，金子同时也吸附了更多杂质。[111] 即便如此，我们也没有资格谴责历史上曾经出现过的文明，更没有资格试图用文明来代替出现文明前的人类生活状态。更高级的人类文化就像灵魂。"其情况，"柏拉图说，"就如同海神格劳科斯（Glaucus）。乍一眼看到海神格劳科斯的人们很难分辨出他最初的模样，因为他刚出生时的身体各个部分都脱落了，变得破败不堪、残缺不全，而且还遭到了海浪最无情的蹂躏；之后，其他东西渐渐附着在他的身体上，如贝壳、海草以及岩石堆积到了他的身上，因此，人们看不到他的本来面目，反而觉得他像极了野生生物。"[112]

人类历史上出现过的制度究竟孰优孰劣也是同理。柏拉图试图通过恢复对女人和财物共有的原始习俗，进而复兴西徐亚人"正直"和富有"正义感"（δικαιοσύνη）的品格，以消除利己主义以及由此产生的政治上的分裂。对西徐亚人所过的柏拉图式的生活方式，斯特拉波曾高度赞扬。不过，针对该话题，亚里士多德在他的《政治学》（*Politics*）[113]中专辟章节论述。他据理驳斥说，这种被认为体现了政治上的至善的完美单一体，实际上否定了国家的存在，因为它将国家变成了家庭，将家庭变成了个体；他还进一步反驳说，如果某样东西被为数最多的人所拥有，它往往沦为那些人最随便处置和最不珍惜的东西。人类文明的进步并不在于变多为一，而在于变最初的一为多。我们发现，阿拉伯部落、利比亚部落和西徐亚部落都属于单一体，或者说，以统领他们的部落首领看来，他们甚至属于单个个体。婚姻的发展将特定的相互关系带入了这种混乱而又单一的部落群体及部落财产，使单一性走向多样性，也为世界带来了秩序这一至上原则。这也是为什么刻克洛普斯（Cecrops）被奉为人类生活真正的开创者，因为他第一个将父亲与母亲并列起来，并给予孩子双重世系，即让孩子具有阴阳双重特性（如埃西欧匹亚神话传说中一边长着男人乳房一边长着女人乳房的人所象征的那样）；[114]而且，他也是第一个崇拜男性生殖神赫尔墨斯（Hermes）的人。

　　人类社会从物质存在向更高精神生活的进步，与从一到多、从混乱向明确的相互联系的进步相吻合。人类始于单一性和物质存在；多样性和更高的精神生活是人类追求的目标。不论人类社会如何起起落落，这一不懈追求始终不变。"那有灵性的不在先；先有的是属血气的，然后才有属灵的。"

使徒圣保罗说。[115] 在这个发展过程中，婚姻与母权制相结合的阶段属于中间阶段。在此阶段之前，人类受原始"自然法"的支配，过着无区别的性杂交的群婚生活。这种情况就像我们在遵循自然法，但外在表现却形形色色的众多民族中所发现的一样。在中间阶段之后出现的是纯正"市民法"的阶段，即婚姻与父权和父权制相结合的阶段。在婚姻关系与母权制共同存在的中间阶段，物质原则与精神原则交织在一起。质料原则在这一阶段不再具有绝对的支配地位，不过精神原则在此阶段还尚未完全形成。物质"自然法"的一些核心要素在这一中间阶段得到了保留，即：物质性的、母亲的生育力的绝对支配地位，以及这一支配地位的产物——基于母系的财产继承和女儿拥有唯一继承权。但同时，在这一阶段，婚姻原则和支撑婚姻的家庭权威观念已经属于精神层面的"市民法"的范畴了。

在中间阶段的基础上，纯粹精神性的父权的最高发展阶段出现并最终形成了。这最高阶段将女人置于男人的支配之下，并将母亲在之前阶段拥有的一切影响力都转给了父亲。该至上之法在罗马人中展现得最淋漓尽致。没有哪个民族能像罗马人一样，将父亲对于女人和孩子的"权威"（potestas，或"威信"）这一观念发展得如此完善；相应地，也没有哪个民族如此有意识地追求与父亲权威相一致的治权的中央集权政治理念。站在罗马人所成就的父亲权威和军政权的高度，西塞罗（Cicero）不仅鄙视被柏拉图看作理想人类社会的人类最初生活形态，他还认为这种人类最早期最原始的生活形态是对人性质料方面的忠实表达，有悖于一切政治理念，也与所有精神原则相对立："历史上，有那么一个阶段，人类像野兽一样在荒野游荡，以野果充饥，他们的行为既缺乏理智也非思考的结果，他们大多数时候只是根据身体情况做出反应；在这一阶段，还没有出现供人类遵守的宗教秩序或道德规范，也不曾出现合法婚姻或明确作为某人子嗣身份的法定继承人；也没有人理解公正法律的好处。"〔116〕

映射到宇宙——我这里用的宇宙一词的含义指毕达哥达斯学派最初使用该词时的含义，上文论及的人类三个发展阶段分别由大地、月亮和太阳所代表。不存在婚姻关系的纯物质法属于大地原则，❶纯父权属于太阳原则。居大地和太阳之间的为月亮，月亮占据的是人地所辖区域和太阳所辖区域之间的中间地带，是物质性与非永恒天体中最纯洁的一个，是非物质性与永恒天体中最不纯洁的一个。众多古代学者中，普鲁塔克是树立起这一看法最主要的人。他在《伊西斯与奥西里斯》(*Isis and Osiris*) 以及《月面的表情》(*The Face Which Appears in the Orb of the Moon*) 这两部作品中阐述了他的看法。❷月亮这"另一个天上的地球"属于雌雄两

---

❶ 上文也译为原始自然法。——译者注
❷ *Isis and Osiris*，中译本为刘小枫主编的"经典与解释"丛书中的《论埃及神学与哲学：伊希斯与俄赛里斯》。本书直译为《伊西斯与奥西里斯》。——译者注

性同体，是卢娜和卢努斯（Lunus）的结合体，对太阳来说月亮是雌性的，而对地球来说，它又是雄性的；[117] 不过，它的雄性性质处在从属和次要的地位，因为它的雌性性质是第一位的，其次才是雄性性质。它因太阳而受孕，然后将生殖力传给地球。因此，它维持着宇宙的和谐统一，在凡人与神之间扮演着沟通者的角色。[118] 鉴于它的双重属性，它所对应的是婚姻与母权制相结合的阶段：它之所以对应婚姻，是因为男女在它这里实现了结合；而它之所以对应母权制，是因为它主张女人在先，男人在后，因此将雌性原则置于雄性原则之上。这种直觉知识（如我们在本书后面章节将要证实的那样 ❶）构成了古代世界整个宗教体系的基础，其影响可以说依然回旋在后来的基督教中。[119]

月亮掌管黑夜，正如太阳掌管白昼。母权可以被等同于月亮和黑夜，而父权则可以被等同于太阳和白昼。或者换个说法：在母权制下，黑夜处于支配地位，从黑夜自身孕育出白昼，如母亲孕育出儿子；而在父权制下，白昼则处于支配地位，白昼作为黑夜的对立面存在。母权制体系所映射的时间段从半夜开始计算，[120] 而父权制体系所映射的时间段则从白昼的来临开始计算。月亮活动的周期即太阴月对应母权制，太阳活动的周期即太阳年对应父权制。

我们总能从月亮与太阳的关系中找到男人和女人关系的宇宙表达。男人和女人之间的争夺也就是太阳与月亮在争

---

❶ 参见本书，第168—169页。

夺谁对地球更重要。所有战胜母权制的大英雄都以太阳神的身份在天界获得了一席之位。大地之上的人间发生的事件成为对宇宙事件的表达。古人普遍相信，天界和人间必须遵守同样的法律，充满永恒天界和非永恒人间的是同一伟大的和谐。大地之上人间的发展进程便是为忠实地照搬天体运行于宇宙的原型而不懈努力的过程，而只有当男性主宰女性、太阳主宰月亮后，人类的这一进程才算完成。

正是这种直觉知识让印度和埃及有关长生鸟及没药蛋（egg of myrrh）的神话传说变得可以理解，而且还赋予了该神话传说深刻的寓意。先辈学者们对该神话故事所做的解释[121]已经告诉我们长生鸟与太阳、与"长生鸟年"（the Year of the Phoenix）或"天狗年"（Year of Sothis）之间的关系——关于这层关系，古代的学者们[122]已经多有强调——他们指出，"长生鸟年"结束时，一个新时代降临了，一个"具有新秩序的新时代"（*novus saeclorum ordo*）；他们还基于这层关系解释了这种神奇长生鸟的许多特性。不过，古代学者们却忽视了一点：太阳与父权的关系。在这个关于太阳的神话中，不存在母亲，只存在父亲。父亲死后出现的是能够永远不断重生的儿子。在赫利奥波利斯（Heliopolis）的神庙，在最高神太阳神的圣坛上，这只神奇的长生鸟卸下他所携带的父亲的骨灰。他用没药做了蛋，将蛋掏空，再把父亲的骨灰装了进去。在他封上没药蛋的开口后，装了父亲骨灰的没药蛋并不比之前重。

蛋代表大自然的母系原则——万物自它产生，又回归于它。不过，这里的蛋不再是万物的本源：太阳这一更高级的力量已经让它受孕。太阳将孕育新生命的"生殖器"（vis genitalis）插入没药蛋中。塔西佗这样说。[123] 装进去父亲骨灰的蛋为什么并不比不装前重呢？这是因为太阳的生殖力是非物质的和无形的。正是这种非物质力量使大自然阳性原则主导的最高阶段不同于建立在物质性的水基础上的低级阶段。不能否认，长生鸟对水元素原则来说并不陌生。俄佩菲尼乌斯（Epiphanius）在他所著的《博物志》（Physiologus）中讲，长生鸟生活在"东方"（the Orient）靠近海湾的俄刻阿诺斯河（Oceanus）中，❶[124] 而菲洛斯特拉图斯则将长生鸟描写成栖息在沼泽湿地的天鹅，吟唱着自己的离别和死亡之歌。[125] 后来，长生鸟从水上飞起，伴随着太阳飞翔；他的羽毛在太阳光的照耀下呈金紫色；他的翅膀被太阳刻上了"光明的"（□ωτοειδές，或"发光的"）一词；现在他具有了光明的性质，作为他本性的水的性质从他身上消失殆尽。物质性完全被非物质性所超越，燃烧的火焰将父亲的肉身化为灰烬，儿子从灰烬中出现。燃烧的火焰化作了太阳的生殖原则，太阳将其生殖力赋予了没药和乳香。

上述形象的长生鸟正是赫利奥波利斯神庙宙斯形象的象征，正如看管金子的狮鹫象征着阿波罗太阳原则。正因为

---

❶ 此处巴霍芬的记忆有误。《博物志》（现在大家通常并不认为俄佩菲尼乌斯是该书的作者）描写的并非长生鸟，而是"hydrops"——一种不知名的动物，可能是羚羊的一种，而且作品在讲到长生鸟时，并没有表示长生鸟与"水元素原则"有关。

此，长生鸟飞抵埃及标志着旧的太阳年的结束和新的太阳年的开始。完全形而上层面上的长生鸟变成了抽象的时间概念，正如最高级形式的阿波罗也同样属于形而上的，形而上的阿波罗与宇宙年的开始关联在了一起。因此，在长生鸟身上，光明原则发展到具有至高的无形性，并被等同于父性。母系原则被超越了。新的幼鸟从火中诞生，没有母亲，就像雅典娜从宙斯的头里无母生出来一样；"从火中出生"（πυριγενής）的他远比狄奥尼索斯更纯洁。原本由母亲而来的蛋或卵不再属于生命的原则；它已经受太阳的生殖力支配，并承袭了太阳的性质。没有哪个神话故事在体现父系太阳原则战胜母系月亮原则方面，像印度和埃及神话故事关于"长生鸟年"的观念那样体现得如此纯粹、彻底。

思想和精神的领域属于男性，物质生活的领域属于女性。在这场男性最终获胜的男女两性的较量中，每一个重大转折点的出现都与之前过度地实行某一体系或制度有关。群婚状态下男人对女人肉体上的过度驱使，导致了具有婚姻关系的母权制的产生；阿玛宗部落实行极端母权制，扭曲女人天性，赋予女人非正常的极度的权力，因此激起了男人们的奋起反抗。他们的反抗有时以原始群婚制的卷土重来告终，如在吕基亚王国所发生的那样；有时则导致了母权制的衰落和父权的出现，如与赫拉克勒斯、狄奥尼索斯和阿波罗联系在一起的反抗行为所带来的结局。究其所以，正是人类自身行为的过度与扭曲为人类发展提供了最大的动力。

涉及本书主题的所有神话故事都包含了对人类亲历历

史事件的记忆。这些神话故事并非虚构，而是代表了历史真实经历。有关阿玛宗人与柏勒洛丰的故事属于真人真事，并非诗人的虚构和想象。这些神话基于血肉之躯的人类的亲身经历，是对历史事件的表达。尽管人类拥有天马行空的想象力，但历史自身的精彩程度已然超越了人类的想象力。

我们从上文已经知道，吕基亚母权制的出现并不比婚姻早，它自身便是一种婚姻制度。而且，吕基亚母权制也在另一方面带给我们启示。你可能以为，吕基亚的男人因为接受女性统治，因此必定卑微颓废，缺乏男人的气概。但吕基亚民族的实际情况却表明，这种推测大错特错。吕基亚男人勇敢的美名广为人知，而且作为吕基亚人一支的克桑托斯（Xanthus）男人[126]视死如归的壮烈牺牲，是古代流传至今表现出大无畏和自我牺牲精神的最高尚的例子之一。再者，柏勒洛丰——他的名字即与母权联系在一起——的形象也是完美无瑕的英雄，他的美貌甚至还受到阿玛宗人的崇拜；他又兼具纯真和勇敢的品质，完成过多项艰巨的任务。波希多尼（Posidonius）在罗德岛（Rhodes）见到庞培（Pompey）时大声对他说的话，[127]"永远志在第一，永远志在超越所有人"，便是吕基亚人的座右铭。[128]母权制与男人们英勇好战的品质并存的现象不仅出现在吕基亚，也出现在其他民族，尤其是与克里特和吕基亚关系密切的卡里亚人。亚里士多德认为，二者之间的这种联系普遍存在。他在讲到拉哥尼亚王国（Laconian，或古斯巴达王国）的母权制时——

古斯巴达王国的母权制被他视为莱克格斯法典（Lycurgan legislation）最大的弱点，并评论道："大多数英勇好战的民族都由女人统治。"[129] 母权制不仅不阻碍受她统治的男人们成为勇敢善战的人，反而大肆鼓励这种品质。所有时代，侠义精神的盛行总是和女性崇拜密切联系在一起，相生相伴。在战场上英勇无畏，和以女人为尊，这二者一直是那些强大、充满活力的民族同时拥有的品质。

因此，伴随着吕基亚母权制的那些习俗和制度显示，其母权制是吕基亚民族具有高尚品格的一个原因。这个民族对婚姻忠贞；他们的男人英勇善战，有侠义精神；他们的女性具有威权，其中的年长者尤受敬重，之所以如此，是因为她们是被宗教圣化了的人物，她们的神圣性甚至连神灵们都不得不敬。所有这些品质都是一个民族保障其未来力量的组成要素。而且，这种联系或许可以解释——如果这种联系属于可以解释清楚的历史事实的话——吕基亚人为什么能够那么长时间地保留母权。尤其以"守法"（ε□voμία）和"智慧"（σωφροσύνη）闻名于古代世界的洛克里斯和吕基亚这两个民族能那么长久地保留母权制，绝非偶然。无疑，女性在这两个民族中享有的尊崇地位，是母权制得以在这两个民族中长期存在的重要因素。其他民族所发生的情况是，母权早早让位给了父权。所以当希罗多德发现母权制在吕基亚依然得以保留下来时，他的惊讶程度绝非一星半点了。的确，母权制已经失去了其政治上的重要性。据斯特拉波记载，吕基亚联盟至少是由一名男性"统帅"（λυκιάρχης）

领导的。[130]

我们可以从另一个角度解释母权制和受母权制支配的男人们拥有英勇善战的品质之间存在的联系。远古时代，男人们整天忙于战事。对外征战迫使男人们远离家园，而留守的女人们只得照顾孩子、管理财物，而且这些事务通常是全权交给女人负责的。古代文献关于西徐亚部落远征的记录给我们提供了关于这种状况的最清晰的画面。[131]远征的西徐亚男人们所到之处，带来满目疮痍。他们和西米里族人（Cimmerians）一样，无法攻克防御坚固的城邦，[132]因此目的只有一个，就是掠夺抢劫。他们这类的征战掠夺，往往只是因为作为游牧民族的习俗促使他们这么做。这些四处突袭抢掠的民族，有时因为内部冲突，有时则因为周边部落的来犯侵扰而变得更加强大了。不论怎样，女人们总是留在家中照顾孩子和牲畜。因为女人们被认为是神圣不可侵犯的，这样的观念使她们免受敌人的侵扰和袭击，而且奴隶在留给她们驱使前是要被弄瞎双眼的。

母权制的出现和存在完全顺应上面所描述的状况。男人们整日忙于狩猎、征战和四处掠夺，无暇顾及女人和孩子，因此将照顾家庭、看管家用推车和奴隶，以及生火做饭的责任完全交给了女人们。女人拥有更高的社会地位和唯一继承权的根源即在此。当时的社会环境下，儿子需要通过打猎和战事养活自己，女儿无法从事这些事务，因此只能依靠家庭的财富生活。女儿独自继承家庭财产，儿子则要拿起武器打仗，弓箭和矛是他用以谋生的工具。男人不为他自己或他的男性子嗣而为他的妻子和女儿获取财富。因此，母权制与男人们四处征战的生活是相伴而生、同时存在的。结果成为原因，原因成为结果。男人被剥夺一切的继承权，这促使他们变本加厉地四处征战；而男人无需操心家事，也使他们能够行进到遥远的地方攻城略地、掠夺财物。后来发生了这样的情况：远航到色雷斯（Thrace）海岸的利姆诺斯岛的男人们在返回途中，与被俘的少女们择地定居下来。定居下来后，他们不再喜欢四处征战，开始从事手工艺劳作。我们发现，这种情况也出现在米尼埃伊人和俄佐莱的洛克里斯人（the Ozolian Locrians）中。男人们停止征战和掠夺抢劫后，沦为各种低贱的手工艺人，他们的地位之低下，使他们甚至被女人们所鄙视。埃及的男人们以织布为生；米尼埃伊的男人们变成铁匠；洛克里斯的男人们则因为从事放牧的缘故，被人们用羊身上散发出来的难闻味道来称呼。[133] 女人们则一面享有很高的社会地位，一面又拥有唯一的财产继承权，因此高高在上地俯视男人们。女人的地位得到了多大程度的提升，男人因这二重打击遭鄙视的程度就有多大。因此，随着生活方式的改变，相同的习俗却具有了不同的意义。

古人将阿玛宗现象的出现归因于人类早期所过的崇武好战的生活。阿玛宗现象不过是一种非正常的极度的母权制，究其原因，不过是由女性地位的上升和男性地位相应的下降造成。正是由于出门征战的利姆诺斯男人们没有重返家园，而是和他们在远征中俘虏的色雷斯少女生活在一起，使利姆诺斯岛的女人们犯下了尽人皆知的罪行：她们杀光了所有男人后开始过上阿玛宗式的生活。❶航行到没有男人全是女人的利姆诺斯岛的阿耳戈英雄们（the Argonauts）曾经受到岛上女人们的热情款待。居住在特尔墨冬河（Thermodon）属于西徐亚一支的女人们在丈夫们被打败后，不得不亲自拿起武器继续战斗。成群结队的年轻女子涌入小亚细亚、希腊、意大利和高卢地区，一路所向披靡。她们在那些地方上演着在我们看起来似乎只曾在非洲发生过的故事。其他地方如西徐亚和古斯巴达，还有特洛伊战争时期的希腊，男人们长期不在身边，女人们无奈之下只得与奴隶及外国人团结起来对抗外敌；阿玛宗人则废除婚姻，建起了一个女人社会。这个由女人构成的群体四处征战、四处破坏，在人类历史上留下了浓墨重彩的一笔；在造成母权制社会衰落的所有因素中，阿玛宗人建立的女人社会本身所发挥的作用最大。

在与阿玛宗人的较量过程中，父权逐渐兴起。月亮原则遭到了代表光明的神灵们的破坏，女人的天职得到恢复，精神上的父权彻底取代物质性的母性成为长期占支配地位的原则。极度夸张的制度本身带来了该制度的分崩离析。只有母权以及由母权引发的战事可以解释出现在亚洲和非洲的阿玛宗现象；因为，尽管神话传说和艺术作品对阿玛宗部落多有粉饰渲染，但古代文献的历史基础却毋庸置疑——即便斯特拉波〔134〕站在如此荒谬的立场对此进行过反驳。对本该尝

---

❶ 参见本书，第 160 页。

试了解的东西，现代治学之道却予以否认。现代学者治学的弊端在于：因为更关心现代人的想法而不是古代的观念，所以提出的解释更适用于现代而不是古代。这样的治学之道最终只能以怀疑论、困惑，以及不可救药的虚无主义收场。要证明阿玛宗极端母权制国家曾经出现在人类的历史长河中是不可能的，但这一点不正隐含在历史的本质中吗？没有哪一个历史传统得到过证明。我们只听传闻。否认这一类的历史传统，用希腊诗人西蒙尼德斯的话来说，就是和千年的历史作对；[135] 而用现代标准去判断这类的历史传统，就如同希腊诗人阿尔凯奥斯（Alcaeus）所说，"不依爪画狮，却依照灯和灯芯去构造宇宙和天堂。" ❶[136]

　　关于吕基亚的母权制，我们还有一点情况未涉及到。普鲁塔克在他的《致阿波罗尼俄斯的安慰信》（*Letter of Consolation to Apollonius*）中这么写道："据他们讲，吕基亚的立法者下令，他的公民在哀悼的时候必须穿上女人的衣服。"[137] 虽然这位立法者的姓名没有被提及，我们也查不到其他有关吕基亚王国立法者的资料记录，不过，可以肯定的是，男人穿女人的衣服是吕基亚王国一个不成文的习俗——对此赫拉克利德斯声称，吕基亚以成文法的形式定过这么一

---

❶　阿尔凯奥斯说过"依爪画狮"的话，不过上文所引用的整个句子，则是某个德米特里厄斯（Demetrius）在讲到阿蒙（Ammon）的祭司们每年都用更少的灯油点亮永恒之灯的故事时所说的话；该故事记录在普鲁塔克的作品《论神谕的没落》（*On the Cessation of Oracles* 2，3）中。

条法规。[138] 这表明，该习俗属于不为个人意志所左右的传统，因此具有更重要的意义。普鲁塔克从道德伦理角度解释了该习俗的起源。他主张，哀悼属于很女人气、很软弱和卑微的行为；因此，女人比男人、野蛮人比**希腊人**、平民比贵族更容易诉之于哀悼。不过，吕基亚人的该习俗并非如普鲁塔克所解释的那样，而是有更深的渊源。该习俗产生自我们上文所讲的质料宗教观。在最高处支配大地万物的是"大母神"代表的阴性原则——吕基亚人称"大母神"为拉达（Lada），拉达与勒托、拉腊（Lara）、拉斯（Lasa）或拉拉（Lala）一样，都表示这同一女神。阴性原则的物质基础是大地，而其在人间的化身是凡身女人。万物由此而生，再回归于此。[139] 孩子出生的子宫，也是孩子死亡后收回生命的地方。这就是为什么在某个广为人知的吕基亚墓葬中，负责将死者的灵魂送往冥界的四个风之精灵哈耳皮埃（the harpies）❶ 的形象为母亲子宫的卵形，[140] 而且这也是为什么最早只有母亲才哀悼死者。只有女人可以通过孕育生命、生育孩子履行质料的命运，也只有她能在质料消亡时哀悼质料的终结。尼俄柏（Niobe）在西庇洛斯山（Sipylus）陡峭的悬崖上为她所有孩子的死伤心不已，泪流不止。她在悬崖上哭泣的形象代表的是丧失了繁衍力的大地；她之所以伤心痛哭，是因为她的子嗣没有一人能活着来安慰她。

---

❶ 传说哈耳皮埃是提丰与厄喀德那（Echinda）的四位女儿的总称，她们最早是风之精灵和冥王哈得斯的传令者，负责把死者的灵魂送往冥界。她们在后来的传说中演变为生性贪婪的鸟身女妖。——译者注

因此，就如普鲁塔克在讨论吕基亚的风俗习惯时引悲剧诗人伊安（Ion）的作品所告诉我们的，哀悼本身是野蛮民族在黑暗的密室祭祀"地母神"的一种宗教崇拜。[141]如果男人想参加对死者的哀悼活动，他本人必须装扮成"地母神"。死者成了地母神德墨忒尔的孩子，大地的悲伤只能由母亲来表达，并且必须扮成母亲的形象来表达。吕基亚男人穿女人衣服哀悼死者的习俗与吕基亚母权制之间的联系是显而易见的。如果父亲在孩子生前不具有任何意义，那么在孩子身后也就没有权利为他悲伤、哀悼。吕基亚大地的儿子不是父亲的孩子，而是母亲的孩子。如果父亲除了让母亲受孕之外不再具有其他意义，那么一旦孩子死了，他也就失去了对孩子的所有权利。只有收回死者的母性物质才与死者之间存在纽带联系；一旦生命消失，唤醒生命的男性生殖力也随之消失。这也是为什么诗人维吉尔在描写冥界时用"*matres atque viri*"（即"母亲们和男人们"）这样的说法，而不用"*matres atque patres*"（即"母亲们和父亲们"）。[142]人死后，留下的只有"*viri*"（即"男人们"），没有"*patres*"（即"父亲们"）。某些英雄能将母亲从冥界带回人世，但永远无法将父亲从冥界带回。吕基亚人的墓碑上只提死者母亲和母亲的母亲的名字，不提父亲的名字，[143]即便连阿马西亚人（the Amasean）斯特拉波也总是强调他母亲一方的血缘；[144]而且，在墓前哀悼的只能是母亲，不能是父亲。这两个墓葬主题之间存在着某种必然的联系，鉴于此，父亲在哀悼时穿母亲的衣服是对母权制的至高表达。我们在许多崇拜中都遇到过这样更换着装的习俗。不过，对这种换衣的丧葬习俗以及哀悼仪式这两方面都有历史记录的只有关于吕基亚人的，而且这两个方面在吕基亚的生命力和母权制一样长。

如果我们对古人留下的关于吕基亚母权的记录加以总结，便可得出下述结论：

吕基亚人以母亲的名字为孩子命名的习俗是其母权的外在表达。不过，吕基亚母权的重要性还体现在其他多个方面。首先体现在孩子的身份上，在吕基亚，孩子的身份取决于母亲而不是父亲的身份；其次体现在财产的继承上，在吕基亚，财产传给女儿，而不是儿子；再者，还体现在家庭事务的管理方面，是母亲而非父亲负有管理家庭事物的责任。而母亲负责管理家庭事务这最后一点发展演变的必然结果便是，管理国家的职责也交给了女性。

因此，我们所面对的母权并不是某种特殊现象的外在表现，而属于一个完整的体系；它的形成与宗教直觉知识紧密联系在一起，而且它属于比父权更早的一个人类发展阶段。

雅 典

　　吕基亚不仅与克里特有着紧密的联系，❶ 与雅典也关系密切。在我上文所引用的希罗多德的一段话中，❷ 他告诉我们（关于该传说，斯特拉波后来也有记载[145]），雅典国王潘迪翁的儿子吕科斯被他的兄弟埃勾斯（Aegeus）逐出雅典后，来到忒尔米莱人即吕基亚人的国度，向国王萨耳珀冬寻求避难。被历史学家记载下来的这一事件可以说明母权曾一度盛行于雅典吗？是的，的确如此。诸多迹象表明，母权曾在雅典盛行。

　　奥古斯丁（St. Augustine）❸ 在他所著的《上帝之城》中，[146] 引用了瓦罗就刻克洛普斯统治时期发生在雅典的两件奇事所讲的一段话。一件指雅典的大地上长出一棵橄榄树，另一件则指水从雅典某个地方的地下涌出来。国王很害怕，便派人到德尔菲神庙请示神谕：究竟这两件事意味着什么，他们又该做些什么。德尔菲的神谕说，橄榄树代表智慧女神密涅瓦（Minerva），水则代表海神尼普顿

---

❶ 《母权论》德文版克里特岛一章在英译本中略去。

❷ 参见本书，第77—78页。

❸ 古罗马帝国时期著名的神学家、哲学家。——译者注

（Neptune），发生这两件怪事说明，雅典公民需要决定用这两个女神中哪一个的名字来为他们的城邦命名。刻克洛普斯因此召集所有雅典公民，男女都包括，集会讨论。女人在那个时候也参与雅典公共事务的讨论。投票的结果是，男人们都选择以海神尼普顿来命名，而女人们都选择以智慧女神密涅瓦来命名。因为投票的女人数量比男人多出一个，女神密涅瓦胜出。海神尼普顿对此非常生气。海神一发怒，海水便淹没了整个雅典地区。为了平息海神的愤怒，雅典人给了他们的女人三重惩罚：女人们从此不再拥有投票权，雅典人的孩子从此不再使用母亲的名字，女人们以后不再享有女神雅典娜后人的称号。

在瓦罗所讲的这个神话故事中，尼普顿代表父权，雅典娜代表母权。母权盛行的时期，雅典人用母亲的名字为孩子命名，所有女人都是女神的后人。只要她们被称作"雅典娜的后裔"（Athenaeae），她们便都是雅典真正的公民。而在受到惩罚之后，她们只是雅典公民的妻子。刻克洛普斯统治前的法律被父权取代。阿里斯托芬在他的作品《公民大会妇女》（*Ecclesiazusae*）中说，唯独女性统治不曾在雅典出现过。他的这一说法是错误的。女性统治不仅在雅典出现过，而且还是雅典最早的法律形式。出现在吕基亚的母权制也曾在雅典所在的阿提卡地区盛行。女性统治在这里和在亚洲一样，是最原初的法律，与这里的地方宗教雅典娜女神崇拜紧密地联系在一起，而且其城邦名为什么是女性的名字也与此关系密切。

再者，对于母权曾存在于古代阿提卡地区的事实，还有一部希腊作品值得我们高度关注。我指的是埃斯库罗斯的戏剧《复仇女神》(*Eumenides*)。❶ 瓦罗的故事中，母权和父权这两个原则分别由密涅瓦和尼普顿代表，而在埃斯库罗斯的作品中，母权由复仇三女神代表，父权由阿波罗和雅典娜代表。俄瑞斯忒斯为了替父亲报仇，杀死了自己的母亲。在决定他是否犯了弑母罪时，父亲与母亲，究竟谁更重要？谁和孩子的联系更紧密？雅典娜为此召集了一个正义的法庭，她的公民中最受尊敬者将在法庭上做出裁决。在法庭上，复仇女神们控诉俄瑞斯忒斯犯下了弑母罪，而指使俄瑞斯忒斯杀死母亲并使他免于杀死血亲之罪的阿波罗则为他辩护。复仇女神们替克吕泰涅斯特拉杀死自己丈夫的行为辩解，而阿波罗则替阿伽门农（Agamemnon）让自己的女儿当牺牲品死去的行为辩护。这里，复仇女神们拥护、宣扬的是母权，而阿波罗则是父权的拥护者和倡导者。复仇女神们的立场在她们与俄瑞斯忒斯的以下对话中表达得非常清楚：

> 合唱队：❷ 预言神吩咐你杀死自己的母亲？
>
> 俄瑞斯忒斯：没错！至今我对此没有悔意。
>
> 合：没有？丢一块石头你就会起浪。

---

❶ 《复仇女神》是埃斯库罗斯悲剧《俄瑞斯忒斯》三部曲中的最后一部，也被译作《欧墨尼得斯》或《好善者》。——译者注
❷ 由三位复仇女神组成。——译者注

俄：我有信心：父王从墓中助我。

合：什么？杀死母亲，又相信鬼魂！

俄：人说她背着双重的罪名。

合：怎么可能？我命令你告诉法庭。

俄：她杀了自己的丈夫和我的父亲。

合：你活着，她却已喋血身亡。

俄：她活着的时候你们怎不追她？

合：她的血与她所杀的人不一样。

俄：我与我母亲的血是否一样？

合：混账，难道你不是母腹所育，娘胎所生？你不认她是母亲？ ❶〔147〕

　　复仇女神们并不惩罚克吕泰涅斯特拉杀死丈夫的罪，所以很显然，他们并不承认父亲及丈夫的法律。对她们来说，只存在母亲的法律，只存在母亲的血缘所代表的权利；她们要求法庭根据旧的法律和习惯惩罚俄瑞斯忒斯的弑母之罪。而阿波罗的立场并非如此。他根据天神宙斯给他本人下的命令，指使俄瑞斯忒斯杀死母亲为父亲报仇。所以现在，在法庭上，他站在反对母权拥护父权的立场上为俄瑞斯忒斯的行为辩护。阿波罗在这里以"父亲的保护神"（Patroos）的形象出现，而且事实上，"父亲的保护神"也是他作为雅

---

❶ 本章引用的埃斯库罗斯作品，译文皆出自张炽恒所译的《埃斯库罗斯悲剧全集》（吉林出版集团，2010年7月），下文不再特别注明。——译者注

典守护神的称号。他对法官们说:

> 听着,我会给你们一套学问。
> 被呼作母亲并非就是为人父母,
> 而只不过是抚育新播的种子。
> 男方是本:女方是接待小客人:
> 保藏幼苗,除非神想使它凋枯。
> 我将对我的主张予以充实。
> 父本单亲过去有将来也会有,
> 却不会有母亲单亲。证据在此,
> 宙斯在奥林匹亚独自产下的孩子,没有在子宫那
> 黑暗的庇护下孕育;
> 却是任何女神的子女不能匹敌。[148]

　　由此看出,阿波罗主张播种人的权利,复仇女神们则维护血缘和母性质料的权利。阿波罗代表的是新的法律体系,复仇女神们则代表旧的法律体系。针对阿波罗的辩词,复仇女神们答道:

> 你破坏了大地的分区统治,
> 用新酒来算计年老的女神。[149]

她们接着说:

你以少年气盛凌辱我们老妪······〔150〕

法官们在听取了两方的陈述后，走上投票坛。雅典娜也从票坛拿起一枚石子，握在手中，然后说：

> 如果票数相等，就要看我的了，
> 投此一票，让俄瑞斯忒斯活命。
> 我从神脑中生出，没有母亲；
> 我以父为本，外加我永不结婚，
> 守身如玉，加倍是父亲的孩子。
> 所以我不看重那个女人的死，
> 她杀害了一家之主，她的夫君。
> 俄瑞斯忒斯赢了，虽票数相等。〔151〕

从雅典娜的话可以知道，作为家庭保护人的父亲，他的权利高于母亲。父亲的这种更高的权利是阿波罗和雅典娜的父亲宙斯赋予的。根据父亲的权利高于母亲的权利，俄瑞斯忒斯被裁定无罪。在这个首次由人间的法官们组成的法庭审理的谋杀案中，投向两方的票数相等，最后的结果则是由"密涅瓦的石子"（*calculus Minervae*）所决定的。不过，现在统治世界的已经是新的神系所代表的新的法律体系了。至于阿波罗在其中的角色，据称他"让古老的权力分配体系灭亡"，〔152〕并"摧毁了旧时代的秩序"。复仇女神组成的小合唱队这么唱道：

> 年轻的神啊！你们压倒了古老的法律，
>
> 你们夺走了我的猎物。[153]

现在，人类实行的旧司法体系失去了一切的支撑，人类一切福祉的根基也被彻底摧毁。不再有人大声喊出："哦，正义！哦，王者复仇女神。"[154] 作为黑夜所生、无子无女的贞女，复仇女神们怒不可遏，她们决心要藏身于地底深处，让大地变得贫瘠，让母亲的子宫不再孕育生命。不过，雅典娜最终还是赢得了她们的芳心，让她们甘愿与新的法律体系和谐共处。她们从此将忠诚地追随她左右。她们没有被驱逐，没有遭贬谪。相反地：

> 在这里你会
>
> 紧靠厄瑞克修（Erechtheus）家拥有一所住房，
>
> 男女都来祭祀，常是一片盛况，
>
> 赞美多多，广阔世界项背难忘。[155]

现在，复仇女神们愉快地留在帕拉斯（Pallas）身边，鞍前马后地侍奉她；自此以后，她们受到少女们的喜爱，为她们带去婚姻的喜悦——这些原初的女神们，现在代表的是和平与和谐。然后，一群虔诚少女们和上了年纪的母亲们引导这些向雅典娜妥协了的大地的联合统治者重回她们的领地，回到死者黑暗的住所冥界（Hades）。现在，对雅典人民来说，莫伊拉（Moira）❶与全知的神宙斯终于快乐地结合在了一起。

原先存在于孩子与母亲之间的主导性关系被废弃了。男人被提升到了高于女人的地位，质料原则随之开始受精神原则的支配。婚姻的观念至此可以说真正形成。因为作为复仇女神时，她们如阿波罗所指责的那样，[156]让赫拉的婚誓，即神圣的婚姻约定，蒙了羞。克吕泰涅斯特拉背叛婚约杀夫的行为对她们来说属于不足齿数之事：在她们眼中，尽管俄瑞斯忒斯替父亲报仇的理由正当，但克吕泰涅斯特拉违背婚约并不能成为他凶残弑母行为的借口。从这个意义上来说，父权几乎等于婚姻权，因此也意味着父权的到来开启了人类历史的新篇章，人类从此进入了一个新时代，一个在家庭和国家事务中存在着特定秩序的时代，其中蕴含了可以长出花蕾、绽放美丽花朵的胚芽。

现在让我们来探讨埃斯库罗斯作品中的一些细节，以便从各个方面清楚地阐释父权与母权之间的对立关系。我们首先需要讨论的一点是，被雅典娜指定为永久刑事法庭所在地的阿瑞斯山（Hill of Ares），❷审理克吕泰涅斯特拉杀夫案并将她定罪从而意味着大地代表的旧的法律体系被打败的阿瑞斯山，正是阿玛宗女人们曾经安营扎寨的宿营地：

---

❶ 即命运女神。——译者注
❷ 即战神山。——译者注

这阿瑞斯的山，曾经是战场，

围山的阿玛宗人搭起过营帐，

她们新建起嫉妒的城楼，攻打

忒修斯，与我们至尊的堡垒对抗。

她们向阿瑞斯献祭，从此这山

便叫阿瑞斯山岩。〔157〕

我们在此可以看到父权与母权之间出现了新的对立。因为忒修斯代表的是父权制国家，阿玛宗代表的是母权制国家。当忒修斯建起新的城市，阿玛宗人妒火中烧，也不甘示弱地筑起高耸的城堡与之对抗。她们为什么对忒修斯如此怀恨在心呢？一方面，是因为忒修斯征服了她们的女王安提俄珀（Antiope）并夺走了她的宝腰带；❶另一方面，忒修斯的形象代表了一个新的原则兴起，该新原则与阿玛宗人所遵从的旧原则是针锋相对的关系，而且该原则从骨子里敌视这旧的原则。阿玛宗人的国家——如果我们可以用"国家"一词来指这个完全由女人构成的民族的话——意味着一种形式最彻底的母权制的实行。而且，忒修斯基于与之对立的原则建立起了新的国家。雅典的历史从这两种原则之间的对立和较量开始，也因此忒修斯打败阿玛宗人的事件具有如此重大的意义。后人在追忆这一事件时总是无比骄傲，称其是雅典带给整个希腊（Hellas）世界最

---

❶ 腰带为阿玛宗女王权力的象征。——译者注

伟大的恩泽。[158]欧洲与亚洲之间的冲突对抗乃希腊历史的精华所在，而这一事件是发生在两大洲之间的首次较量。

忒修斯对阿提卡的意义，正如柏勒洛丰对吕基亚的意义。忒修斯打败了阿玛宗人，她们愉快地、心甘情愿地走进了婚姻生活。不过，他所到达的高度远远超过了柏勒洛丰这个科林斯—吕基亚的英雄。因为，忒修斯的名字不仅与阿玛宗人以及她们所代表的社会形态的衰落联系在一起，也与具有婚姻关系的母权制的衰落联系在一起。他实现了作为男性的最高升华，他的形象体现了阿波罗太阳神的纯洁。

就我们讨论的主题，埃斯库罗斯通过他的作品为我们提供了更进一步的线索。在他的作品中，父权与母权之间的对立还以另一种形式呈现。新的法律是统治奥林匹斯山的宙斯所代表的天上的法律，旧的法律则代表的是地下神灵在阴间的权利。在雅典娜宣布俄瑞斯忒斯无罪后，他本人在演讲中高声宣称，奥林匹斯诸神才是新的法律体系的创造者：

> 帕拉斯啊！你保住了我的种族！
> 为我失去的我父王拥有过的王国，
> 你保住了我！现在所有**希腊人**可以说：
> "阿耳戈斯的忠诚儿子，先王财产之主，
> 他与自己的人们同住。"成此功者

是帕拉斯和救助者、第三大神

罗西亚斯（Savior）。❶

他感于我父亲的命运，

明鉴并救我于为我母亲诉讼者手中。〔159〕

就此，雅典娜本人这样宣称：

证据在此，

正是宙斯降下神谕，

下令俄瑞斯忒斯杀死母亲不受惩罚。〔160〕

复仇女神唱出了与俄瑞斯忒斯和雅典娜对立的辩词：

是什么人们视同生命般，

珍贵，膜拜而屈膝，

是啊，知道必得如此这般，

恐惧得浑身战栗？

是我用自己的嘴予以警示的

建立在法律基础上的威权，

是古老的命数遗赠与我的，

诸神让渡的，一件专权

---

❶ 根据英译本原文，此处应译为"帕拉斯·雅典娜，阿波罗以及主宰一切之神、救世主宙斯"。——译者注

礼物？我是时间的继承人，
亘古以来时间之处，便拥有
我的封邑。荣光不减，
不卑躬屈节，不卑不亢，
深深地透过那永在的阴影，
日照的大地下面是我的地宫
和无灯的深渊里的黑暗重重。〔161〕

俄瑞斯忒斯被裁定无罪后，她们这么唱道：

年轻的神啊！你们压倒了古老的法律，
你们夺走我的猎物，使我陷于
耻辱难堪，蒙垢招羞！
为了这种痛苦之极，
雅典人将受我诅咒！
唉，我的双唇上悬着一滴
我受创的心流出的毒液！〔162〕

她们又唱到：

哦嗬！要我受这种打击，要我
古老的智慧受嘲弄，要我遵命
安分守己，蒙着恶名住在这里，
这所大地的厢房，这一块补丁？

爆发吧，我的怒火！痛苦啊痛苦，

何地来到我的心上？〔163〕

　　父权与母权之间的对立在上述引文中展露无遗：一方是宙斯宣告的、由住在天上的奥林匹斯诸神代表的父亲的权利——尽管宙斯本人如复仇女神们所控诉的那样，把他年老的父亲克洛诺斯（Cronus）囚禁而死，因而也未遵守父亲的权利；另一方是由地下的阴间神灵所代表的母亲的权利，它就像它的拥护者复仇女神们一样，产生自大地的深处。而且，复仇女神们属于在大地深处发号施令的阴间神灵；她们，黑夜的孩子们，在地底下、在黑暗的物质之所，繁衍一切生命；从大地上生长出的万物，都是来自她们的恩赐，为她们所创造。她们为人类和动物提供滋养，大地因她们而硕果累累。当她们发怒，大地万物——上地所结的果实、人类繁衍的子嗣、动物繁殖的后代——都会遭受灭顶之灾。人类因此将土地上收获的第一拨果实作为祭品献给她们，以得到她们的庇佑，以便男女结合后能繁衍不息，子嗣能兴旺昌盛。在埃斯库罗斯的作品中，复仇女神们亲口告诉了我们她们的这一重要角色，向我们呈现了上述画面。我们难道还需要进一步的证据来证明吗？

　　我不会用暴雨和洪水去伤害

　　她的葡萄藤和橡树浓荫；

　　也不会用刀一样的风去摧折

蓓蕾，在花儿苏醒的时令。

所有的清风都会从我的恩典

知道给他们指定的范围。

没有病疫带着永久的荒芜

横行在她的四境之内；

潘神会在产羊羔的时辰

用孪生子祝福羊群和牧人；

大地腹中神所封存的宝藏

出产一切的金锭银两！〔164〕

　　她们身处俄古革斯（Ogygian）❶的大地深处，接受人类的膜拜，享用人类献给她们的祭品和为她们举行的火祭。她们受到人类的祭拜后便不会将灾难降于人间，不仅如此，她们还会庇护人类生活的城市。她们成了保佑人类繁荣与幸福的友善的神，成了真正的"好善者"（Eumenides）。❷现在，她们作为阴间神灵的友善性，使她们可以和希腊的善心精灵（agathodaemon）以及罗马的良善女神玻娜女神（Bona Dea）相提并论。

　　她们在大地之下、在黑暗的俄古革斯深渊编织万物，她们再将这地下的万物送出地面，让他们沐浴阳光；万物死后又回到她们的所在。万物都回报自然之恩也即回归质

---

❶　俄古革斯（Ogygus）是神话传说中忒拜的第一任国王，故"Ogygian"一词常被古代诗人用来代指忒拜。——译者注

❷　Eumenides，也译作欧墨尼得斯，希腊语"好善者"之意。——译者注

料的怀抱。因此，复仇女神和她们所属的大地一样，同时是生命以及死亡的主宰者，因为生命和死亡都被质料和有死的存在包围。大地阴间神灵的所有化身都具有这两方面的特征——诞生与消亡，正如柏拉图所说，万物都在诞生与消亡这两极之间运动。[165]因此，代表物质繁衍的女神维纳斯（Venus）同时也是代表死亡的女神利比蒂娜（Libitina）。在德尔菲，有一根被称为厄皮提姆比亚（Epitymbia）的柱子（在墓地上），死者的魂被招到这里，享用献给他们的祭品。[166]而在坎帕纳（Campana）的骨灰安放地附近发现的罗马墓葬铭文中，希腊的男性生殖神普里阿普斯（Priapus）被叫作"生死的地方"（*mortis et vitai locus*）。而且，在墓葬主题中，没有什么比作为物质繁衍符号的普里阿普斯更常出现的了。

友善的欧墨尼得斯女神们还具有不同的一面：她们同时也是可怕残忍的女神，仇视大地万物。在她们的这一面中，她们以带给人类灾难、血腥与死亡为乐趣；也因为她们的这一面，她们是被人憎恨、受人诅咒的恶魔，面目狰狞、嗜血成性，"遭到宙斯罢黜"。[167]具有这一面的她们让一切罪有应得者接受惩罚。

　　　　哈得斯是人类的审慎判官……用鬼笔记下的都经过查看……[168]

作为代表厄运的女神时，她们同时也是命运女神以及报应女神；她们的这一职责为莫伊拉女神所赋予：

> 早在我们急于出娘胎之时，
> 这一点已将我们的联合界定。
> 死神的劫数不逮的诸神，
> 不在我们的桌边莅临。
>
> 但是当不和女神临门，
> 来摧毁家屋，当仇恨
> 拔出利剑残杀亲族，
> 嗬！谁捆得住我们的捷足？
> 尽管他相信自己的力量，
> 他身上的血终将黯然失色，
> 我们最终会将他攫在手掌！〔169〕

她们身上具有的上述多重特性都汇集于一个基本的观念；所有这些特性都源自她们的物质性有死本质。复仇女神就像"大地"（era）一样，是对大地上有形生命以及有死存在的表达。

希罗多德讲述的一则故事告诉我们，埃伊纳人（Aeginetans）与雅典人之间曾经的一段友好关系在雅典婚姻法的历史中发挥过重要作用。埃皮达鲁斯（Epidaurus）的大地一度颗粒无收。女先知皮提亚向埃皮达鲁斯人预言说，如果他们用一棵雅典人栽培的橄榄树雕刻女神达米亚（Damia）和奥克塞西亚（Auxesia）的神像，饥荒便会停止。埃皮达鲁斯人因此请求雅典人允许他们砍下一棵神圣的橄榄树。雅典人同意了，但条件是，埃皮达鲁斯人必须每年向雅典娜女神以及雅典王厄瑞克透斯（Erechtheus）供奉祭品。只要埃皮达鲁斯人手中有达米亚和奥克塞西亚女神像，他们便能履行对雅典人的承诺。不过，当埃伊纳人反抗统治他们的埃皮达鲁斯人并偷走这两尊神像后，埃皮达鲁斯人便无法履行他们的承诺了。雅典人因此要求埃伊纳人归还这两尊女神像，当埃伊纳人拒绝归还时，雅典人便入侵了埃伊纳。

雅典人的入侵最后结局悲惨。尽管雅典人动用了军队，仍无法将这两尊神像从它们的安放地挪开，而且雅典人还遭到埃伊纳人以及匆匆赶来的埃皮达鲁斯人的袭击——又或者如雅典人所说，他们被这两个发怒的女神一顿痛打。结果，只有一名士兵得以逃回雅典。死里逃生回到雅典的这名士兵却还是命丧黄泉。对这名士兵如何命丧黄泉以及接着发生的事，希罗多德是这样描写的：

这名士兵回到雅典报告了雅典人进攻埃伊纳惨败的消息。当那些和他一同去埃伊纳打仗的男人的妻子们得知只有他一人逃回雅典后，非常愤怒。她们围住他，用别在她们衣服上的环扣别针刺他。她们挨个用别针刺他，边刺还边问她们的丈夫在哪里。这名侥幸捡回一条命的士兵就这样被她们刺死了。在雅典人看来，这些女人们的行为比他们的军队吃了败仗更可怕，可又不知道如何惩罚她们，结果只好让她们改穿爱奥尼亚式长袍。此事发生前，雅典女人和科林斯女人一样只穿多利安（Dorian）式服装。现在她们换上爱奥尼亚式长袍后，就不再需要使用别针了。严格说来，这种爱奥尼亚式长袍最早并非起源于爱奥尼亚，而起源于卡里亚；古时候的雅典，所到之处，女性们都只穿一种服装，即我们现在称为多利安式的服装。不过，阿尔戈斯人（Argives）和埃伊纳人却随后通过了一条新的法律，要求女人们衣服上使用的别针比原先的长一半，并要求她们将别针作为圣物，献给那两位女神；自此之后，阿尔戈斯和埃伊纳的女人们不得再将任何产自阿提卡地区的东西带进神庙，即便产自阿提卡的陶罐也不行，后来这里的习俗变成用自家的小陶罐向神献上液体饮品。而且从那时起，直到我生活的年代，阿尔戈斯和埃伊纳的女人们出于对雅典人的怨恨，一直保留了佩戴这种更大别针的习俗。〔170〕

　　在希罗多德所讲述的这则故事中，起源于卡里亚的爱奥尼亚式服装与古代**希腊人**所穿的多利安式服装之间的差异具有宗教含义，而环扣别针尤其被赋予了象征意义。雅典女人们被剥夺了使用别针的权利，而阿尔戈斯和埃伊纳的女人们使用的别针却比原先长了一半，而且后者还将别针作为圣物献给母亲的保护神奥克塞西亚和达米亚。那么，别针这一符号究竟被赋予了什么样的象征意义呢？在我看来，上文讲述的事件所蕴含的阿芙洛狄忒式的男女交配的象征意义是毋庸置疑的。用来固定长袍使其不至散开的"环扣别针"（περόνη，πόρπη，前者表示穿过环扣的针，后者则表示环扣别针的环）成为献给女神的神圣的祭物，与安提俄珀献出宝腰带具有相同的意义，二者都意味着女人献出贞洁。别针被圣化为献给女神们的圣物，象征着女人成为母亲，走进婚姻，通过"幸福的婚姻"〔171〕履行女人的天职。原先需要使用别针的封闭式的衣服，现在变成不使用别针的开放式的衣服了。原先作为女人贞洁符号的别针，现在成了婚姻的象征。被别针横穿而过的环成为男女为繁衍后代而结合的象征物。

　　希罗多德这段文字的每一处细节都符合这种性的解释。首先，达米亚和奥克塞西亚这两位女神都属于母亲的保护神，她们的形象毫无疑问具有同德墨忒尔一样的含义。这两位女神代表的都是世俗母亲的形象，正如她们的名字所意味的那样，是真正的"丰产女神"（θάλειαι），〔172〕因为"奥克塞西亚"一词由"增长、增加"（αὐξάνω）而来，"达米亚"一词的词根（dā, gē）则出现在很多词中，而且作为词根基本都意味着大地上的物质性东西。再者，雕刻这两位女神的神像所用的木头来自代表大地繁衍力的橄榄树。所以，就像大地对交配授孕乐此不疲一样，达米亚女神和奥克塞西亚女神以唤醒女人子宫里生命的胚胎为能事。她们巩固婚姻的纽带，钟情于一切男人。

　　故事中母亲的保护神由两个女神组成。该现象暗含的意思与狄俄斯库里兄弟或者摩利俄涅斯兄弟一样，即他们都代表大自然的双重力量。死与生，消亡与诞生，是自然原则的两个方面，永远运动在两极之间。作为孪生兄弟或姐妹，作为同母所生的孩子，她们连在一起，难舍难分。奥克塞西亚让生命降临，而达米亚则将生命收回她的子宫。奥克塞西亚代表的是大自然的白天，而达米亚代表的是大自然的黑夜。这里的达米亚就是残忍的女怪物拉米亚（Lamia），二者的形象完全相同。

　　这里讲到的双重力量还有另外一层含义。它也指在自然原则中结合在一起的两种力量——男人的生殖力，以及女人的生育力。现在，比这两种力量更完美的是第三种力量，即孩子的出生。因为孩子来到父亲与母亲中间，自然原则的统一得以恢复。一代表小统一，三代表大统一；一是自我的统一，三是更高级的统一，是三的统一。孩子将父亲与母亲身上各自独立的力量结合在了一起。每次孩子出生时，这两种力量之间便形成了一种无法分割的纽带；这两种力量之间最初的统一通过孩子的出生得到重塑。父亲与母亲通过孩子联结在了一起。阿尔戈斯和埃伊纳的女人们将她们的别针加长一半，意味着从二到三、从女性到男性的巨大升华，这种变化蕴含在了古代宗教的符号精神中。在纪念这两位女神的祭祀仪式上，带领女人们参加祭祀活动的合唱队领唱为十人，[173]这里的数字十是她们两种力量各被乘以五再相加的结果。对古人来说，数字五意味着婚姻，是代表女性的数字二和代表男性的数字三相加的结果。通过以这样的方式呈现五，这两位母亲的保护神便真正成为像阿尔戈斯人所崇拜的赫拉一样的代表婚姻和男女结合的女神。

所有这些都说明环扣别针具有阿芙洛狄忒式男女交配的性的象征意义："环扣"和"别针"是对将自己的身体献给男性并以生育孩子为乐的母亲形象的真实表达。雅典女人们用别针刺死侥幸活下来的士兵的行为注定成为亵渎神灵的罪行。因为原本代表繁衍力的别针在她们手中却成了谋杀他人的工具，而在神灵们看来，女人原本应该从与男人的性交中获得快乐而不是干杀死男人的勾当。塞浦路斯人琉可曼提斯（Cyprian Leucomantis）和克里特人歌果（Cretan Gorgo）❶正是因为违背了这样的戒令而受到神的惩罚，被化作雕像。[174] 而且，雅典女人们刺死了受两位女神庇护而唯一存活下来的士兵，公然违背了这一基本原则，亵渎了她们在婚姻关系中作为母亲的神圣身份，因此才失去了佩戴象征这一身份的别针的特权。

希罗多德所讲述的这一事件对雅典已婚女人的社会地位产生的影响显而易见。伴随她们服装上变化的是社会地位的变化。她们之前所享有的尊崇地位被剥夺了。在人类还处在伟大

---

❶ 这是两个原本名不见经传的女人，"因为她们拒绝情人的求爱，宁可看到他们死去也不接受他们的爱"，根据神的意志必须死去。参见 Bachofen, *Gräbersymbolik*, in *Gesammelte Werke*, Vol. 4, p.91。

的自然母神崇拜时期，作为这些女神人间形象的女人也被神圣化，因此可以免受男人的控制和支配。作为这些伟大的原初母神在人间代表的女人们，不仅受到女神们的保护，还具有特殊的宗教地位，而已婚女人们利用这种宗教性身份对抗男人的权威。现在，雅典的女人们失去了这层保护伞。达米亚和奥克塞西亚两位女神拒绝回到雅典；雅典女人滥用别针的行为致使她们失去了之前获得的一切保护。她们现在成了柔弱无助的人，只得受男人的法律支配。她们之前所佩戴的象征母亲保护神的别针现在被夺走了，男人们的权力随之崛起。当自然母神崇拜让位给了男神生殖神崇拜，母权便衰落了。

雅典女人的服装由多利安式变成爱奥尼亚式，标志着母权向父权转变过程中具有决定性的一步；这一服装上的变化不是造成母权向父权转变的原因，而是其外在表现。雅典女人之前所处的支配地位反映在她们所穿的多利安式服装上。这种服装的特点是，穿者为了行动便利身体基本暴露在外；无袖，裹在身上的整个衣服由别针固定在肩处；大腿裸露在外。对许多爱奥尼亚人来说，这种多利安式服装的暴露可以说到了有伤风化的程度。爱奥尼亚式长袍与多利安式有很大的差异，用亚麻布做的带褶的长袍能很好地遮裹身体，而环扣则将开缝的袖子扣了起来，所以从多利安式服装向爱奥尼亚式的转变，暗示了女性从积极参与公共生活回归到屈从于男性的卑微的家庭生活。女性属于受男性支配的卑微的群体这一东方所特有的现象，很快导致了东方的倒退。

与雅典女人改穿爱奥尼亚式服装不同的是，阿尔戈斯和埃伊纳的女人们继续沿用多利安习俗以及继续保持了穿多利安式服装的习惯。她们忠于旧的质料和阴性的自然原则。因此，两种体系之间产生了冲突。穿多利安式服装的女性们继续穿她们自古所穿的服装，也继续使用代表旧的群婚制的环扣别针；不仅如此，为了让这种差异更鲜明，她们甚至还将别针加长了一半。再者，产自阿提卡的器皿不再被允许带入达米亚和奥克塞西亚这两位母亲的保护神的神殿。阿提卡的大地失去了神圣性，其法律也因此遭到破坏。现在，盛水喝的器皿必须用本地的土制作，因为构成质料基础的大地——达米亚子宫，自身足以取悦女神。陶土与达米亚女神之间有着其与德墨忒尔、所有地母神以及守护亡者的丧葬女神们之间相同的密切联系；因为这个原因，被一片陶片杀死的伊庇鲁斯国王皮洛斯（Pyrrhus）被认为是德墨忒尔所垂爱之人。[175] 为什么必须从本地的土所制的器皿取水献给女神呢？这是因为，本地的母性土壤被认为既是可以唤醒其子宫中生命的水的赐予者，又是这种唤醒生命之水取之不尽的源泉。因此，对达米亚与奥克塞西亚这两位女神的崇拜，充满了以繁衍万物为基础的大地的质料性母亲身份，并且处处将这种母亲身份放在自然和宗教最高位置的仪式和习俗。当雅典人越来越排斥质料观念，并在宗教信仰和家庭中越来越摒弃阴性原则、拥抱阳性原则时，多利安部落的人们却紧紧抓住旧的大地法律体系不放。从这一点来说，这些多利安人保持了对旧传统的依恋，表现出了一种坚韧的性格，而爱奥尼亚人则陷入了无止境地追求进步而欲罢不能的境地。

旧的母权制传统在多利安式服装中得到了最惊人的体现。即便在满是男人的场合，斯巴达年轻女子也穿得很少，身体基本暴露在外。美丽动人的埃皮达鲁斯姑娘梅丽莎（Melissa）给工匠们倒酒时只穿了件希同（chiton）开筒袍，正是在如此情形下，科林斯僭主佩里安德（Periander）看到梅丽莎时便对她一见钟情。[176]而且，多利安年轻女人们跳舞时，也穿同样暴露的服装。普鲁塔克说，[177]她们裸着身体，唱着歌，领着大家跳舞。多利安少女们的这种有伤风化的着装很不入雅典人的眼，雅典人鄙视她们，就像罗马人看不上日耳曼女人。然而，有一点很确定，那就是，当道德沦丧泛滥时，非常保守的着装习俗才会出现。塔西佗描写日耳曼女人的文字，[178]也同样适用于多利安的女人们；她们的双臂完全暴露在外，甚至连一侧的乳房也暴露在外；尽管如此，婚姻的约定对她们来说却是神圣不可侵犯的，而且，所有她们拥有的美德中，对婚约的忠诚最被人称颂。当有人当面赞美毕达哥拉斯学派的西雅娜有着多么迷人的胳膊时，她回答道：是的，但不是给所有人看的。[179]我们还读到过另一则故事，讲的是生活在斯巴达最早时期的一个名叫杰拉达斯（Geradas）的斯巴达人。当一个外邦人问他，通奸的人在斯巴达会受到什么惩罚时，杰拉达斯回答说："外邦人，在我们国家，不存在通奸的人。"外邦人追问道："但万一出现通奸的人，该怎么惩罚他呢？""那么，"这位斯巴达人回答说，"他就必须献上一头巨大无比的公牛。这头公牛的体形如此之大，以至于公牛的头可以伸过泰格斯特山脉

（Taygetus），然后从欧罗塔斯河（Eurotas）饮水。"对此，那个惊诧不已的外邦人质问说："怎么可能有这么巨大的牛？"听到外邦人的话，杰拉达斯笑道："就是啊，斯巴达又怎么可能有通奸的人呢？"〔180〕

普鲁塔克在讲上述故事的同一段文字中，引用了亚里士多德对莱克格斯法典赋予女性太多自由的批判。〔181〕普鲁塔克的文字显示出他本人对旧的多利安精神有着非常深刻的理解。他这么写道："年轻女子们着装裸露并不是什么见不得人的事，因为她们一向行为得体，而且她们生活的社会对放荡行为是明令禁止的。相反地，这种着装培养了她们欣赏简约之美的品味，而且使她们格外注意自己的行为举止是否持重。和男人们一样勇敢对女人们来说是家常便饭，因为她们也能像男人们一样为自己争得荣誉。也因此，斯巴达女人们能够像斯巴达国王列奥尼达（Leonidas）的妻子歌果（Gorgo）一样，当面对某个异邦女人对她说'你们斯巴达女人是唯一统治男人的女人'时，自豪地予以回击。据称，国王的妻子是这么答复这个异邦人的：'我们也是让这些男人降生在这个世界的唯一的女人。'"〔182〕历史记录下了不少类似的话。而且，之后的历史也证明，斯巴达女性享有的这种自由多么有益于公共生活和家庭生活，因此也有力地回击了亚里士多德认为女人们从未对国家有过什么作用的观点。事实上，斯巴达人频繁地对他们的女人使用"女主人"（μεσσόδομα）和"女将领"（δέσποινα）这样的尊称。

大体而论，当男性开始瞧不起女性，当随着人类文明的进程男性变得矫造纨绔时——我们自己所处的高度文明的时代，也发明了如此多的委婉用语来指男人们的这种风气——女性的品行也开始败坏。文明向前的进程对女性不利。当人类社会尚处在所谓野蛮阶段时，女性的地位达到巅峰；后来的时代不仅毁掉了她曾经的统治地位，还削弱了她的美貌的重要性，使她从她在多利安部落中享有的至尊地位上跌下来，坠入爱奥尼亚女人和阿提卡女人受男人奴役的命数。而最终，这种卑微处境迫使她通过群婚制重新获得在婚姻关系中被剥夺了的影响力。

所有上述现象揭示的是同一规律：越是原初的民族，阴性自然原则越是支配这个民族的宗教生活，而且这个民族的女性所享有的社会地位也就越高。母权制是被斯特拉波称为野蛮人的那些民族留给人类的遗产——即那些生活在古典时期前的希腊以及小亚细亚的最早期居民。这些民族持续不断的迁移开启了古代历史的先河，正如日耳曼部落的迁移开创了我们自己所属时代的历史。卡里亚人、列列该斯人、考寇涅斯人以及佩拉斯吉人可谓这些"迁移民族"（πλανητικοί）中的主力军。这些民族后来要么销声匿迹，要么以其他名字继续存在，他们所属的最原初阶段的观念和习俗都早已随着他们的消失而灰飞烟灭。我们现在只能找到一个建立在阴性自然原则支配地位基础之上的曾经普遍存在过的制度的零零散散的痕迹。该制度的某些方面最终得以保存下来，主要归功于其宗教基础，而我们唯有观察、比较那些在多个不同地方得以留存下来的方面和要素，才能整体地还原该制度。

利姆诺斯

我在上文提到了利姆诺斯女人们杀光岛上所有男人的罪行，❶ 并将她们犯下的罪行与克吕泰涅斯特拉所犯的杀夫罪相提并论。关于利姆诺斯的女人们，埃斯库罗斯的作品《奠酒人》（*Choephoroi*）中的合唱队这么唱道：

> 在滚滚的波涛之上，
> 楞诺斯❷位居黑暗之首；
> 那叮怖之族臭名远扬；
> 她畏惧或敢为的一切
> 在该死的杀夫罪中
> 都披着阴森的伪装。〔183〕

对发生在利姆诺斯岛的惨剧，阿波罗多罗斯是这样讲述的："由伊阿宋率领的阿耳戈英雄们在航行途中最早到的岛屿是利姆诺斯岛。他们在抵达该岛时发现，岛上没有一个

---

❶ 参见本书，第27页和第53页。
❷ 此处的楞诺斯即利姆诺斯。——译者注

男人，由国王托阿斯（Thoas）的女儿许普西皮勒（Hypsipyle）统治着。为什么岛上一个男人也没有呢？事情的来龙去脉是这样的：因为岛上的女人们疏于祭拜阿芙洛狄忒女神，女神为此惩罚了她们，让她们的身体散发'恶臭'（δυσοσμία）。她们的男人忍受不了她们身上散发出来的难闻的气味，便同他们从利姆诺斯附近的色雷斯俘获的少女们勾搭在了一起。利姆诺斯的女人们受此耻辱恼羞成怒，便杀光了岛上所有的男人，包括她们的父亲和丈夫。托阿斯是唯一躲过这一劫难的男人，因为他的女儿许普西皮勒把他藏了起来。因此，当阿耳戈英雄们来到岛上时，岛上由女性统治着。阿耳戈英雄们和她们同床。许普西皮勒则与伊阿宋同寝，还为他生下了两个儿子欧纽斯（Euneus）和涅布罗福诺斯（Nebrophonus）。"[184]

阿波罗多罗斯的描述特别之处在于，当他讲到利姆诺斯时使用了"女性统治"（γυναικοκρατουμένη）一词。利姆诺斯实行的母权制形式是屠杀男人的极端的阿玛宗母权制。此处所引用的阿波罗多罗斯的文字，不仅证实了阿玛宗母权制曾经在利姆诺斯岛上存在过，还对我们了解造成具有婚姻关系的母权制走向反婚姻的阿玛宗母权制的那些事件提供了启示。而且我们还了解到利姆诺斯女人们杀光岛上男人这一事件的重要意义。利姆诺斯的女人们怠慢了阿芙洛狄忒女神，忽视了对她的祭拜，因此女神对她们很不友好。她们为什么不祭拜阿芙洛狄忒女神？原因很显然：相比履行她们作为女人的天职，她们更喜欢阿玛宗女人们四处征战的生活方式。根据阿芙洛狄忒代表的法律，结婚和生子才是女人的最高职责。她们将尚武善战看得高于母亲的身份。阿芙洛狄忒女神为了报复她们，让她们失去了女人的魅力。女神惩罚她们而让她们的身体散发"恶臭"，象征着她们因实行阿玛宗极端母权制并像男人般四处征战而丧失了女人真正的美，丧失了潘多拉用以俘获男人的所有魅力。同样的观念也隐含在阿喀琉斯和珀耳修斯的神话故事中。当彭忒西勒亚和戈耳贡分别被阿喀琉斯和珀耳修斯所伤，奄奄一息地躺在这两位征服者的怀中时，这两个男人才被她们的美貌所吸引。尚武征战的生活方式让女人失去了所有魅力，死亡的来临才结束了她们对这种极端生活方式的迷恋。女王只有现在才唤醒了她的敌人心中对她的爱，而不幸的是，她永远无法拥有他的爱了。

利姆诺斯岛上的男人们因为无法忍受他们的女人身上散发出的体臭，转而和色雷斯少女们相好同居。这些少女是他们在邻近的大陆攻城略地时抓回来的俘虏。在这里我们观察到，利姆诺斯实行母权制时的习俗和社会状况，与我们在上文所阐述的母权制形成之初的背景相同。❶男人们长期在外征战，无暇顾及家庭事务和亲人，这必然导致女人们开始掌握权力。母亲不仅需要承担起照顾孩子、耕种田地的责任，还需要管理家庭事务和仆人，而且当外敌来袭时，她们还必须拿起武器保护自己的家园。她们对家庭的控制以及她们熟

---

❶ 参见本书，第 124 页及之后的页面。

练使用武器的能力，不仅提升了她们的尊严感，还让她们拥有了更大的权力。现在，她们的地位远在男人之上，上天赋予她们美貌——实行母权制的国家的女性，尤其是利姆诺斯的女性，以貌美著称——映射出的是她们身份的尊贵和地位的至高无上。

相反地，"辛提亚人"（Sintian，σίντης，意指抢劫者、强盗）这种蔑称折射出的则是利姆诺斯岛的男人们因为四处抢劫掠夺的生活而被看不起的境地。"辛提亚人"这个对利姆诺斯民族最古老的称呼让人联想到了其他蔑称如"俄佐莱"（Ozolae，ὄζη，意指臭味）和"普索洛伊斯"（Psoloeis，ψόλος，意指烟灰、烟味）。隐藏在这些蔑称背后的对男人的侮辱，是实行母权制的民族中女人的支配地位与男人的卑微地位形成鲜明反差的标志。"普索洛伊斯"这个名字被米尼埃伊人用来指脏兮兮的铁匠；而据称，洛克里斯的牧羊人之所以被叫作"俄佐莱"，是因为他们放牧的羊群散发出难闻的气味。对"辛提亚人"这一称呼的渊源，则有两种说法：一种认为，该称呼因男人们所过四处抢劫、居无定所的生活而得名；另一种观点则来自赫拉尼库斯（Hellanicus），认为该称呼与利姆诺斯人从事铁匠活以及铸造铁制武器有关，作为火神与技艺高超的铁匠之神赫菲斯托斯（Hephaestian）后人的他们是最早从事该职业的人。[185] 不论这两种说法中的哪种更合乎事实，他们反映出的都是男人所处的卑微地位，而这种卑微地位更加提升了女人内心和外在的优越感。如果我们考虑这一点，便不难发现，存在婚姻关系的母权制注定会倒退回阿玛宗极端母权制，而且最终，为了向那些受到她们的男人们宠幸的对手复仇，外加上她们对权力的欲望，驱使利姆诺斯的女人们犯下了杀夫杀父的血腥罪行。

那些将利姆诺斯女人嗜杀男人的血腥行为看作虚构的神话故事的人们，不懂女人也有嗜血成性的残酷一面，[186]也未能认识到，长期坐拥统治者的位子，如何可以让女人天生的激情如野马脱缰般失控。这样做的后果必然是，人类将丧失其一部分的历史记忆。该历史记忆对更温和更有教养的人类后代来说虽然近乎荒谬，但却无可争辩地属于人类亲身经验的组成部分。

利姆诺斯女人们血腥的杀夫杀父行为是对鼎盛时期母权制的极致表达。她们杀光男人以雪他们背叛婚姻誓约之仇，她们还杀死跟她们的男人相好的情敌，甚至将情敌的族人斩草除根。这些利姆诺斯的女人们变成了英雄般的人物，她们现在是摆脱了女性弱点的雄壮的阿玛宗女战士。不过，在她们风光无限的背后，母权制的衰败也临近了。她们英雄般的勇武行为并不符合女人的天性。而且神话故事告诉我们，这种极端形式的母权制自身孕育了其衰败的种子。之所以这么说，是因为在这些双手沾满血的阿玛宗女战士中，出现了她们的女王，一位听从内心爱的声音的纯洁善良的女人，一位充满女人爱与温柔的典范。许普西皮勒无法为了阿玛宗国家的利益而不顾对父亲的天生的感情。她帮助父亲托阿斯逃过劫难。考虑到她还为伊阿宋生下两个儿子，而其中一个儿子欧纽斯在《荷马史诗》中被称为"伊阿宋之子"

（Jasonides），〔187〕她救下父亲性命的行为便更加意味深长了。可以说，许普西皮勒这一人物标志着母权向父权的过渡。一方面，她是一个拥护母权的阿玛宗女战士，但她同时又是一个将血缘追溯到父系祖先的族群的母亲；再者，她是所有利姆诺斯女人中唯一不杀父亲的人，她通过她的行为表明她信奉父系原则。在阿波罗尼俄斯（Apollonius）的作品中，〔188〕当伊阿宋即将离开利姆诺斯岛时，这位女王向他许诺，如果他将来回到利姆诺斯，他将继承她父亲的权杖，而不是她的。我们通过斯特拉波之口了解到，〔189〕她的权杖后来传给了"伊阿宋之子欧纽斯"。叙吉努斯（Hyginus）也告诉我们，利姆诺斯岛上的女人们在给她们和阿耳戈英雄们所生的孩子命名时，用的都是父亲的名字。这件事显然是叙吉努斯根据旧的传统记录下来的。〔190〕叙吉努斯记录下来的这件事意义非同小可，因为用父亲的名字为孩子命名的做法与阿玛宗式母权制的基本观念背道而驰。如果发生过利姆诺斯的女人们用孩子父亲的名字给孩子命名的事，如果许普西皮勒的两个儿子以"伊阿宋之子"的身份为世人所知，那么就表明，利姆诺斯所实行的阿玛宗极端母权制以及所有的母权已经被父权所替代，父系原则已经被确立起来了。

许普西皮勒与伊阿宋的结合似乎让这样的可能性存在：即，利姆诺斯的父权是由一帮和利姆诺斯的男人们处境相似、被迫远离家园的米尼埃伊人开创的。流传下来的作品中有多段文字讲到，利姆诺斯岛上的居民是伊阿宋的后代或米尼埃伊人。〔191〕这可能是利姆诺斯岛为什么出现在了阿耳戈英雄们的冒险故事中。

当阿耳戈号（the Argo）航行到利姆诺斯岛，所有同行的英雄们都上岸和那些岛上的阿玛宗女战士们相好交欢，只有赫拉克勒斯一人留在了船上；而且，他还谴责他朋友们的行为。这很符合赫拉克勒斯这个人物的特点。各个作品在讲述阿耳戈英雄们在利姆诺斯岛的这次短暂停留时，重点都落在描写阿玛宗母权制生活，因此对赫拉克勒斯的描写完全符合他这一人物的一贯形象。在与他有关的所有神话故事中，他始终都以母权制坚定的反对者、与阿玛宗女人不屈不挠相斗的人，以及厌恶女人者的形象出现。女人从不参加祭拜他的祭典，也没有女人会以他的名字发誓，而他最后也因为女人在他的衣服上下了毒药而丧命。他作为阿耳戈英雄之一的形象出现时，依然保持着这同样的特征。在建立起父权的米尼埃伊人中，他拥有他应得的席位；但作为摧毁阿玛宗部落的人，他无法踏上没有男人居住、完全由女人统治的利姆诺斯岛。

另一人物阿喀琉斯与许普西皮勒的父亲托阿斯之间具有颇为耐人寻味的相同之处。阿喀琉斯和阿托斯一样，行动也特别"敏捷"（θόας）。实际上，捷足是阿喀琉斯的显著特征之一，他的这一过人的本领也在他的后代"阿喀琉斯种族"（Αχιλλέως δρόμοι）反复出现。他敏捷的本领来自他作为水神和月神（Deus Lunus）所具有的特征——他以月神的形象出现时，和海伦是夫妻，生活在月亮之岛白岛（Leuce），而他作为白岛的保护神每日奔走在岛上，就像塔罗斯（Talos）

作为克里特岛的保护神一样；此外，行动敏捷的本领也是他作为太阳神英雄所具有的特征，他以这一形象出现时成为在忒涅多斯岛迫害赫米塞（Hemithea）的人。让阿喀琉斯与托阿斯之间的共性更不寻常的是，阿喀琉斯也是与征服阿玛宗母权制联系在一起的人，在这一方面，他并不比狄奥尼索斯以及其他太阳神英雄逊色。就他的血统而论，他父亲的血统在占支配地位的母亲的血统面前可以说微不足道，有着这样显赫母亲血统的他却为太阳所代表的父权而战并获胜；在白岛，他完成了这场他与阿玛宗母权制之间开始于陆地的较量。在所有阿波罗太阳神英雄中，他的捷足无人能敌，他身上的这一特征成为阳性原则支配阴性原则的表达。

有关阿玛宗处女希波达米亚（Hippodamia）在比赛中不敌英雄珀罗普斯（Pelops）而成为他的战利品的故事反复出现在各种神话中，根源即在于此。希波达米亚成了珀罗普斯的战利品。当她输掉比赛后，愉快地跟从了这位她自愧不如的英雄。他们之间用婚姻结束了之前的敌对状态。他们结婚后生下许多子嗣，形成了新的种族，父亲成了这个种族的统治者。"珀罗普斯的后人"（Pelopids）右肩佩戴代表父亲的海神尼普顿的标志，左肩则佩戴代表母亲的符号。❶ 希波达

---

❶ 《墓葬的符号象征》（*Gräbersymbolik*, *Gesammelte Werke*, Vol.4, p.208）中的一段文字或许可以阐释这一点："据称，珀罗普斯的后代右肩佩戴海神波塞冬的三叉戟符号，左大臂佩戴的符号为戈耳贡的头。肩上佩戴的符号表明他们的父系祖先是创世者波塞冬，因为波塞冬帮助珀罗普斯赢得了希波达米亚。左臂佩戴的符号则代表母系祖先。"

米亚与珀罗普斯之间的故事完全印证了利姆诺斯神话中许普西皮勒的父亲托阿斯这一人物的意义。托阿斯是狄奥尼索斯与阿里阿德涅（Ariadne）之子，他的名字以及他与他们的血缘关系是他与阿玛宗母权之间关系的证明——在他和他的后代身上，阿玛宗母权让位给更高级的狄奥尼索斯原则这一变化得到了体现。

埃　及

　　埃及的婚姻法阶段可以被定为月亮阶段。它既不属于由纯粹的原始自然法支配的阶段，也并未达到只受太阳原则支配的阶段。

　　埃及所属的月亮阶段建立在婚姻纽带的基础之上。太阳与月亮都代表丈夫与妻子之间独占性的关系模式。在这一阶段，女性的地位在男性之上，质料原则散发的光芒遮住了正在觉醒的太阳精神原则。孩子不再只是"一方所生的孩子"（*unilaterales*），不再像沼泽地植物一样只是母亲的孩子；孩子在这一阶段有着"双重属性"（διφυεῖς），由"一方所生的孩子"变成"双方所生的孩子"（*bilaterales*），他们现在"既是母亲的孩子也是父亲的孩子"（*tam patris quam matris*）。❶在这一阶段，我们首次接触到了婚生子的观念。根据婚生子的观念，只是大地母亲一方的子嗣，并非真正的子嗣。这一点在有关伊西斯的神话故事中明确得到了强调。奥西里斯死后，提丰（Typhon）质疑荷鲁斯不是奥西里斯真正的儿子，而天神们在赫尔墨斯的支持下则认定荷鲁斯是奥西里斯的儿

---

❶　参见本书，第 115—119 页。

子。提丰不属于天上的神，所以从他大地的物质性角度来看，完全没有真正合法子嗣的概念；但天神们从宇宙—天界秩序的更高角度来看，荷鲁斯被看作奥西里斯真正的子嗣，因为伊西斯既不是以大地女神特拉（Terra）的身份也不是以沼泽地母亲的身份，而是以月神卢娜的身份为她丈夫天神奥西里斯生下了荷鲁斯。荷鲁斯借助他母亲作为月神的属性成为具有双重属性的"双方所生的孩子"，因此成为奥西里斯真正的、合法的子嗣（legitimate scion）。他母亲与奥西里斯的婚姻给了他一个确定的父亲，但这个父亲只有借助作为中间媒介的母亲才成为他的父亲。荷鲁斯首先是伊西斯的儿子，进而才成为奥西里斯的儿子。在这里，母亲处于首要地位，父亲则处于次要地位；在孩子的出生中，父亲虽然地位更高，但与孩子属于更远的因果关系。综上所述，月亮阶段已经涉及到婚姻和婚生子的观念，因此比原始自然法阶段更高级；但它将母亲的地位置于父亲之上，因此又比太阳阶段低级。奥西里斯进入月亮，通过月亮女神卢娜成为月神卢努斯，而不是反过来的关系。阿波罗和雅典娜这两个神是在没有母亲的情况下由父亲所生，体现的是无母的父性；而在伊西斯和奥西里斯这两个人物身上体现的是包含在母亲身份之中的父性。由此我们可以说人类早期历史经历了三个发展阶段：原始自然法阶段，与之对应的是还没有进入婚姻关系的母亲；月亮阶段，与之对应的则是处在婚姻关系之中的母亲和婚生子的并存；太阳阶段，对应的是具有婚姻关系的父权。

对于自然宗教的月亮阶段来说，只有转瞬即逝的观念。该阶段还没有从万物都会死亡上升到永生的观念。这时的奥西里斯还像居住在克里特岛时期的宙斯一样是凡身。这一阶段的重心仍然在母亲一方，太阳原则还处在从属地位。不过，正像月亮通过纯洁的婚姻注定与太阳结合在一起，并且不因太阳之外的任何他物而怀孕一样，俗世的妻子也忠于与她有婚姻关系的丈夫；而她所生的后代则是他们真正的、合法的孩子。这里的母权与确定的父亲身份的存在联系在一起。荷鲁斯作为奥西里斯真正的儿子，其第一位的、最重要的身份还是母亲的儿子。婚姻关系与母权并存；二者作为对月亮宗教阶段的表达，只用短暂、易逝性来解释生命，而不以男性太阳原则的永恒不变性来解释生命。该阶段属于人类发展的中间阶段；该阶段之后，人类将进入最高的阿波罗阶段。现在，我们将为读者揭示，俄狄浦斯（Oedipus）的神话融入皮提亚崇拜（Pythian，或阿波罗太阳神崇拜）宗教体系，如何反映了人类社会从中间阶段向最高阶段过渡。

我引用索福克勒斯（Sophocles）作品中的一段文字来展开对俄狄浦斯神话故事的讨论。在这段文字中，索福克勒斯将俄狄浦斯被流放时一直忠诚地陪伴他左右的两个女儿与埃及女人们相提并论：

> 他们的性情和生活完全沾染了埃及习气！那里男人坐在家里织布，妻子却出外谋生活。

孩子们啊，你们两个也是这样。应当担负这种辛
苦的人

像女孩子一样待在家里，你们两个却代替他们，

为我这不幸的人分担苦难。❶〔192〕

如果我们不了解索福克勒斯之所以将二者相提并论乃是基于
斯芬克斯（Sphinx）的传说，我们就会对这种比较出现在一
位希腊悲剧诗人的作品中感到非常奇怪。作为俄狄浦斯神
话故事如此重要部分的斯芬克斯传说，最早起源于埃及。而
且，卡德摩斯（Cadmus）——俄狄浦斯及拉布达科斯家族（the
Labdacids）都是他的后裔，也与埃及有关系，就像狄奥多罗
斯〔193〕以及帕萨尼亚斯（Pausanias）〔194〕的作品告诉我们的
那样。因为这两方面的关系，索福克勒斯在讲到俄狄浦斯的
女儿时才提及埃及女人；也鉴于此，有关俄狄浦斯的神话才
与埃及有关联性。我无意在此详述俄狄浦斯神话的细节，对
其中一些方面进行粗略的讨论将足以揭示俄狄浦斯的神话对
我们所探讨问题的影响。

　　俄狄浦斯（即"肿胀的脚"之意）这个神话人物所蕴
含的深层的宗教思想不言自明。俄狄浦斯这个人物因长着
肿胀的脚而得名。他的肿胀的脚成为男性生殖原则的化身，
而男性生殖原则由属于大地上的神波塞冬代表时，与脚或
鞋联系在一起的情况并不罕见。海神驾着马车能使海水涨

---

❶ 译文转自《罗念生全集》（上海人民出版社，2004 年 6 月）。——译者注

起来的故事广为人知。叙吉努斯称俄狄浦斯"不知羞耻"（*impudens*），[195] 他这么说俄狄浦斯还并非指俄狄浦斯与母亲的乱伦关系，而是影射他所代表的、非常普遍地体现在沼泽地无节制自然交配中的过度肉体享受的男性生殖原则，而且正是这一意义上的"不知羞耻"使肿胀的脚具有特殊含义。正如我们在诸多神话故事中看到的那样，在由原始自然法支配的这一阶段，一个女人可以同时是某个男人的母亲和妻子，甚至可以同时是某个男人的女儿和妻子：男人们以祖辈、父辈和子辈的身份轮流与大地母性物质交配使其受孕。儿子同时也是丈夫和父亲，原初时期的同一个女人，今天与祖父交媾怀孕，明天与孙子交媾怀孕。因此才有伊俄卡斯忒（Iocasta）的不解之谜："她既是俄狄浦斯的母亲又是他的妻子。"（*avia filiorum est，quae mater mariti*）[196] 根据这样的受孕观念，俄狄浦斯属于"地生人"（Spartoi）族，即"龙族"（*genus draconteum*），"地生人"的生命是被生殖力旺盛的龙即来自深谷泉边的百首龙拉冬（Ladon）❶ 所唤醒的；"地生人"没有确定的父亲，只有一个母亲，和"播种到地里后生出的人"（*spurii*）所代表的意思相同。他们不知道作为播种人的生父是谁，这也是为什么会出现俄狄浦斯杀死自己父亲的悲剧。伊俄卡斯忒〔她也非常形象地被叫作厄庇卡斯特（Epicasta）〕作为墨诺叩斯（Menoeceus）的女儿，是俄狄浦斯的母亲，而墨诺叩斯也是龙族即"地生人"

---

❶ 即希腊神话中看守金苹果的百首龙。——译者注

的后裔。❶ 而我们知道，"地生人"遵守母系血统的母系体系。在神话中以篡位者形象出现的克瑞翁（Creon）企图通过和他的妹妹、国王拉伊俄斯（Laius）的遗孀伊俄卡斯忒结婚来获得国王的合法地位；他也根据这同一法权体系将自己最小的女儿格劳刻（Glauce）嫁给了伊阿宋。女儿的身份在此意味着什么，对此我们已经不再陌生了。❷

斯芬克斯是俗世母亲身份的化身；她代表的是黑暗面的大地女神的权利，即无法人为改变的死亡规律。❸ 〔197〕她来自大地最远端，来自埃西欧匹亚，那里是提丰的同盟、女王阿索（Aso）统治的国度；在那个国度，直至王国灭亡前，女王都使用"坎迪斯"这个名字。受斯芬克斯魔力控制的人类只会短暂存在，属于会死亡的凡世之物；往下通向坟墓的路是人类存在的唯一和终极之路。揭开斯芬克斯之谜便可以解除它的魔力。在这样的宗教阶段，支配世界的唯有大地物质；人类只知道一个母亲的存在，没有父亲的概念。龙族的生命法则体现在斯芬克斯之谜中，一旦谜题被解开，一旦它因为遭诅咒而注定毁灭的命运被认识到，该法则便走到了尽头。"地生人"一族只有一个母亲，他们由来自黑暗深泉的龙授孕而生；"地生人"一族尊提丰的后代斯芬克斯为他们

---

❶ 他们也可以被叫作"帕耳特诺派伊"（*parthenopaei*），即处女的孩子们；狄奥多罗斯（Diodorus 4. 65.4）告诉我们，阿塔兰忒的儿子，也即来自沼泽地的司寇纽斯王（Schoeneus）的孙子，被叫作帕耳忒诺派俄斯（Parthenopaeus），即"处女的儿子"。——巴霍芬注
❷ 参见本书，第 138 页及 139 页。
❸ 斯芬克斯作为帕耳忒诺派俄斯的标志，具有了额外的含义。——巴霍芬注

的统治者。斯芬克斯将物质从黑暗深处送往光明的地方，最终再将它吞噬。这个龙族的命运与发芽后又无人哀悼悄无声息地消失的沼泽植物的命运没有任何差异。这时的人类尚未超越最低级的原始自然繁衍阶段。

俄狄浦斯这个人物形象标志着人类存在向更高阶段迈进。有这样一些伟大的人物，他们身处旧的时代，是旧时代最后的牺牲品，而正是由于这样的身份，他们得以成为新时代的创建者；也正因为他们所受的苦难与折磨，人类文明才得以向更高阶段发展。俄狄浦斯正是这些伟大人物中的一个。受斯芬克斯魔力控制的时代，伊俄卡斯忒的父亲墨诺叩斯作为龙子龙孙中最小也是最后的一位，最终难逃死亡的命运。从城墙上跳下坠入深谷这一反复出现在众多神话故事中的情节，不论在哪里出现，都表现出它与母性原始自然法之间存在同样的关系：城墙是大地的物产，所以属于原始自然法所管辖的范围，因此也不能摆脱阴间神灵的"神圣不可侵犯性"（*sanctitas*）。❶"地生人"的陨落与斯芬克斯之谜被解开同时发生，表明他们基于同一原则。俄狄浦斯这一人物正是在这一原则的上述背景下出场的。

作为拉伊俄斯的儿子，在俄狄浦斯身上阳性原则开始和阴性原则一样，具有了独立意义。俄狄浦斯的名字本身意味着男性阳刚气主导，再者，他的父系血统在有关他的神话

---

❶ 参见 J. J. Bachofen, *Myth, Religion, and Mother Right: Selected Writings of J. J. Bachofen*, Princeton, New Jersey: Princeton University Press, 1976, pp. 40ff。

故事中被着重强调。一方面他作为波吕波斯（Polybus）的儿子，哀悼养父的死；另一方面，他肿胀的脚则表明他的亲生父亲是拉伊俄斯。从俄狄浦斯这个人物开始，出现了婚生子的概念。他的后代不再是"地生人"或"被播种人"，而是俄狄浦斯的儿子，或者再往前追溯到家族最早的祖先，他们是卡德摩斯（Cadmaeans）和拉布达科斯的后裔，是婚生子和"属于父母双方的孩子"：这一变化有助于我们了解斯巴达人和拉哥尼亚人（Laconians）或古斯巴达人的历史。与大地上沼泽地繁衍法则相对应，只考虑母性物质、唯有母亲存在的旧的阶段，现在让位给了以婚姻关系为基础的德墨忒尔原则阶段。俄狄浦斯摆脱了群婚制，他被德墨忒尔原谅后得到了她的庇佑，与她和平相处。他死后葬在她的神庙，神庙后来以他的名字命名，被称为"俄狄浦斯神庙"（Oedipodeum）；而且根据神谕，他的遗骸永远不得从神庙挪走。

伊俄卡斯忒的胸针的含义与上文讨论过的埃伊纳女人和雅典女人所佩戴的胸针的含义相同，它们都代表阿芙洛狄忒式的男女交配。[1] 俄狄浦斯正是用这枚象征男女性交的胸针刺瞎了自己的双眼，因为他与自己母亲结婚生子的乱伦行为触犯了光明之神们更为纯洁的法律。他所受的一切苦难都因为旧的乱伦的群婚制。他刺瞎双眼的行为既是对这种乱伦群婚的谴责，又意味着他抛弃旧制度，实现了自我超越——

---

[1] 参见本书，第151页。

以支持更纯洁的德墨忒尔原则为基础。这也是为什么后世的人们认为他是仁慈的保护神，拥有阻挡邪恶的力量。在科罗诺斯（Colonus）以及阿提卡与皮奥夏（Boeotian）交界的厄忒俄诺斯城（Eteonus），当地人认为他的坟墓可以保护他们免受强盗的侵袭掠夺。而且，那里的女人们尤其尊崇俄狄浦斯，因为她们认为俄狄浦斯是开创了女人享有更高社会地位这一新局面的人。他通过让女人们过上基于德墨忒尔原则的新生活而成为她们的恩人和救世主。德墨忒尔原则解开了阿芙洛狄忒附在卡德摩斯妻子哈尔摩尼亚（Harmonia）的项链和伊俄卡斯忒胸针上的、要求她们忠于群婚的诅咒，带给了女人专偶制婚姻制度下宁静和情意绵绵的生活；群婚生活让位给了母亲占主导地位、存在婚姻关系的生活。这也是伊斯墨涅（Ismene）和安提戈涅（Antigone）为了父亲牺牲自我的行为更深层的意义所在。生活在之前群婚阶段的女人被认为是万恶之源，但现在她们成了带给人类福祉的人。当人类过着群婚生活时，人类的欲望完全被只强调肉体享受的阿芙洛狄忒法则支配；拉伊俄斯正是因为服从该法则而玷污了珀罗普斯的儿子克律西波斯（Chrysippus），因此给他的种族招来了神的诅咒。现在，群婚制被愿意牺牲自我的爱所取代——俄狄浦斯的女儿试图通过她们的爱平息男人之间的纷争。原先双手沾满鲜血的依理逆司神（即"复仇女神"）变成了欧墨尼得斯女神（即"好善者"）。经历了这一转变后，女神们与俄狄浦斯达成了妥协，她们让他留在了她们的圣林；而俄狄浦斯在经受了旧时代的万般折磨和痛苦后，得以在圣林中与她们和平相处。

埃斯库罗斯在他的俄狄浦斯三部曲❶中，将旧的、血腥的原始自然法与新的、更温和的阿波罗原则进行了对比——在旧的法则下，人类必须血债血偿；也即以牙还牙、不存在赎罪的复仇法，只有带给人类灾难的斯芬克斯之谜；该法则毁掉了不少民族，将他们连根拔起。俄狄浦斯三部曲中新旧法则之间的对比与我们在埃斯库罗斯的俄瑞斯忒亚三部曲中看到的是同一新旧法则之间的对比。在俄瑞斯忒亚三部曲之一的《复仇女神》中，❷复仇女神们渴望摆脱她们所司索人偿命的血腥职责，盼望从司掌复仇的大地女神变成庇护所有母亲的女神。在埃斯库罗斯的作品中，复仇女神们将原本因杀死父亲而被她们穷追不舍地索命[198]的俄狄浦斯纳入保护之下，让他成为她们中的一员。俄狄浦斯和复仇女神以及德墨忒尔女神一起受到人们的崇拜。当复仇女神们发怒并威胁说要让她们的子民、忒拜城的埃勾斯后人们（Theban Aegids）颗粒不收时，神谕指示他们建起一座同时供奉俄狄浦斯和复仇女神的神殿。[199]从该事件可以看出，这些保护母亲的大地女神们现在显然服从更纯洁的阿波罗原则，因为埃勾斯的后裔信奉的神是阿波罗，而从忒拜（Thebes）到斯

---

❶ 埃斯库罗斯的俄狄浦斯三部曲由《拉伊俄斯》《俄狄浦斯》和《七雄攻忒拜》组成，前两部作品已经遗失，仅第三部《七雄攻忒拜》得以保存下来。——译者注

❷ 埃斯库罗斯的俄瑞斯忒亚三部曲由《阿伽门农》《奠酒人》《复仇女神》组成。——译者注

巴达、从锡拉岛（Thera）到巴图斯家族（Battiads）所统治的居勒尼（Cyrene）❶ 的广袤大地上，人们都过纪念阿波罗神的阿波罗节（Carnean festival）。救赎俄狄浦斯的指令来自阿波罗，复仇女神们现在完全心悦诚服地接受阿波罗所代表的更高的法律；她们很乐意向他献出之前所司掌的血腥神职。埃勾斯的后人们所信奉的太阳神下令代表拉伊俄斯向俄狄浦斯复仇的复仇女神们与俄狄浦斯和解。这些代表母亲的大地女神们在这里是作为替父亲复仇的神灵的形象出现的，正如在俄瑞斯忒亚三部曲中俄瑞斯忒斯所犯的弑母罪将她们从大地深处召唤出来一样。她们的这一形象与她们专职保护母亲的原有职责并不矛盾，反而更加突出了她们原来的职责，甚至将她们原来的职责置于阿波罗法律的支配之下。只有她们听命于阿波罗，才可能在她们与父亲之间产生一种纽带联系，她们与父亲之间的这种纽带，是因为复仇女神崇拜融入了更高级的阿波罗崇拜之后才产生的；而皮提亚预言出现并贯穿品达的《俄狄浦斯颂歌》（*Oedipodeia*）〔200〕全文，正是上述宗教变化的反映。

根据原初的思维方式，这些代表母亲的大地女神们既不会因捍卫被妻子杀死的阿伽门农，更不会因捍卫拉伊俄斯而得到升华。她们是在接受阿波罗的支配后才成为父亲拉伊俄斯及他受到侵犯的权利的捍卫者。她们经历这一身份上的转变后不再是只知道原始自然法、决不妥协的残忍的母亲的

---

❶ 古希腊的城市，位于现在的利比亚境内。——译者注

保护者；她们现在成了懂得和解、友善的神灵，认可赎罪的可贵。当神谕指示人们建造一座供奉俄狄浦斯和代表拉伊俄斯的复仇女神的神庙时，神谕所指的女神不是之前残忍血腥的原初神灵，而是已经与阿波罗结盟了的保护母亲的友善女神。现在的她们心中充满爱和牵挂，不再满怀仇恨，不再执着于复仇。

因此，《俄狄浦斯颂歌》属于与《俄瑞斯忒亚》同类的作品，我们可以把它们放在一起来看。这两部作品都反映了复仇女神代表的原始自然法被阿波罗原则取代并开始接受阿波罗原则的支配，而后者是对前者的继承和发展，前者的主题在后者那里有了结局并发展到了更高处。在《俄瑞斯忒亚》中，阿波罗通过俄瑞斯忒斯这一人物，与代表母亲的复仇女神展开了针锋相对的斗争，并最终在她们原本独立管辖的领域战胜了她们；而在《俄狄浦斯颂歌》中，俄狄浦斯最终被宽恕的事实则表明，即便犯下违反阿波罗代表的父系原则的罪行也是可以得到救赎的。现在，皮提亚代表的神（即阿波罗太阳神）的更温和的法律成了受到普遍遵守的法律。替父亲拉伊俄斯报仇的复仇女神们宽恕俄狄浦斯的行为，是阿波罗仁慈力量最完美的体现。在俄瑞斯忒亚三部曲中，那些古老的复仇女神、"德高望重者"（the Σεμναί）虽然经雅典娜的调解得到了安抚，不过她们仍然是母亲的保护神，因此从根本上来说仍然是与阿波罗不一样的神；而现在，在《俄狄浦斯颂歌》中，她们与代表父亲的阿波罗神结成了最亲密的同盟。阿波罗正是在这些代表母亲的、受人敬重的古老女神们的神庙里宣布了对俄狄浦斯最终命运的安排，而且正是信奉阿波罗神的埃勾斯的后裔在传播对这些母亲的保护神的崇拜。俄狄浦斯和代表父亲拉伊俄斯的复仇女神们被融入了皮提亚或阿波罗崇拜的宗教；他们从某种程度上来说，已经成为了阿波罗宗教崇拜的一部分，因此相比代表克吕泰涅斯特拉以及母亲们的复仇女神，他们现在离代表光明的父权更近。当复仇女神们代表克吕泰涅斯特拉和母亲们时，她们与阴性原则之间的联系，使她们永远不可能与皮提亚代表的阿波罗神结成任何同盟。

上文论述的逐步转变之所以特别耐人寻味，是因为它所对应的是人类历史中制度的变化和向前发展。人类对从更古老的宗教阶段向观念更纯洁阶段演变的记忆，以及对引起和伴随这一变化的所有痛苦和灾难的记忆，都隐含在俄狄浦斯和俄瑞斯忒斯这两个人物的神话故事中。这些神话故事积淀了人类对最早期历史的记忆，所以也同时成为我们了解人类最古老宗教思想的一个途径。历史事件是内容，宗教则是形式和外在表达。在人类的记忆中，所有事件都以宗教形式呈现。在那个原初时代，人类的思维方式完全受宗教信仰的支配。事件以及事件的主人翁出现时都穿着宗教的外衣。同一神话故事同时包含历史与宗教事实，而且二者并非相互独立，而是属于同一东西。俄狄浦斯和俄瑞斯忒斯这两个人物都既是宗教的一部分，也是历史的一部分，二者相互依存。人类历史的发展过程中，向前迈出的每一大步都出现在宗教领域，宗教永远是人类文明最伟大的载体；而且在原初时代，宗教还是人类文明的唯一载体。不过，尽管我颇费心力地想要阐释神话这种文学形式形成背后的宗教观念，但我无意在此否认拉布达科斯后人的命运背后的历史基础。我无意降低人类想象力在神话故事中所起的积极作用，我只是想为打开早期人类历史谜团提供一把钥匙。如果我们能够解开谜团，我们将得以洞悉很可能不为人所知的这段人类最早期的历史。尽管展现在眼前的这幅画面可能让我们忐忑不安，也还可能让我们无法对人类最早期的历史产生丝毫的自豪感，但是，人类逐渐克服天性中的野蛮的景象，或许让我们有充分的理由确信，在历史的起起伏伏中，人类终将获得力量，以完成他从大地深处、从物质的黑夜上升到天界精神法则的光明的胜利旅程。

大自然的阴性原则既是对法律的表达，也是法律产生的源泉，这一观念并不仅仅限于埃及。除埃及的伊西斯之外，其他地方也存在具有同等重要地位和相同意义的自然母神。站在物质繁衍最顶点的原则也必须是只关心人类物质生活的正义的源泉与基础。这种观念在毕达哥拉斯学派的数字神秘论中得到了突出体现。毕达哥拉斯学派认为，代表"正义"（iustitia）的基本数字是代表女性或阴性的数字"二"，"二"是所有数字的开始，就像女人站在物质世界即"可见宇宙"（ὁρατὸς κόσμος）的最高点。数字"一"不分奇偶，它代表自然法的一元性。从"二"才开始出现两种不同性质的数字，即奇数和偶数；"二"代表自然法的一元性向男女两性的"双重性"（δυάς）的进步，如物质繁衍所呈现出来的一样。因此数字"二"也是物质本身，而作为质料，"二"也代表女人，代表大自然的"物质法则和被动的法则"[201]（ύλικόν, παθητικόν），代表"生成的位置和生成的物质"[202]（χώρα καὶ δεξαμενὴ γενέσεως），而且数字"二"同时也代表在物质中有其一席之地和表达的正义，代表可以被平均分配的正义。

因此，数字"二"汇集了伊西斯以及所有代表母亲的自然女神身上的属性。一方面是物质和孕育生命的观念，另一方面是正义和平分的观念，二者不过是同一母性的不同方面罢了，所以"正义"与"公平"（aequitas）是大自然阴性原则固有的属性。数字"二"因此也与左边所代表的意思相同，因为就像我们看到的，❶左边是代表女人的一边，同时也是正义的一边。而且事实上，古人将偶数等同于左边，将奇数等同于右边。偶数属于女人，奇数属于男人。柏拉图据此让右边和奇数专属于奥林匹亚的天神，而把左边和偶数留给精灵或鬼神，也就是那些天神以外的不具有神性和不能永生的东西。献给属于大地上的神灵的祭物只能是偶数数量的次等动物和动物身体的左边部分，而献给奥林匹亚天神的祭物是奇数数量的优等动物和动物身体右边的部分。[203]偶数在这里与左边联系在一起，二者都被分配给原始自然法，分配给大自然的阴性原则。

---

❶ 参见本书，第 13 页和第 62 页。

因此，正义与大自然的阴性—质料面联系在一起，也与偶数及左联系在一起。这样的正义所具有的特性不言自明。dyas❶ 指可以被分成完全相等的各部分、不剩任何余数的数。古人由此推理，基于双重性的正义一定是复仇的法律，即任何罪行必须受到相应的惩罚，天平的两端必须保持平衡。复仇与惩罚构成了这种双重性正义的全部内容。这种正义是用苦难消除苦难的两种对立力量之间的较量，所以才有毕达哥拉斯的"制衡苦难的苦难"，[204]亚里士多德的"数的苦难"，[205]以及普鲁塔克的"因为非正义而遭受非正义"；[206]也因此出现了因复仇行为而产生的痛苦，由一产生二的苦难，出现了对抗"第一运动"（*primus motus*）的"第二运动"（*secundus motus*）。数字"二"代表的正义是血腥的，总是需要把两个生命献给阴间的神灵，正如我们在上义看到的、与复仇女神代表的大自然的正义联系在一起的两个生命的消失那样。❷ 双重性的正义是斗争与冲突，而且根据普鲁塔克的观点，毕达哥拉斯正是用这样的语境来定义 "dyas"。[207]正义与冲突同时存在，二者完全相同。

忒拜城的两个王子互相残杀双双惨死，便是上述复仇正义的体现。古人称这种复仇的正义为"涅俄普托勒摩斯的复仇"（Νεοπτολέμειος τίσις, Neoptolemean retribution）。这兄弟俩的父亲俄狄浦斯下令，忒拜城由他们俩轮流执政，每次

---

❶ *dyas*，来自于希腊语 δύο，意为二、双。此处指"成对或成双"，或指"二分体、二联体"之意。——译者注
❷ 参见本书，第 146—147 页。

执政时间为一年。但当厄忒俄克勒斯（Eteocles）的执政到期，他却拒绝将王国的权力交给哥哥波吕尼刻斯（Polynices）。兄弟反目为仇，刀兵相见于战场，最后双双死去，"波吕尼刻斯根据自然法无法躲开死亡的命数，而厄忒俄克勒斯也根据'正义'（δίκαιον）的观念失去生命"。[208] 这里的正义是完美的"*dyas*"；两个有血缘关系的亲兄弟从刚开始的轮流执政变成后来双双身亡的结局，其中厄忒俄克勒斯通过自己的死为杀死亲兄弟波吕尼刻斯赎罪，因此遵守并实践了复仇法。但这样的正义永远不可能有结局，即便死后，这两兄弟的尸体焚烧产生的火焰也各自飘向完全相反的方向。[209] 所以，"*dyas*"被证明是不和谐的数，具有双重性的正义是永恒的、无止境的冲突。一个谋杀行为引发下一个谋杀行为，复仇的恶魔折磨着一代又一代人，直到这个种族的一切被摧毁。

运用到正义的观念中时，"*dyas*"再次被证明是通常古人所称的"无限数"。它永远到达不了终点，永恒的裂变是它最深处的法则，因此它具有不确定性和无限性。[210] 它是代表死亡和毁灭的数字，即"死亡之数"。被视为属于"*dyas*"的正义，代表的是关于死亡的法律。具有双重性的正义是支配"可见宇宙"的两种永远对立的力量——创造的力量与毁灭的力量——之间冲突的不断重复。正义本身不过是对永远在两极之间来回循环运动的大自然的复制；是进攻与反进攻的永无终点的双向运动。大自然的质料生活法则成了法律观念，死亡被认为是我们"向自然还债"（*debitum naturae*）；[211] 而且，这并不只是一个意象，而是表达了这样的观点：自然即正义，"自然"（φύσις）与"正义"完全相同。

狄俄斯库里这对孪生兄弟身上也体现了同样的关系。他们"每天相互交替活着"（ἐτερημερία）的形象，反映的不仅仅是主宰世界的生命与死亡、白天与黑夜之间的交替，还反映了最高的正义，根据最高的正义，他们两人中活着的一位代表死去的另一位活着，相互交替，实现永恒。

被认为由两种相反的运动构成的正义也出现在柏拉图眼中的神秘主义崇拜的宗教教义中："……我们必须讲一件事情，这件事情使许许多多人听了之后深信不疑。说出这件事情的那些人都曾经对密教的宗教仪式中的这类事情做过认真的研究。事情是这样的：对这些罪行的报应在身后是屡试不爽的。当一个人重又回到现世时，他必须自尝苦果，接受自然法所规定的惩罚　　接受与他自己给予他的受害者相同的对待，通过另外一个人所经受的类似命运来结束他在尘世的存在。"❶[212]（即"涅俄普托勒摩斯的复仇"。）自然与正义在此又完全相同。自然与正义都由双重的运动构成，两种力量之间的这种相互作用和可见世界中生与死之间的交替一样永无终点；每个"非正义的行为"都带来"非正义的苦难"，而"非正义的苦难"又激起另一个同样的非正义行为。原本旨在恢复"公平与正义"（ἴσον καὶ δίκαιον）之间平衡的

❶ 译文转自张智仁、何勤华所译的《法律篇》（上海人民出版社，2001年）。——译者注

行为，却再次打乱了"各部分之间的平衡"（*partium aequa libratio*）。"最高的法则"（*summum ius*）同时也是"最大的非法"（*summa iniuria*），俄瑞斯忒斯替父亲复仇杀死母亲的行为"既是德行也是罪行"（*facto pius et sceleratus eodem*）。

与大自然的物质性阴性原则联系在一起的正义意味着大自然赋予的自由与平等。这就是古罗马法学家们所讲的自然法。有着腓尼基（Phoenician）血统的乌尔比安（Ulpian）坚定地主张这一物质性的、源于自然的正义观，并且完全用古代母亲崇拜的宗教精神来定义该正义观，这绝非偶然。"与生俱有的正义是大自然教给自然万物的正义，因为大自然并非仅仅将这种正义赋予了人类，还赋予了在大地上行走、在大海中游弋的所有动物，甚至赋予了在天空中飞翔的鸟儿。这种正义带来了男人和女人的结合——我们称之为婚姻，并开始养儿育女；而且我们也看到了，人类以外的其他生命，甚至包括野兽，它们因对这一正义的熟悉程度不同而被分为三六九等。"[213] 乌尔比安所讲的自然法就是阿芙洛狄忒代表的法律，是渗满物质并使之受孕的法。让男女充满繁衍后代的渴望的，将对子女的牵肠挂肚灌输给人类的，在母亲与孩子之间建立起特殊纽带关系的，让所有子嗣享有自由与平等的，正是女神阿芙洛狄忒。任何特权都令阿芙洛狄忒女神不悦。因此，一切生物，无论是生活在大海中，海岸边，或者大地之上天空之中，都拥有平等权利；"共同拥有财物的观念"（*communis omnium possessio*）[214] 也可以溯源至自然法。而且，在承认"以暴制暴"（*vim vi repellere*）[215] 理念属于自然法时，这同一个乌尔比安又表现出对物质存在及大自然阴性原则下的双重性正义的执着。阴性自然法相比男性代表的阳性自然法，与"大自然的正义"（*natura iustum*）有着更深厚的亲缘关系，因为男性更倾向于接受专制强权思想和实在法的法律观念。

罗马法学家们频繁强调纯自然的视角在法律中的作用，值得我们高度重视。罗马的政治理念写进了法律，法学家对自然法的强调是对这种以成文法形式表达政治理念的对抗，法学家们引入自然法是在努力使罗马摆脱形式的控制。罗马法律体系转向自然法的这一变化证实了一个不变的道理，即发展到尾声行将退出历史舞台的人类制度与其形成之初相近。

自然法是一部指导和推动人类法律向前发展的伟大法律。从自然法开始，人类的法律在之后经历了从物质上升到非物质、从形而下上升到形而上、从原始自然法上升到精神法则的发展历程。尽管会经历曲折与起伏，但只有通过不同时代、不同民族的共同努力，人类才能实现在法律方面的最终目标。始于物质性的人类法律，必将终结于非物质性。当人类的法律发展到最高阶段时，必将出现一部新的自然法。这部新的自然法不再是物质性的，而是精神性的；它所代表的最终正义就像原初时代的正义一样，是普遍存在的；它也将如原初时代的自然法一样，远离一切主观判断，由事物自身来裁定；它不是由人类发明创造的，而是由人类发现的，就像原初质料法则是以一种内在的质料秩序出现一样。波斯人相信，终有一天，世界将只有一个正义、一种语言。"当恶神阿里曼（Ahriman）被摧毁，大地将变成没有起伏的平地，所有人将以同一种生活方式、在同一政体下、讲着同一种语言幸福地生活。"[216] 这种最终的正义绽放着善的法则的纯洁之光。它不再像人类最早期的质料时代的正义一样是纯自然的但却是血腥黑暗的；它现在属于天界，代表光明，是宙斯统治下的完美法律。不过，当它最终升华时，也一定意味着它的解体。通过摆脱一切物质的成分，法律变成了爱。爱就是最高正义。而且，这种最高正义也具有双重性。不过，新的双重性不像旧的原始自然法下的正义所具有的双重性一样是冲突与无止境的毁灭，而是以德报怨、乐于给予的双重性。最高正义在这一新的理念中得以实现。当正义达到至善时，它甚至超越了正义观本身，成为对物质的最终和彻底否定，并消除掉一切的不和谐。

　　到目前为止，❶ 我们对正义与物质性—阴性自然法之间关系的讨论，仅限于人类发展的最低级阶段，即原始自然崇拜的阿芙洛狄忒法则阶段。这一阶段具有以下特点：无节制的性关系，缺乏任何个人对财物的占有或任何形式的个人权利；以及，对女人、孩子进而所有财物的共同拥有。在这一阶段，人类很自由，但这种自由既未形成制度又混乱无序；

---

❶ 此处开始往下直到第 192 页上面一段止的文字节选自《墓葬的符号象征》（*Gräbersymbolik*）第 16 章。

人与人之间唯一的联系只有阿芙洛狄忒式式的男女交配。这时还没有国家或城邦的概念，也还没有形成固定的定居点；人类过着游牧生活，死亡是他们生命的终结，他们除了知道坟墓外并不知道还有其他安稳的栖息地。尽管这种情况在今天的我们看来野蛮而卑微，但却毫无疑问对人类早期的扩张和迅速发展壮大至关重要。

随着人类从游牧生活转向农耕生活，更高级形式的宗教与法律逐渐形成。原始的阿芙洛狄忒式法则让位给了德墨忒尔原则。对财物的共同拥有被私人占有所取代，当阿芙洛狄忒掌管的沼泽地植被自我繁殖的生长模式让位给了"女神刻瑞斯掌管的农耕"（laborata Ceres）模式，[217] 群婚制也被婚姻制取代。卡耳波斯与卡拉墨斯之间（即谷物与沼泽之间）的比赛即标志着上述变化的出现。诺努斯在作品中所引用的一定是该神话故事的传统版本。[218] 阿塔兰忒参加赛跑比赛时未能经受住金苹果的诱惑，为了捡地上的金苹果而分心，结果输掉了比赛，进而失去不婚的自由。而在另一神话中，作为来自沼泽地的司寇纽斯王的女儿，阿塔兰忒放弃她引以为傲的自由，接受了新命运的安排。[219] 原初的自然神灵敌视新出现的文化，因为为新文化所带来的婚姻以及德墨忒尔神秘主义崇拜厌恶这些原初的物质神灵。尽管这些原初神灵也包括生育神和母亲的保护神如德墨忒尔，她们和谷物神一样既孕育生命也毁灭生命，但这些原初神灵在人类进入新的发展阶段后成了新生命的黑暗毁灭者。她们与男女结婚的习俗水火不容。人类现在从遍布一切物质繁衍的那种束缚中摆脱出来，而当人类的这一巨大进步最初出现时，却扰乱了自然万物的和谐。自然法被抛弃，只不过后来当它得到重视时，却是以更高尚的形式出现。人类开始农耕生活后，母亲的角色具有了新的意义，她们的形象变得更加高大。野生沼泽地繁衍模式——通过无止境的自我交配让物质不断地再生，只长芦苇和杂草或者只繁殖"沼泽和小溪的孩子们"，[220]到处滋生，却对人类一无是处——都消失了，取而代之的是土地耕作者的有序耕作。耕作者用耕犁犁开大地的子宫，将种子播撒到犁沟；"当欢快的收割者收割谷物女神刻瑞斯的谷穗时"，[221]他们收获德墨忒尔女神馈赠的丰硕果实。

大地成了妻子和母亲，而掌犁、撒种的男人成了丈夫和父亲。男人通过和女人结婚与阴性质料结合在了一起，他们之间的结合成为男女之间建立亲密、持久和专偶关系的模式。男人的耕犁打开了大地和女人的子宫；这两个行为实则是一个行为，对大地以及对女人来说，这个行为不再是群婚模式下一次偶然的交配，而是男女通过婚姻实现的长久结合。男人的交配行为不再只为了满足肉欲，而是为了结出金色的果实。男女相交，是为了"生儿育女"（*liberorum quaerendorum causa*）[222]，而不是为了"满足肉欲"。正是通过这样的升华，女人第一次获得了安宁。普赛克（Psyche）渴望得到幸福，但在无序的群婚制下、在沼泽地所代表的低级的混乱交配中，她未能获得幸福；只有在与爱若斯永恒结合后，她才终于获得幸福。女人已经摆脱了原始自然法的束缚，升入到了月亮法则主宰的阶段；正如月亮女神卢娜将自己献给索尔或卢努斯一样，女人现在不仅永远为男人所有，还成为男人的专偶之物。孩子现在既有了母亲，也有了父亲，是父亲母亲的婚生子。

这一阶段的人类社会有了新的正义。尽管阿芙洛狄忒自然法让位给了德墨忒尔自然法，但新的正义依然与阴性自然法联系在一起，继承了旧阶段物质性和母性的特征。正如阿芙洛狄忒支配着旧阶段的自然法，德墨忒尔成为了主宰新阶段的"立法女神"[223]（θεσμοφόρος），在罗马，刻瑞斯是新阶段的"立法女神"（legifera）。[224]支配新阶段的德墨忒尔原则同样也是一部真正的自然法，但其基础已变为有序农业耕作之下的农作物，不再是任由其自生自灭的野生植物；是由刻瑞斯女神掌管的农耕生活的法，不是受阿芙洛狄忒支配的"野生植物"（creatio ultronea）的法。❶ 在新的阶段，专偶制的婚姻取代了之前普遍实行的群婚制，成为居支配地位的制度。大地女神盖亚以及作为她在人间形象代表的女人，现在都屈从于男人，为男人所独占。盖亚不再是受到普遍信奉的众神之母，她现在所代表的母亲仅是针对某个特定男人来说的：她接受这个男人的种子，为他孕育"种子"，最后还给他"果实"。她不再是追随所有男人、享受与所有男人交配的女神珀尼阿；她也不再是那个被逼无奈只得臣服于男人权杖的部落女儿。现在，她成了这样的女神：帮助女

---

❶ 读者还可以参考本书第42页。巴霍芬指出，他此处使用的"creatio ultronea"一词来自对维吉尔的《农事诗》作注的塞尔维乌斯（Servius, Georgics 2.11），不过《农事诗》（Georgics 2. 11）中并未使用该词。

人们避开来自男人的诱惑、给她们力量承受暴力与强奸的痛苦、保护她们神圣不可亵渎的女人身份的神秘性。因此，她成了更高的法律体系的媒介。这个更高的法律体系适用于自然万物，属于具有婚姻关系的母权。有观点认为，来自德墨忒尔的"律例"（θεσμοί）只涉及到人类的婚约。如果单从婚姻是德墨忒尔密教的核心这一意义上来看，该观点属实。但该阶段的婚姻观念不仅涵盖人类，还涵盖人类与大地、人类与农耕之间的关系。德墨忒尔婚姻观念对农业和男女结合来说意味着同一个观念、同一个神秘主义；它为家庭和农耕活动提供了同一正义。

正义成为了宗教的组成部分。严格来讲，正义是"律例"；而且是"神授的"，埃斯库罗斯这么补充道。[225] 罗马的营造官（aediles）以刻瑞斯祭司的身份掌管法律。营造官与刻瑞斯大母神的这层关系可以解释任这个职位的人为什么能司多个职责。他们就如女神本人一样，对社区共同体、市场、公共建筑、社会生活以及正义负有责任。罗马的裁判官（praetor）和玻娜女神（Bona Dea）之间也存在相似的关系。普鲁塔克向我们讲述说，玻娜女神的节日都在裁判官或执政官的住所里庆祝。[226] 节日期间，裁判官或执政官的住所便成了女神的神庙，希腊人常常直接称她"女人的神"（γυναικεία θεός）。[227] 玻娜作为代表母性自然法的女神，创造、滋养一切物质生命，并致力于使人类过丰裕的物质生活。因此，她是罗马国家事务的母性基础；通过建立和她的纽带联系，裁判官和执政官可以代表国家赖以存在的物质性一面，并且可以替国家行使司法权。正义由创造了物质财富的这同一个原初母神来代表。裁判官则作为母神玻娜或称为弗娜或弗图亚在人间的化身和"代言人"（viva vox）替她表达正义。与物质性原初母神的上述关系使罗马的裁判官被赋予司法权，确保与"市民法"严格的正统逻辑常常对立的自然正义和左手代表的公平得到遵守。玻娜女神作为"女人的神"，变成了和正义女神忒弥斯一样的神。在与忒弥斯女神崇拜有关的神秘主义中，对"女人'子宫'（κτείς）"（sporium muliebre）的崇拜是非常重要的一部分。所以，只有当"女人的神"玻娜女神在身体、感官方面的喻义同样被承认，"女人的神"这一称呼才具有完整的意义。因此，"子宫"崇拜不仅涉及母亲生儿育女，还涉及正义的母性神秘主义，即"法律的崇拜"（ὄργια θεσμῶν）。而且，只有罗马"市民法"中才使用的"奎里蒂法"（ius Quiritium）一词，❶ 也是正义最早源自女性的证明。原因在于，罗马人的母系祖先是萨宾人，所以从质料性和母系血缘来说，罗马人属于 Quirites，即"奎里蒂人的后代"。在说到罗马人是奎里蒂人的后人时，是从血缘或质料性来说的，而不具有政治上的含义。

朱诺女神（Juno Moneta）是另一体现女人是正义载体的例子。苏达（Suidas）在他编撰的辞书中把她描写成代表"正义战争"（iustitia in bellis）的女神。[228]朱诺帮助受了伤的人并庇佑他所做的事。[229]她的神庙位于马库斯·曼利乌

---

❶ "奎里蒂法"即"罗马市民法"的早期称谓。——译者注

斯·卡比托利尼（M. Manlius Capitolinus）住所区域。执政官曼利乌斯挟持元老院的行为违反了正义的物质性—阴性原则，惹怒了正义女神朱诺。罗马人为了安抚女神，平息女神的愤怒，将曼利乌斯的住所献给她，作为她的神庙供奉她。[230] 莫内塔（Moneta）这个称呼意味着她与物质财富以及与告诫人类、让犯罪的人罪有应得的正义都存在联系。所到之处，代表财富的母神同时也是代表管理财富的正义的母神。

另一体现女人作为正义载体观念的是古罗马的"小凯旋式"（ovatio）庆祝仪式与阴性自然法之间的联系。"凯旋式"（triumphus）庆祝仪式是由贵族统治、以父性制度和太阳法则为存在基础的罗马在国家层面的仪式，[231] 而"小凯旋式"庆祝仪式则具有阴性—物质性的特征。"小凯旋式"仪式与穆尔西亚（Murcia）女神有关。在实在法（positive law）的实践过程中，每当发现有不当之处，"小凯旋式"的仪式就可以获准举行。举行"小凯旋式"仪式时，向神奉献的牺牲是一只活羊。[232] 实在法的法律条文是排斥阴性自然法的，因此"小凯旋式"可以说是自然法相对实在法的小小胜利。相比而言，"凯旋式"则庆祝贵族和实在法的胜利。也因此，不属于贵族阶层的其他阶层，尤其是骑士，也参加"小凯旋式"仪式。罗马平民（πλῆθος）的祖先被认为是物质性的、代表阴性自然法的母神。而罗马贵族阶层则根据父权及"能够说出父亲是谁"（patrem ciere）的法则从祖先那里继承了他们的贵族身份和更高的宗教地位。

刻瑞斯女神是罗马平民重要的保护神。罗马平民社区共同体主要信奉刻瑞斯，与她联系在一起，正如在雅典，人民大会和德墨忒尔紧密联系在一起，受她的庇佑。平民社区共同体将其重要财物、法令及平民大会的决议存放在刻瑞斯女神神庙，受她保护，防止被盗窃、伪造或篡改。[233] 罗马平民大会的集会受刻瑞斯女神的保护。平民代表大自然的母性和质料性参与国家事务；适用于他们的是"奎里蒂法"（即"市民法"），但他们并不享有以被圣化的更高级的父性和"能够说出父亲是谁"法则为基础的政治权利。这就是为什么罗马国王塞尔维乌斯❶（King Servius）以他母亲（女仆身份）儿子的身份将拉丁联盟祭献给阿文蒂诺山上的狄安娜女神（the Aventine temple of Diana）——她在意大利被称为厄普斯（Ops）女神。[234] 罗马之所以能够与拉丁族群结成政治联盟，只可能因为母亲一方的血缘，不可能因为父亲一方，罗马军政权政治赖以存在的基础即父系原则。受母系血缘支配的是自然家庭，非政治上的家庭。

我们已经阐述了正义与物质性母性之间的联系在人类两个不同发展阶段的关系——较低级的阿芙洛狄忒群婚阶段和较高级的德墨忒尔婚姻阶段。前者对应的是无序的沼泽地繁衍，后者对应的则是有序的农业。在这两个阶段，大自然都是人类制度的原型和衡量尺度。所以，培育了正义观念的正是大自然。农业是男女之间婚姻关系的原型，我们可以

---

❶ 参见 J. J. Bachofen, *Myth, Religion, and Mother Right: Selected Writings of J. J. Bachofen*, Princeton, New Jersey: Princeton University Press, 1967, pp. 213ff。

说，是女人在效仿大地，而不是反过来的关系。古人将婚姻看作一种农业关系，并从农耕活动中借用了婚姻法的整套专门用语。我们发现了这些源自农业、表示男性交配行为的词，如犁地（ἀροῦν）、播种（σπείριεν）、种植（φυτεύειν）、耕种（γεωργεῖν）；还有萨宾人用 *sporium* [235] 一词即"子宫"表示"女人的地""阴道"（σάκανδρον）的用法。[236] 这些用语并非仅仅是借喻，而是对农业是人类婚姻原型这一基本思想的反映。因此，在婚姻法方面遇到问题时，人类也参照农业法则和规律做出裁决。

现在我们能够理解普鲁塔克在他的"给新娘和新郎的建议"（*Praecepta coniugalia*）❶一文开头所记载的习俗究竟是什么含义了——新婚的新娘、新郎和德墨忒尔的女祭司一起被关在新婚屋子，女祭司将来自地母神的律例作为最高婚姻法传授给他们。[237] 婚姻是德墨忒尔神秘主义的一部分，每个"婚姻"（γάμος）即意味着"入会"（τέλος），意味着开始追求至高的人生目标，因此结婚的男女要向厄琉西斯的神灵宣誓他们将忠于婚姻，未婚少女则向德墨忒尔祈求得到丈夫，而迦太基女王狄多（Dido）在结婚时向"立法女神"刻瑞斯献上祭品。[238] 德墨忒尔的"律例"构建了一套关于农业的法则，并让婚姻法受农业法则支配。关于谷物的神秘主义也是关于婚姻的神秘主义。农业与专偶性婚姻构成了以德墨忒尔这位母亲的保护神为基础而发展起来的文化阶段的整

---

❶ 该文出自普鲁塔克《道德论集》第二卷。——译者注

个法权体系的二元基础。如此延伸来看，德墨忒尔女神也被称为新阶段的"立法女神"（θεσμοφόρος）。不仅严格意义上的关于婚姻的律例，而且从农业文化阶段发展起来的一切正义以及所有法律，都源自德墨忒尔这位母亲的保护神。所以，所有"刻在铜表上的法律"（*leges aere incisae*），不论是什么内容，一律被一视同仁地存放在刻瑞斯的神庙。而且在爱留西尼祭祀神灵的庆典队伍中，负责神庙法律文卷的职责理所当然也是属于女人们的。

可以将渊源追溯到德墨忒尔女神的不仅仅包括习俗和法律，还包括最初出现的城市。人们在祭祀德墨忒尔女神的地方建立起了城市，城墙立起的地方便是大地的子宫，而城墙内城市的神圣不可侵犯正是根植于她与母性物质的这一关系。一切农耕生活的开始都无不与德墨忒尔有关，都无不与她是母亲的保护神有关。母亲身份在宗教上的圣化成为了这一整个人类发展阶段的基石。任何亵渎母亲身份神秘性的行为都被看作是退回到了群婚生活的行为。在祭祀刻瑞斯的仪式上，既不能提父亲的名字也不能提儿子的名字，唯恐任何关于男性、婚姻或者父权的蛛丝马迹会亵渎母亲的神秘性。所有祭祀德墨忒尔的仪式都具有神圣性（sanctitas），❶ 它来自母亲身份的神圣性。整个德墨忒尔原则以母亲身份的神圣性为基础。

---

❶ 参见 J. J. Bachofen, *Myth, Religion, and Mother Right: Selected Writings of J. J. Bachofen*, Princeton, New Jersey: Princeton University Press, 1967, pp. 40ff。

印 度

  《苏达辞书》（*Lexicon of* Suidas）描写"亚历山大大帝"（Alexander the Great）的词条中有关于坎迪斯女王的故事。坎迪斯是一个印度王国的王后，尽管亚历山大大帝在面见女王时伪装成其他人，她却依然认出了这个马其顿人（Macedonian）。亚历山大大帝对她的聪慧赞叹不已，因此答应放过她和她的王国。这同一事件也被其他多个作者提到。[239]

  生活在 11 世纪的乔治·克德雷诺斯（Georgius Cedrenus）是这么讲述该事件的：亚历山大击败波鲁斯（Porus）后继续着对印度的征战，后来到了一个偏安一隅的印度王国，这个王国的国王死后由王后坎迪斯统治。他按自己惯常的做法装扮成其他人的模样亲自前往觐见女王。当坎迪斯女王听到这个消息后，命人画了一幅亚历山大的肖像画。她在多个觐见国王的人中认出了亚历山大。她对他说：亚历山大王啊，你征服了世界，却败在一个女人手里。亚历山大大惊失色，决定对女王和她所统治的王国手下留情，使她的王国免遭武力征服。[240]

尤利乌斯·瓦勒留（Julius Valerius）❶ 的作品证实，亚历山大大帝和坎迪斯女王之间的故事早在公元3世纪或4世纪就流传开了。瓦勒留著作 [241] 的开篇部分即是亚历山大和坎迪斯之间的往来信函。亚历山大在信中提及印度与埃及之间自古即有的渊源时，邀请女王随他一同前往由女祭司掌管的阿蒙神庙（the Ammonium），祭拜这位和他们两位都关系密切的神。她以阿蒙神庙的禁令为由拒绝前往，不过表示将非常高兴向神庙和亚历山大大帝献上丰厚的礼物以示友好。现在亚历山大萌生了一定要前往拜访坎迪斯女王本人的念头。女王听说此事后便悄悄遣人画了一幅亚历山大的肖像，以便见到本人时能辨认出来。

一件意想不到的事情的发生，使亚历山大有了机会实现他面见女王本人的心愿。事情的经过是这样的。有人在马其顿远征军驻扎地附近发现了坎迪斯女王的一个儿子坎达乌勒斯（Candaules）以及随行的骑兵，坎达乌勒斯随后被俘并被带到托勒密·索特尔（Ptolemy Soter）面前，讲明了他的身份以及此行的目的。在这个过程中，坎达乌勒斯误将托勒密看作是亚历山大。坎达乌勒斯向托勒密讲述说，阿玛宗女人部落替珀布律喀亚人（Bebrycians）掠走了他的妻子，他被俘前正在前往珀布律喀亚人所在地的途中，准备报仇雪耻。亚历山大被告知此事。他灵机一动，打算好好利用

---

❶ 尤利乌斯·瓦勒留的作品《亚历山大大帝的风流史》（*Res gestae Alexandri Macedonis*）是一部希腊小说的拉丁文版本。

坎达乌勒斯误把托勒密认成他本人的失误。他让托勒密戴上代表国王身份的徽章，而他本人则装扮成托勒密的手下安提柯（Antigonus），并在托勒密面前显得很卑微。假扮成安提柯的亚历山大在托勒密向他询问意见时还建议，国王理当为捍卫自己母亲奥林匹娅斯（Olympias）的名誉出手帮助坎达乌勒斯救回妻子。他们计划好突袭行动，并且在假扮的安提柯的建议下准备夜袭这支珀布律喀亚人。在坎达乌勒斯的眼中，安提柯的突袭计划可以说是万无一失，对安提柯的足智多谋，他惊叹不已，认为可以媲美亚历山大本人。

对珀布律喀亚人的突袭得以顺利完成，坎达乌勒斯也救出了妻子。事情正按亚历山大谋划的那样向前推进。坎达乌勒斯邀请假扮的安提柯前往坎迪斯女王的王宫，接受女王本人给他的奖赏。不过，亚历山大的精心布局却被坎迪斯女王识破。他扮成使者随坎迪斯女王穿过皇宫，正当他对皇宫的富丽堂皇赞不绝口时，突然听到女王叫自己的真名。这时他才意识到，原来她胜他一筹，自己反成了她的手下败将。好在女王答应不会将此事说出去。不过这时出现了棘手而又迫在眉睫的突发情况。女王的小儿子科拉戈斯（Choragus）对马其顿军队杀死了他的岳父波鲁斯怀恨在心，因此索要亚历山大所扮的使者的性命，为他的岳父报仇。坎达乌勒斯和科拉戈斯兄弟两人，一个因为马其顿军队救了自己的妻子而心存感激，另一个则因为失去岳父而对他们怀恨在心；二人各执一词，互不相让，差点打起来。女王陷入两难的境地，不知如何是好，只得求助于亚历山大，而亚历山大也不负盛名。他以假扮的使者身份答应会让亚历山大本人亲自来领奖赏，届时亚历山大也交由科拉戈斯处置。兄弟俩接受了他的提议，并向他鞠躬表示同意，这时候两人自然都还没有认出亚历山大来。女王认为自己不及亚历山大足智多谋，对他满怀敬意。在女王眼中，他不仅是战场上英勇善战的英雄的楷模，还是最足智多谋之人。她认他作了儿子，并且还说，他必将统治世界，而她也将作为他的母亲统治世界。女王秘密地授予亚历山大王冠以及所有证明他是她儿子的徽章和标志。亚历山大在女王总督的陪同下，以胜利者的姿态踏上了西归之路。

不过，更大的奖励还在前方等着他。在阿蒙神庙，他受到众天神的欢迎，成为了他们中的一员。埃及法老塞松科西斯－塞索斯特里斯（Sesonchosis-Sesostris）❶许诺他，他将获得永生。在他随后建起的亚历山大城（Alexandria），他将享有和塞拉皮斯神同等的地位，受到同等的崇拜。在收获双重奖励后——坎迪斯女王为他加冕以及死后将成为天神们中的一员——他回到军中，迫不及待地展开了征服阿玛宗部落的战争。

❶ 希腊流传的有关埃及法老塞索斯特里斯的故事，是希腊人以埃及历史上一位或多位战功卓越的军事统帅、征服过亚洲和欧洲的法老为范本而编撰的伟大埃及国王的传奇故事。波斯和希腊统治埃及时的波斯王朝和希腊王朝时期，关于法老塞索斯特里斯的传奇又得到埃及人的进一步丰富和强化。亚历山大大帝被看作是可以与之比肩的帝王。——译者注

在介绍了坎迪斯和亚历山大的故事后，我们现在可以解释关于坎迪斯的神话所代表的含义。该神话故事象征的是更高级的阳性原则与较低级的阴性原则之间的冲突。坎迪斯女王是母权的象征，在埃及和埃西欧匹亚尤其如此；亚历山大则代表父权。这两种不同的法则在东方遭遇，而最终，坎迪斯所代表的母权原则屈服于亚历山大所代表的父权原则。

他们相遇的场景究竟是不是历史上真实发生的事件，而后人只不过发挥想象力对该事件添枝加叶，以至我们最终读到"伪卡利斯提尼斯"（pseudo-Callisthenes）作品中的传奇情节？关于这个问题我们已经无从知晓。不过，尽管这种可能性并非完全不存在，但研究亚历山大的历史学家，不论是狄奥多罗斯还是普鲁塔克，不论是库尔提乌斯（Curtius）还是阿里安（Arrian）❶，或者查士丁（Justin），没有哪一位曾经提到过该事件。不过，即便有关这一故事的文字完全是虚构的文学故事，其所代表的意义不仅不会被削弱反而会加强。因为，有关他们会面的故事不再是对某一孤立事件的大力渲染，而是对那个时代一个普遍存在的重大现象的表达——以某个特定真实历史事件的形式表达并传承下来的思想。对故事的形式和内容或其所表达的思想，我们必须加以区分。形式即对某一事件进行的文学创作，文学创作通过一系列情境的出现和多个人物的干预，推动事件向前发展并最终形成结局。不论我们以什么来称呼它——叫它文学虚构也

---

❶ 古希腊历史学家，著有《亚历山大远征记》。——译者注

好，叫它寓言故事或童话故事也好，或者以其他任何什么名词来称呼这种自由想象的产物——对于这样的文学创作元素，我们必须抛开并将其从历史真相的范畴剔除出去。但对其中的指导思想，我们却必须运用不同的标准。尽管包裹思想的外衣没有什么价值，思想自身却意义非凡。而且事实上，一旦脱离与某一历史事件的联系，它还具有了更大更普遍的历史意义，不受特定地点或人物的束缚。从这样的角度来说，关于坎迪斯的神话故事具有非常深的历史意义。

亚历山大来到非洲和东方的亚洲，造成了不同地区、不同观念和不同文明之间的遭遇与碰撞。两个世界在交遇之后才充分认识到他们之间存在固有的差异。当亚历山大这个真实历史人物的形象在人类的记忆中变得越来越模糊时，人类的想象力便开始自由驰骋。正是得益于人类丰富的想象力，东方与西方之间的冲突，以及希腊制度与亚洲制度之间的冲突才反映在如此多的传说和故事中。鉴于此，关于亚历山大的故事，比起其他任何人的故事，在其流传之初便包含了更多历史真相，也被渲染了更多诗意，也因此，关于他的故事究竟哪些属于历史真相哪些属于文学创作，之间的界线不可能泾渭分明。这位伟大的英雄人物开启的一些创举，后人用想象力帮他谋划并完成。经后人发挥想象力所完成的作品，最好地为我们揭示了亚历山大同时代的人物和他的后继者们如何评判他足迹所到之处产生的影响，以及如何评价他与当地社会、习俗与制度之间的关系。这类作品中最意味深长的一个便是他和坎迪斯女王相遇的故事。这一故事无疑起源于埃及，因为相比其他任何地方，在这里，这位伟大征服者与当地母权制观念之间关系的问题注定最可能出现。真正重要的还是故事的内容，评判故事的唯一和真正的标准存在于故事本身。而且，值得我们高度注意的是，故事不仅使用了坎迪斯这个地母神的名字，还展现了一整套的母权制体系，母权的观念始终贯穿于他们的故事中。

莱斯博斯

　　女诗人萨福生活的莱斯博斯岛是个谜一样的地方，让人捉摸不透。许多学者试着解释莱斯博斯岛为什么那么特别，但到目前为止，他们的努力都收效甚微。萨福和她周围的一群女诗人抛开庸庸碌碌的家庭生活，追求男人才从事的事业，这些学者对此百思不得其解。后人对她们有誉有毁，但人们最主要还是根据基督教的道德标准来评判她们。不过，现代学者们对她们的评判，无论毁誉，如果面对那位叫普鲁塔克[242]的人或叫贺拉斯（Horace）[243]的人写下的措辞强烈的文字，就都显得苍白无力了。这两位简短而犀利的评判文字，或赞美或指责，同样缺乏依据，也无助于我们理解莱斯博斯岛的特殊性。

　　然而，有一点可以确定，即，不存在能完全解释清楚的历史现象，更不用说像发生在莱斯博斯的这种意义重大的历史现象了；而古人一致认为，莱斯博斯之所以如此重要，归根结底是因为萨福的关系。有关萨福的问题让我们无比强烈地体会到，主要根据外部因素来探究问题的科学是多么的徒劳无益。对于莱斯博斯岛上女人们的上述不寻常的行为，已经有人解释说，是由佩拉斯吉民族和伊奥利亚民族的天性决定的；也有人将其归因于古意大利人和古希腊的洛克里斯人所实行的母权制度；还有人认为该现象的出现是由于多利安女人和斯巴达女人享有高度独立性的缘故。这些解释肯定都有其合理性，不过，能真正揭开问题本质的那一原因，他们却没有提到。我们在前文谈到信仰狄奥尼索斯教的女性时，曾提到过该原因。❶ 该原因即在于深深影响莱斯博斯岛上女人们的俄耳甫斯教。伊奥利亚人的抒情诗——抒情诗最杰出的拥护者都是女性，便处处散发着俄耳甫斯教的宗教精神。

　　证明酒神崇拜对莱斯博斯岛的重要影响的大量证据，我无需在此一一讨论，但其中流传的一个故事值得一提。据故事所讲，莱斯博斯人之所以享有热爱诗歌的美名，原因在于，当俄耳甫斯被砍下的头顺着色雷斯的赫布鲁斯河（Hebrus）漂向大海又被海浪冲到莱斯博斯岛时，莱斯博斯人非常友好地留下了他依然在唱着歌的头。按照现今流行却糟糕的看法，大家一定认为，这个神话和其他许多故事一样，是后世的人们根据他们所处时代的现状虚构的。我们没

---

❶ 巴霍芬曾表示（*Mutterrecht*, in *Gesammelte Werke*, Vol. 3, p. 585）："狄奥尼索斯主要是受女性崇拜的神。他身上的各方面都受到女人们的喜爱。年轻有活力、相貌俊美、精于各种生活享乐的他，天生对女人有好感；他反对阿玛宗式的女人们对男人的厌恶，反对无节制的、混乱的男女性交，倡导结婚和唯一婚姻纽带的制度。作为'婚姻的完善人'（τελεσσίγαμος，perfector of marriage）、婚礼之神许墨奈俄斯（Hymenaeus）的盟友、利贝拉（Libera）身边的利贝尔（Liber）以及'婚姻的庇佑神'（ἱερὸς γάμος）原型，他告诉女人们，她们将从婚姻这部伟大的法律中找到内心永久的安宁。"

有必要就此争论不休，因为不论该故事属于哪个时代，其最初渊源如何，都证明了莱斯博斯曾是起源于狄奥尼索斯酒神崇拜的俄耳甫斯教最盛行的地区之一。而且，从莱斯博斯音乐家及诗人泰尔潘德（Terpander）拥有俄耳甫斯的里拉琴的故事，到音乐家和诗人阿里翁（Arion）[244]来自莱斯博斯岛的传说，再到毕达哥拉斯曾在那里短暂停留的说法，[245]我们都可以得出同一结论。这些传说的细节虽然各不相同，但他们要表达的根本点却相当一致：莱斯博斯人爱好诗歌与俄耳甫斯这位诗神有关。而且，在对待俄耳甫斯的问题上，色雷斯与莱斯博斯的女人们有着霄壤之别，她们行为上的巨大反差也很能说明二者之间的联系。色雷斯女人们排斥俄耳甫斯教教义，而俄耳甫斯教教义不仅受到莱斯博斯女人们的欢迎，还被她们发展到了顶点；色雷斯的女人们杀害了俄耳甫斯，而莱斯博斯的女人们却愉快地迎接了俄耳甫斯依然在吟唱着歌的头颅，并将它埋在伊奥利亚的大地上。

这则神话故事通过把客科涅斯（Ciconian，色雷斯人中的一个部落）的母亲们[246]身上之所以文有印记，与她们杀害俄耳甫斯的行为作为前果后因的关系联系起来，为我们揭示了其背后蕴含的观念。一直到很晚时期，色雷斯女人们依然纹身刺青，许多作者对此都有记录。就如屈梭多模（Dio Chrysostom）所强调的那样，纹身刺青在色雷斯是女人"出身高贵的标志"（σύνθημα τῆς εὐγενείας），是母亲地位尊崇的象征。[247]只有女王和自由民出身的女人才有资格纹身刺青，而男孩子身上的刺青则代表他从母亲那里继承了高贵的血统。母亲在色雷斯占据突出地位的现象又一次说明，色雷斯所处的是一个较低级的纯物质存在阶段。这一点从其他多个方面也得到了体现：色雷斯女人们过着群婚的混乱性生活；[248] 刺纹身的工具是她们衣服上的环扣别针（上文已经讨论过，女人们佩戴环扣别针具有男女交配的特殊的性含义❶）；她们的纹身图案是被称为 lambda 的希腊字母，该图案的使用与十字架符号有关，也符合该符号在新旧世界普遍传播的象征意义，代表性交行为。

俄耳甫斯是色雷斯所处的这一较低级宗教阶段的敌人。这位阿波罗的祭司所宣扬的更纯洁的光明的教义惹恼了色雷斯的女人们，她们因此对他进行了血腥的报复。我们查阅到的所有资料都显示，这些女人们抵制俄耳甫斯所宣扬的净化的宗教教义，而且所有版本的故事、传说都强调，俄耳甫斯宣扬的新宗教观念与旧的母权观念之间发生了严重的冲突。[249] 在俄耳甫斯教更高级的宗教观看来，这些色雷斯女人身上的纹身不可能是别的，只可能是上天对她们抵制新宗教的惩罚。原本代表高贵出身的纹身，在新宗教的眼中却成了耻辱和犯罪的标志。这可以解释为什么会出现这些女人身上所刺的标记被看作是惩罚她们杀害俄耳甫斯罪行的传说；而且也可以解释为什么在作为色雷斯人一支的盖塔人中只有奴隶才纹身，以及为什么只有到了克里楚斯[250] 和欧斯塔修斯[251] 的时代，纹身才被二位当作一种个人装饰而已。

---

❶ 参见本书，第 150 页和之后的页面。

这些情况不仅让我们对俄耳甫斯的传说［其中，法诺克勒斯（Phanocles）❶的记录最为详实[252]］有了清晰的了解，还向我们揭示了"男同性恋"（ἄρρενες ἔρωτες）的真正含义。这些"男人之间的爱"与受女人吸引而产生的性欲望和纯粹感官享受是对立的。俄耳甫斯为男人之间这种最强烈的情感指明了新方向。这位阿波罗太阳神的祭司和先知认为，"男同性恋"是一条使男人摆脱群婚生活方式下过度性交与纵欲的困境并升华到更高级存在阶段的途径。正如生活在罗马颓废时代的诗人奥维德所说，[253]最初存在于男人之间的爱并不是肉体上的，而恰恰是为了实现精神上的升华，是为了在伦理道德面超越较低级的肉身之爱。这是一个在宗教历史上具有重要地位的观念。从珀罗普斯与米提利尼（Mytilene）之间的关系中，我们看到这一观念发挥着作用。这一观念还同样体现在克律西波斯和亚加亚英雄（Achaean hero，即拉伊俄斯）、伽倪墨得斯（Ganymede）和宙斯、珀罗普斯和波塞冬❷之间的关系中，而出现在克里特人、埃利亚人、墨伽拉人（Megarians）、忒拜人和哈尔基斯人（Chalcidians）中的同性相恋最初也同样具有上述宗教含义。这种现象越是令今天的我们不解，我们就越是有必要严格遵循历史证据。男人之间的爱受到古人[254]尤其是伊奥利亚人和多利安人的欢迎，因为他们认为，这样的爱有助于美德的传播。他们和

---

❶ 古希腊诗人，同性恋者。——译者注。
❷ 巴霍芬在这里明显混淆了珀罗普斯和拉伊俄斯这两个人物（参见本书，第176页）。

俄耳甫斯一样，都将这样的爱作为更高的阿波罗精神存在的根本。苏格拉底更将"男同性恋"看作人类实现的第一次升华；从男人之间的爱中，他看到人类从物质的控制下获得了解放，看到人类完成了从肉体向灵魂的升华，看到爱超越了性实现了再生；他声称，这种爱是通向至善至美的最佳道路。[255]而且，在色诺芬所著的《会饮》（Symposium）中，卡利阿斯（Callias）为他所爱慕的朋友奥托吕科斯（Autolycus）举办的宴会的很大一部分谈话内容也是就这同一话题展开的，并且表达了上述相同的观点。苏格拉底和色诺芬这两位学者都相继明确表达了受到色雷斯女人们强烈抵制的上述宗教观念。

因此，我们可以说，俄耳甫斯教的"男同性恋"观念在人类文化的发展过程中发挥了举足轻重的作用是毫无疑问的。在此背景下审视色雷斯和莱斯博斯这两个不同的世界，他们之间的关系便一目了然。色雷斯女人仇视俄耳甫斯教的教义，她们仍然停留在较低级的、强调纯粹感官享受的人类生活阶段；与之对应的，莱斯博斯的女人们摒弃了阿玛宗式母权生活方式，选择了俄耳甫斯教所宣扬的生活方式。信仰俄耳甫斯教使她们提升了自己，开始过上有着更高精神追求的生活，而萨福和追随她的女诗人们便是其中之集大成者。阿芙洛狄忒和爱若斯这两位神灵在俄耳甫斯诗歌中发挥着重要的作用，这样的传统起源于萨莫色雷斯居民所信奉的最古老的俄耳甫斯教，而这两个神灵的形象在莱斯博斯诗歌中的变化与俄耳甫斯教宗教观念的发展演变一致。如果撇开该历史背景，莱斯博斯女人们便成为了不解之谜；但如果注意到这一点，即使面对莱斯博斯女人们生活中最离谱的方面，我们也能豁然领悟。

女人与女人之间的爱和俄耳甫斯宣扬的"男同性恋"并无不同。女人爱女人的唯一目的也是超越凡身之爱，让外在美转化为纯洁的心灵之美。萨福致力于将她的同性提升到追求精神的存在，她的一切快乐和痛苦都因此而来，[256]而激励她的正是爱神爱若斯。她的诗中情意绵绵的倾诉并非流淌自母亲的关怀，而是从爱的激情中涌出。这种激情对感官和超感官、身体和心灵的捕捉同样热烈，而宗教是其根源所在，是其无尽的宝库。爱与性别认同，这两样曾经似乎完全互相排斥的元素，现在被结合在了一起。萨福热烈地追求莱斯博斯岛上少女们的爱；[257]虽然这些少女们比她地位低，但为了赢得她们的芳心，她却"侍奉"在她们左右。而且，她爱慕的并不只是她们中的某一位，爱神爱若斯驱使她追求她们中的每一位；她的一切用心都是为了要教化她的同性，让她们升华。[258]她不论在哪里看到美丽的女人，都会在爱神的驱使下一心想让这个女人同时具有精神上的美。她的诗歌是爱神之作，她狂热多情的心灵也同样是爱神的造物；她因为拥有神赋的超凡心灵，所以取得了超越人类理智的杰出成就。

萨福的激情与狂热背后的宗教性体现在她的诗歌反复表达的主题中。她讨厌邋遢和俗气，即便是着装和外在形象的邋遢和没品位，她也非常痛恨；[259]对她来说，美是"唯一",是她整个精神世界的中心,是一切高贵的开始。不过精神上的美高于外在美,[260]是一切追求的最终目标。[261]但凡涉及群婚的生活方式,以及扰乱俄耳甫斯式生活和谐的任何一种情感,她都反对并予以惩罚;[262]对她来说,纯洁的表情意味着纯洁的灵魂,而纯洁的灵魂被她视作女人最好的装扮。她让女人从较低层面升华到更高层面,让女人的身体实现蜕变焕发新貌,让肉身的生命成为精神生活的基础。通过实现这些转变,她带领追随她的少女们超越质料存在的制约;她为她们开启了崭新的世界观——属于更高层次的爱是永恒的;她向她们展示了具有金子般永恒价值的那种美,不论虫子还是锈病[263]都无法破坏的美;也因此,她唤醒了这些少女们心中对青史留名的渴求——缪斯女神们(the Muses)离开父亲的金色宫殿,来到人间,赋予她写出美妙诗歌的天赋,使她流芳千古。[264]心怀如此崇高理想的她,变得漠视她少女时代所看重的一切:财富、珠宝以及让她"外貌甜美"的装饰物。[265]她是多么同情那些内心缺乏更高追求的富有的女人们!虽然物质生活富足,但她们的一生将默默无闻,她们将消失在黑暗的阴影中,被人遗忘,更不可能拥有"皮埃里亚的玫瑰"(Pierian roses)。❶[266]不过,爱神赐给她的最伟大的礼物还是让她长着翅膀的灵魂超越悲伤和死亡。当她把在缪斯女神的居所吟诵悲歌称作"一种罪过"

---

❶ 皮埃里亚的玫瑰指长在艺术女神居住的奥林波斯山上的玫瑰,象征诗歌和其他艺术。——译者注

（οὐ θέμις）时，她所表达的正是俄耳甫斯教的最高思想，[267]
因为从里拉琴中出生的阿波罗的先知难道来到她所生活的岛
屿岸边时不是还唱着歌儿？"啊，听着这样的歌儿，我宁死
无憾！"不也正是梭伦（Solon）的心愿！[268]

许多作者从这种对待死亡的态度中只看到了萨福派对
享乐的强调，因为他们认为享乐主义正是萨福派的一个显著
特征。对萨福派升华观念的真正本质，他们可谓视而不见。
假如忽略莱斯博斯诗歌中无处不在的宗教观念，我们便与莱
斯博斯诗歌的魅力失之交臂。但我们如果能正确理解萨福在
描写塞勒涅（Selene）对恩底弥翁（Endymion）之爱[269]的
诗歌中所表达的超越了凡身之爱的神秘主义宗教观念，我们
便获得了一把解开伊奥利亚诗歌最让人费解之处的钥匙：伊
奥利亚诗歌中充满了忧伤和对万物终将永远消逝的悲痛，同
时却又洋溢着淡定与信心，对消除忧伤悲痛的永恒性的淡定
与信心。这原本互相冲突的二者却在俄耳甫斯教中达到了水
乳交融的境地。俄耳甫斯宗教展现出的是一个两面神雅努斯
（Janus）：一个脸充满痛苦与悲伤，一个脸却充满信心与快
乐；两个表情完全不同的脸结合在了"在世俗存在无休止的
消亡之外，还有抚慰人心的精神生活的永恒"的观念之中。

古人将萨福看作是一位被神灵附体因而具有神性的女
诗人。她之所以被赋予如此高的地位，原因在于，她的诗歌
处处散发着俄耳甫斯教的宗教气息。苏格拉底对她的评价则
更加的惟妙惟肖。他在《斐德罗篇》（Phaedrus）中称，让
他的心"像大水罐"似的溢满赞美爱神之词的贤哲中，漂亮

的萨福居于首位。他将自己懂得的关于这位受俄耳甫斯教崇拜的爱神的所有知识，都归因于这位了不起的女人传授和教导。[270]苏格拉底在讲解爱神知识时不经意说出的深奥神秘的话，和古人创造的萨福的艺术形象处处流露出完全如圣女般的高贵，都同样证实了上述观念。[271]苏格拉底在论爱神时追随的是萨福的智慧；而在《会饮篇》(*Symposium*)中，他在论爱中最高深最神秘的部分时则借由曼提尼亚(Mantinean)女人第俄提玛之口道出。他说，因为受到第俄提玛的引导，他才开始寻求真正理解爱，并最终领悟到了爱的真谛。而且，他俯首臣服于她的智慧，就像他听命于被神附身从而有神力的女先知皮提亚一样；他还坦承，自己即便勉强能追随她到达神秘主义的深处，也是费了极大的气力。[272]萨福和第俄提玛这两个女人有着相同的特点；苏格拉底心目中的她们都一样的高尚，目光敏锐，具有神性，能预知未来。她们都属于完全宗教的存在，她们拥有的知识也一样是完全宗教性的；她们侍奉的爱神是神秘主义的，而她们负责为世人揭示爱神的真谛；从她们口中说出的话是神秘主义的，她们炽热情感的来源也是神秘主义的。女人的这一至高无上性源于她们与密教之间的关系。神秘主义被托付给了女人；负责保护并管理神秘主义的是女人，神秘主义也由女人传授给信徒。

萨福的诗歌赞美自然和女性，她可以比肩她所侍奉女神的各个方面。而且，在流传的关于她因为青年法翁(Phaon)而从莱夫卡斯岛(Leucadian)崖边跳海自尽的各种故事中，她甚至与女神合而为一。体现在萨福这一人物身上的、构成了爱奥尼亚世界整个精髓的精神发展阶段属于中间阶段，在宇宙中即是位于"心智"（*nous*）与"身体"（*soma*）之间的灵魂（psyche）的位置。而且，第俄提玛将这一中间位置归给爱神爱若斯，因为她说爱神既不丑也不美，介乎美丑之间；既不是永恒的也不是非永恒的，而是介乎两者之间；既不是神也不是人，而是两者兼有；既不是智慧的也不是无知的，从哲学的角度来说，介乎智慧与无知之间；出生并非完全纯洁，并非仅由父亲或母亲一方所生，而具有双重性。爱奥尼亚所处的文化阶段就像将两个不同世界的两个不同法律体系结合起来的月亮一样，它不是对旧的阴性—物质法则的否定，只是对该旧法则的净化和改变。因此，即使在发展到最高水平时，下述方面仍然是该阶段的典型特征：有限性和情感一定程度上单一的特征；受感官感受控制，更多依赖神谕或者预言，较少相信人的观察和判断；更受情感而非思考的支配；总受"二分意识"（δύο νοήματα）的控制，总是不能摆脱那种奇怪的、漫无目的的追求——这种陋习为女人所独有，深为萨福所痛恨；[273] 徘徊于狂迷与思考、肉欲享乐与德行之间。总而言之，该阶段的上述方面体现的都是阴性和质料性的特征，而不是父性和精神性的特征；该阶段完全受阿芙洛狄忒女神的支配，该阶段的人类和女神一起生活在情感与理智永远互相冲突的让人头晕目眩的高处，因此既发扬了她的伟大又承袭了她的不足。

注 释

缩 写

FHG　　　Müller. *Fragmenta Historicorum Graecorum*

FPhilG　　Mullach. *Fragmenta Philosophorum Graecorum*

LCL　　　Loeb Classical Library, London and Cambridge, Mass. (or New York)

PG　　　Migne. *Patrologiae cursus completus: Series Graeca*

PL　　　Migne. *Patrologiae cursus completus: Series Latina*

Plutarch

　De Is. et Os.　　　　　*De Iside et Osiride*

　Consol. ad Apoll.　　　*Consolatio ad Apollonium*

　Quaest. Graec.　　　　*Quaestiones Graecae*

　Quaest. Rom.　　　　　*Quaestiones Romanae*

〔1〕 Herodotus 1. 173.

〔2〕 *Frg.* 129 (*Fragmenta Historicorum Graecorum*, Vol. 3, p. 461).

〔3〕 Strabo 34. 18.

〔4〕 Polybius 12. 5. 4.

〔5〕 *Commentarii* (*Iliad*) 12. 1. 101, 894 (Vol. 3, p. 100).

〔6〕 Tacitus, *Germania* 20.

〔7〕 Plutarch, *Quaest. Rom.* 17. 267.

〔8〕 Ibid., 85. 284.

〔9〕 Simonides, *frg.* 99 (*Lyra Graeca*, Vol. 2, p. 341).

〔10〕 *Politics* 2. 9.

〔11〕 Iamblichus, *De Vita Pythagorica* 11. 56（ed. Deubner, p. 31）.

〔12〕 Strabo 7. 3. 4.

〔13〕 *Commentarii*（*Odyssey*）7. 11. 50, 148ff., 1567, 1575（Vol. 5, pp. 259, 270）.

〔14〕 Polybius 12. 5. 9-11.

〔15〕 *FHG*, Vol. 2, p. 305; Athenaeus 12. 515e-516.

〔16〕 I Cor. 11:9.

〔17〕 Nonnus, *Dionysiaca* 19. 253ff.

〔18〕 Tacitus, *Historiae* 4. 83.

〔19〕 Herodotus 1.173.

〔20〕 *FHG*, Vol. 3, p. 461, *frg*. 129.

〔21〕 Aristotle, *frg*. 611. 43（ed. Rose, p. 379, 21）.

〔22〕 Plutarch, *De mulierum virtutes* 248 D.

〔23〕 Ibid., 248 A B.

〔24〕 Pindar, *Olympian Odes* 13. 88.

〔25〕 Ovid, *Metamorphoses* 13. 632ff.

〔26〕 Ibid., 10. 298.

〔27〕 *Iliad* VI. 149（tr. Lattimore）.

〔28〕 Plutarch, *Consol. ad Apoll.* 7. 322.

〔29〕 Virgil, *Georgics* 4. 206ff.（tr. C. Day Lewis）.

〔30〕 Ovid, *Metamorphoses* 10. 245.

〔31〕 Pindar, *Nemean Odes* 11. 13-16（tr. Lattimore）.

〔32〕 *Iliad* VI. 146-150（tr. Lattimore）.

〔33〕 Ulpian, *Digestae* 50. 16. 195. 5.

〔34〕 *Iliad* VI. 186.

〔35〕 Pindar, *Olympian Odes* 13. 87ff.

〔36〕 Apollodorus 2. 3. 2.

〔37〕 Scholia to *Olympian Odes* 13. 118（84）.

〔38〕 Scholia to Lycophron, *Cassandra* 17.

〔39〕 Fellows, *Account of Discoveries*, pl. for pp. 136, 118, 209.

〔40〕 Stackelberg, *Apollotempel*, pl. 9.

〔41〕 Pindar, *Olympian Odes* 13. 85. 〔 ED. 〕Homer, *Iliad* VI. 160ff.

〔42〕 Plutarch, *De Is. et Os*. 57. 374 C D.

〔43〕 Plutarch, *Quaest. Rom*. 103. 288F. Cf. Plato, *Symposium* 203 C.

〔44〕 Philostratus, *Imagines* 2. 17.

〔45〕 Julian, *Digestae* 22. 1. 25: *omnis fructus non iure seminis, sed iure soli percipitur; ... in percipiendis fructibus magis corporis ius, ex quo percipiuntur, quam seminis, ex quo oriuntur, aspicitur.*

〔46〕 *Codex Iustinianus* 3. 32. 7: *partum ancillae matris sequi condicionem nec statum in hac specie patris considerari explorati iuris est.*

〔47〕 Cujacius, *Opera 6*, col. 219（E）: *mater enim est similis solo, non solum simile matri.*

〔48〕 Plato, *Republic* 6. 497 B.

〔49〕 Paulus, *Digesta* 2.4.5:〔*mater*〕*semper certa est, etiamsi vulgo conceperit, pater vero is tantum, quem nuptiae demonstrant.*

〔50〕 Cujacius, *op. cit*., 5, col. 85（E）: *mater naturae vocabulum est, non civile, adoptio autem civilis.*

〔51〕 Menander, *frg*. 657. 1 K（LCL, p. 516）.

〔52〕 *Odyssey* I. 215.

〔53〕 Gaius, *Institutiones* 3. 10.

〔54〕 *Iliad* III. 238.

〔55〕 *Iliad* XXI. 95f.（tr. Lattimore）.

〔56〕 *Ibid*., 85.

〔57〕 Plato, *Republic* 9. 575 D.

〔58〕 Plutarch, *De Is. et Os*. 38.

〔59〕 Herodotus 1. 216.

〔60〕 Ibid., 4. 172.

〔61〕 Strabo 11. 513.

〔62〕 Herodotus 4. 172.

〔63〕 Dionysius Periegetes 766.

〔64〕 Diodorus 14. 30. 7.

〔65〕 Xenophon, *Anabasis* 5. 4. 34.

〔66〕 Herodotus 4. 180.

〔67〕 Solinus 30. 2, 3: Mela 1. 45; Pliny, *Historia naturalis* 5. 8. 45;
Martianus Capella 6. 674.

〔68〕 Pliny, *Historia naturalis* 6. 35. 192.

〔69〕 Aelian, *De natura animalium* 7. 40.

〔70〕 Plutarch, *De communibus notitiis adv. Stoicos* 11. 1064b.

〔71〕 Plutarch, *De Is. et Os*. 44. 369 E, F.

〔72〕 Stobaeus, *Florilegium*, ed. Meineke, Vol. 2, p. 186=FHG Vol.3, p.
463, *frg.* 142.

〔73〕 Herodotus 3. 20.

〔74〕 Strabo 17. 822.

〔75〕 Mela 1. 46.

〔76〕 Diodorus 5. 18. 1.

〔77〕 Herodotus 4. 176.

〔78〕 Sextus Empiricus, *Pyrrhoneioi hypotyposeis* 3. 201.

〔79〕 Plautus, *Cistellaria* 563.

〔80〕 Arnobius 5. 19.

〔81〕 Herodotus 5. 6.

〔82〕 Mela 1. 42.

〔83〕 Strabo 16. 783.

〔84〕 Plutarch, *Alcibiades* 23. 6.

〔85〕 Plutarch, *Quaest. Rom*. 35. 273.

〔86〕 Ibid., 46. 275.

〔87〕 Plutarch, *De Is. et Os*. 12. 356 A.

〔88〕 Plato, *Republic* 5. 461 D.

〔89〕 Herodotus 4. 45.

〔90〕 Aristotle, *Politics* 2. 1. 13（1262 a 14）.

〔91〕 Herodotus 4. 180.

〔92〕 Strabo 11. 501.

〔93〕 Ephorus, in Strabo 10. 480.

〔94〕 Athenaeus 12. 11. 516a.

〔95〕 *FHG*, Vol. 3, p. 463, *frg.* 140.

〔96〕 *FHG*, Vol. 3, p. 458, *frg.* 114.

〔97〕 *FHG*, Vol. 3, p. 462, *frg.* 133.

〔98〕 Strabo 14. 663; 16. 783; Herodotus 4. 172; 1. 195 (Assyrians).

〔99〕 Lucian, *De Saltatio* 21.

〔100〕 Strabo 7. 297.

〔101〕 Plutarch, *Marius* 17. 2.

〔102〕 Pausanias 10. 12. 10.

〔103〕 Giacomo Leopardi, *Poems* (tr. Bickersteth, pp. 166ff.).

〔104〕 *FHG*, Vol. 3, p.458, *frg.* 111.

〔105〕 Herodotus 4. 104.

〔106〕 *FHG*, Vol. 3, p. 460, *frg.* 123.

〔107〕 Strabo 7. 300.

〔108〕 *FHG*, Vol. 3, p. 463, *frg.* 137.

〔109〕 Aeschylus. *frg.* 198 N² (ed. Smyth, Vol. 2, *frg.* 111, p. 452).

〔110〕 Plato, *Republic* 5, 457 A-461 E.

〔111〕 *Ibid.*, 3. 416 E.

〔112〕 *Ibid.*, 10. 611 D (tr. Shorey).

〔113〕 Aristotle, *Politics* 2. 1.4. (1261 a 10ff.).

〔114〕 Athenaeus 13. 2. 555e.

〔115〕 I Cor. 15: 46.

〔116〕 Cicero, *De inventione rhetorica* 1.2.

〔117〕 See also Plato, *Symposium* 190 B.

〔118〕 Plutarch, *De defectu oraculorum* 13. 416 D E.

〔119〕 I Cor. 15: 40, 41.

〔120〕 Plutarch, *Quaest. Rom.* 84. 284; Gellius, *Noctes Atticae* 3.2.2.

〔121〕 Creuzer, *Symbolik³*, 2. 163-170; Martini, *Lactanti Carmen de Ave Phoenix*.

〔122〕 Herodotus 2. 73; Tacitus, *Annals* 6. 28. 1; Pliny, *Natural History*

10. 2. 3; Horapollo 1. 34.

〔123〕 Tacitus, *op. cit.*, 6. 28. 5.

〔124〕 *Physiologus* (ed. Sbordone, p. 154, 4).

〔125〕 Philostratus, *Vita Apollonii* 3. 49.

〔126〕 Herodotus 1. 176.

〔127〕 Strabo 11. 492.

〔128〕 *Iliad* VI, 208.

〔129〕 Aristotle, *Politics* 2.6.4 (1269 b 24).

〔130〕 Strabo 14. 665.

〔131〕 Justin 2. 3-5; Herodotus 4. 1. 11; 1. 15. 103. 105; Strabo 1. 61; 11. 511; 15. 687.

〔132〕 Herodotus 1. 6.

〔133〕 Plutarch, *Quaest. Graec.* 15. 294 E.

〔134〕 Strabo 11, 504-505.

〔135〕 Simonides, *frg.* 99 (*Lyra Graeca*, Vol. 2, p. 340).

〔136〕 Alcaeus, *frg.* 66 (*Lyra Graeca*, Vol. 1, p. 360).

〔137〕 Plutarch, *Consol. ad Apoll.* 22. 113 A.

〔138〕 *FHG*, Vol. 2, *frg.* 15, p. 217.

〔139〕 Cicero, *De natura deorum* 2. 66: *Et recidunt omnia in terras et oriuntur e terris.*

〔140〕 F. Winter, *Kunstgeschichte in Bildern* 208.4.

〔141〕 Plutarch, *Consol. ad Apoll.* 22. 113 B.

〔142〕 Virgil, *Georgics* 4. 475.

〔143〕 F. N. Pryce, *Catalogue of Sculpture*, Vol. 1, Pt. 1, p. 128.

〔144〕 Strabo 10. 478; 11. 499; 12. 557.

〔145〕 Strabo 12. 573.

〔146〕 *City of God* 18. 9.

〔147〕 Aeschylus, *The Eumenides* 595-608 (tr. Lattimore).

〔148〕 Ibid., 657-666.

〔149〕 Ibid., 727f.

〔150〕 Ibid., 731.

〔151〕 Ibid., 734-741.

〔152〕 Ibid., 171.

〔153〕 Ibid., 808f.

〔154〕 Ibid., 511f.

〔155〕 Ibid., 854-857.

〔156〕 Ibid., 213ff.

〔157〕 Ibid., 685-690.

〔158〕 Herodotus 9. 27; Pausanias 5. 11. 7.

〔159〕 Aeschylus, *op. cit.*, 754-761（tr. Lattimore）.

〔160〕 Ibid., 797ff.

〔161〕 Ibid., 389-396.

〔162〕 Ibid., 778-783.

〔163〕 Ibid., 837-840.

〔164〕 Ibid., 938-948.

〔165〕 Plato, *Timaeus* 34 A B.

〔166〕 Plutarch, *Quaest. Rom.* 23. 269B.

〔167〕 Aeschylus, *op. cit.*, 365f.（tr. Lattimore）.

〔168〕 Ibid., 273.

〔169〕 Ibid., 347-359.

〔170〕 Herodotus 5. 82-88.

〔171〕 Odyssey XX. 74.

〔172〕 Plutarch, *Quaestionem convivialium* 9. 14. 4.

〔173〕 Herodotus 5. 83.

〔174〕 Plutarch, *Amatorius* 20. 766C.

〔175〕 Pausanias 1. 13.8.

〔176〕 Pythainetos in *FHG*, Vol. 4, p. 487, *frg.* 6.

〔177〕 Plutarch, *Lycurgus* 14. 4.

〔178〕 Tacitus, *Germania* 17. 2; 18. 1.

〔179〕 *FPhilG*, Vol. 2, p. 115, *frg.* 3.

〔180〕 Plutarch, *Lycurgus* 15. 10.

〔181〕 Aristotle, *Politics* 2. 6. 7; 1269 b 39.

〔182〕 Plutarch, *Lycurgus* 14. 4.

〔183〕 Aeschylus, *Choephoroi* 631-634（tr. Lattimore）.

〔184〕 Apollodorus 1. 9. 17.

〔185〕 *FHG*, Vol. 1, p. 59, *frg*. 112.

〔186〕 Cf. Euripides, *Ion* 628; *Medea* 264.

〔187〕 *Iliad* VII. 468.

〔188〕 Apollonius Rhodius 1. 828-829.

〔189〕 Strabo 1. 45.

〔190〕 Hyginus, *fab*. 15.

〔191〕 Strabo 1. 45; Herodotus 4. 145; Pindar, *Pythian Odes* 4. 252.

〔192〕 Sophocles, *Oedipus at Colonus* 337（tr. Fitzgerald, p. 27）.

〔193〕 Diodorus 1. 23. 4.

〔194〕 Pausanias 9. 12. 2.

〔195〕 Hyginus, *fab*. 67.

〔196〕 Diomedes, in Keil, *Grammatici Latini* 1. 450. 26.

〔197〕 Cf. Pausanias 5. 11. 2.

〔198〕 *Iliad* XXIII. 679.

〔199〕 Herodotus 4. 149.

〔200〕 Pindar, *Olympian Odes* 2. 39.

〔201〕 Plutarch, *De placitis philosophorum* 1.3.876.

〔202〕 Plato, *Timaeus* 52 D, 53A.

〔203〕 Plato, *Laws* 4. 717 A B.

〔204〕 Aristotle, *Ethica Nicomachea* 5. 5. 1; 1132 b 21.

〔205〕 Aristotle, *Metaphysica* 1.5.2; 985 b 29.

〔206〕 Plutarch, *De Is. et Os*. 75. 381F.

〔207〕 Ibid.

〔208〕 Pausanias 5. 19. 6; Hyginus, *fab*. 67, 68.

〔209〕 Ibid., *fab*. 68.

〔210〕 Plutarch, *De defectu oraculorum* 35. 428.

〔211〕 Plutarch, *Consol. ad Apoll*. 23. 113 C.

〔212〕 Plato, *Laws* 9. 870 D E（tr. Bury）.

〔213〕 Ulpian, *Digestae* 1. 1. 3.

〔214〕 Ibid., 47. 10. 13. 7; 8. 4. 13 pr.

〔215〕 Ibid., 4. 2. 12. 1, citing Pomponius.

〔216〕 Plutarch, *De Is. et Os.* 47. 370 B.

〔217〕 Vigil, *Aeneid* 8. 181.

〔218〕 Nonnus, *Dionysiaca* 11. 370ff.

〔219〕 Ovid, *Metamorphoses* 10. 660.

〔220〕 Aristophanes, *Frogs* 211.

〔221〕 Plutarch, *De Is. et Os.* 66. 377 E.

〔222〕 Plautus, *Captivi* 889.

〔223〕 Herodotus 6. 91, 134.

〔224〕 Vigil, *Aeneid* 4. 58.

〔225〕 Aeschylus, *Eumenides* 392.

〔226〕 Plutarch, *Julius Caesar* 9.4.

〔227〕 Plutarch, *Quaest. Rom.* 20. 268 D.

〔228〕 Suidas *s. v.* Μονῆτα.

〔229〕 Lucan 1. 380.

〔230〕 Livy 7. 28. 4ff; Ovid, *Fasti* 6. 183.

〔231〕 Livy 5. 23. 5f., emphasizes this in connection with Camillus.

〔232〕 Gellius 5. 6. 21.

〔233〕 Livy 3. 55. 13.

〔234〕 Livy 1. 45. 2. Plutarch, *Quaest. Rom.* 4. 264 C D.

〔235〕 Plutarch, *Quaest. Rom.* 103, 288 F.

〔236〕 Suidas *s. v.* σάκανδρον.

〔237〕 Plutarch, *Coniugalia praecepta* 138 B.

〔238〕 Virgil, *Aeneid* 4. 58.

〔239〕 Tzetzes, *Historiarum variarum Chiliades* 3. 885f.; Malalas *Chronographia* 8. 194（*PG*，Vol.97, col, 306）.

〔240〕 Georgius Cedrenus, *Compendium Historiarum* 1. 267（*PG*, Vol. 121, col. 302）.

〔241〕 Julius Valerius, *Res Gestae Alexandri Macedonis* 3. 28 (XVIIIff).

〔242〕 Plutarch, *Amatorius* 18. 762.

〔243〕 Horace, *Odes* 4. 9. 10.

〔244〕 Herodotus 1. 23.

〔245〕 Diogenes Laertius 8. 1. 2.

〔246〕 Virgil, *Georgics* 4. 520.

〔247〕 Dio Chrysostom, *Orationes* 14. 19.

〔248〕 Herodotus 5. 3-6.

〔249〕 Pausanias 9. 30. 5; Ovid, *Metamorphoses* 10. 80.

〔250〕 Clearchus, in *FHG*, Vol. 2, p. 306.

〔251〕 Eustathius, *Commentarii* (*Odyssey*) 24. 1. 230.

〔252〕 Phanocles, in Powell, *Collectanea Alexandrina*, p. 106.

〔253〕 Ovid, *Metamorphoses* 10. 83ff.

〔254〕 Plutarch, *Lycurgus* 18. 2.

〔255〕 Plato, *Symposium* 211 B.

〔256〕 Sappho, *frg.* 13 (ed. Edmonds).

〔257〕 Idem, *frg.* 1. 22. 23. 48.

〔258〕 Idem, *frg.* 12. 14.

〔259〕 Idem, *frg.* 98. 115.

〔260〕 Idem, *frg.* 58. 72.

〔261〕 Idem, *frg.* 100.

〔262〕 Idem, *frg.* 119.

〔263〕 Idem, *frg.* 109. 110.

〔264〕 Idem, *frg.* 10. 76.

〔265〕 Idem, *frg.* 51.

〔266〕 Idem, *frg.* 71.

〔267〕 Idem, *frg.* 108.

〔268〕 Stobaeus, *Florilegium* 29. 58; cited in *Lyra Graeca*, Vol. 1, p.141.

〔269〕 Sappho, *frg.* 167 (ed. Edmonds).

〔270〕 Plato, *Phaedrus* 235 c.

〔271〕 See Karl Schefold, *Die Bildnisse der antiken Dichter, Redner und Denker*, 54f., 203.

〔272〕 Plato, *Symposium* 210.

〔273〕 Sappho, *frg.* 52（ed. Edmonds）.

关于巴霍芬的参考书目

Original Editions

Versuch über die Gräbersym bolik der Alten. Basel, 1859. Reprinted, with
a Foreword by C. A. Bernoulli and an Appreciation by Ludwig Klages.
Basel, 1925.

*Das Mutterrecht:Eine Untersuchung über die Gynaikokratie der alten Welt
nach ihrer religiösen und rechtlichen Natur.* Stuttgart, 1861. Reprinted,
Basel, 1897.

Die Sage von Tanaquil. Heidelberg, 1870.

"Lebens-Rückschau, " in *Zeitschrift für vergleichende Rechtswissen-
schaft*, Vol. 34 (1916), pp. 337-80. Also published under the title
"Selbstbiographie, " in *Basler Jahrbuch 1917* (pp. 298-343).

Collected Works

Johann Jakob Bachofens Gesammelte Werke. Edited by Karl Meuli. Basel,
1943- . (8 vols. by 1966.)

Related Literature

BAEUMLER, ALFRED. "Bachofen, der Mythologe der Romantik, " in *Der
Mythus von Orient und Okzident.* Ed. Manfred Schröter (Munich, 1926) .

BERNOULLI, C. A., *J. J. Bachofen und das Natursymbol.* Basel, 1924.

——. *J. J. Bachofen als Religionsforscher*. Leigzig, 1924.

KERÉNYI, KARL. *Bachofen und die Zukunft des Humanismus*. Zürich, 1945.

MORGAN, LEWIS HENRY. *Systems of Consanguinity and Affinity of the Human Family*. Washington, 1871.

——. *Ancient Society*. London, 1877.

SCHMIDT, GEORG. *J. J. Bachofens Geschichtsphilosophie*. Munich,

引用书目

1929.

AELIAN (CLAUDIUS AELIANUS). *De natura animalium (On Animals)*. Ed. and tr. A. F. Scholfield. LCL, 1958-59. 3 vols.

———. *Varia Historia, Epistolae, Fragmenta*. Ed. Rudolf Hercher. Leipzig, 1866.

AESCHYLUS. [*Plays.*] Ed. and tr. H. Weir Smyth. LCL, 1922-26. 2 vols. (Vol. 1: *Prometheus Bound.*)

———. [*Plays.*] Tr. Richmond Lattimore. (Complete Greek Tragedies.) Chicago, 1953-56. 2 vols. (Vol. 1: *Oresteia: Agamemnon, The Libation Bearers* [*Choiphoroi*], *The Eumenides.*)

ALCAEUS. In: *Lyra Graeca* (q. v.), Vol. 1.

APOLLODORUS. *Bibliotheca*. Ed. and tr. Sir James George Frazer. LCL, 1921. 2 vols.

APOLLONIUS RHODIUS. *Argonautica*. Ed. and tr. R. C. Seaton. LCL, 1912.

ARISTOPHANES. [*Comedies.*] Ed. and tr. Benjamin Bickley Rogers. LCL, 1924. 2 vols. (Vol. 2: *The Birds, The Frogs*; Vol. 3: *Ecclesiazusae, Lysistrata.*)

ARISTOTLE. [*Aristotelis qui ferebantur*] *Fragmenta*. Ed. Valentine Rose. Leipzig, 1886.

———. *Metaphysics*. Ed. and tr. H. Tredennick. LCL, 1933-35. 2 vols.

———. *Nicomachaean Ethics*. Ed. and tr. H. Rackham. LCL, 1926.

———. *Politics*. Ed. and tr. H. Rackham. LCL, 1932.

ARNOBIUS. *Adversus nationes*. Ed. August Reifferscheid. (Corpus Scriptorum Ecclesiasticorum Latinorum.) Vienna, 1875. /=*The Seven Books of Arnobius adversus Gentes*. Tr. Archibald Hamilton Bryce and Hugh Campbell. (Ante-Nicene Christian Library, 19.)

Edinburgh, 1871.

ATHENAEUS. *The Deipnosophists*. Ed. and tr. Charles Burton Gulick. LCL, 1927-41. 7 vols.

AUGUSTINE, ST. *The City of God*. Ed. and tr. G. E. McCracken and others. LCL, 1957- . 7 vols.

AULUS GELLIUS. *See* GELLIUS, AULUS.

BLUME, FRIEDRICH. *Iter Italicum*. Vol. 1, Berlin and Stettin; Vols. 2-4, Halle:1824-36. 4 vols.

BRAUN, EMIL. "Scavi romani: Villa Pamfili, " in *Bullettino dell' Instituto di Corrispondenza Archeologica*. Rome, 1838.

BULFINCH, THOMAS. *The Age of Fable*. Boston, 1855.

BURCKHARDT, JAKOB. *The Civilization of the Renaissance in Italy*. Tr. S. G. C. Middlemore. New York and London, 1944. (Originally published in German, Basel, 1860.)

CAMPANA, GIOVANNI PIETRO. *Illustrazione di due sepolcri romani del secolo di Augusto scoperti. . . presso la tomba degli Scipioni*. Rome, 1840.

CASSIODORUS, FLAVIUS MAGNUS AURELIUS. *Variae*. Ed. Theodor Mommsen. (Monumenta Germaniae Historica, Auctores Antiquissimi, XII.) Berlin, 1894.

CASSIUS DIO. *See* DIO CASSIUS.

CEDRENUS, GEORGIUS. *Compendium historiarum*. In: *PG*, Vol. 121 and Vol. 122, cols. 1-367.

CICERO, MARCUS TULLIUS. *De inventione rhetorica*. . . . Ed. and tr. H. M. Hubbell. LCL, 1949.

——. *De natura deorum*. . . . Ed. and tr. H. Rackham. LCL, 1933.

——. *De oratore*. Ed. and tr. E. W. Sutton and H. Rackham. LCL, 1942. 2 vols.

——. *De republica*. In: *Laws, Republic*. Ed. and tr. Clinton Walker. LCL, 1928.

——. *Letters to Atticus*. Tr. E. O. Winstedt. LCL, 1912-18. 3 vols.

CLEARCHUS of SOLI. *Fragmenta*. In: *FHG* (q. v.) , Vol. 2.

Codex Iustinianus. In: *Corpus Juris Civilis* (q. v.) , Vol. 2.

Corpus Juris Civilis. Ed. P. Krueger and T. Mommsen, 9th edn., Berlin, 1902. 2 vols.

CRATINUS. *See* THEODOR KOCK, *Comicorum Atticorum Fragmenta*.

CREUZER, FRIEDRICH. *Symbolik und Mythologie der alten Völker*. Darmstadt, 1810-23. 6 vols. 3rd edn., Darmstadt, 1836-42. 4 vols.

CUJACIUS, JACOBUS (JACQUES CUJAS). *Opera.* Venice and Modena, 1758-83. 11 vols.

DIO CASSIUS. *Roman History.* Ed. and tr. E. Cary. LCL, 1914-27. 9 vols.

DIO CHRYSOSTOM. [*Discourses.*] Ed. and tr. J. W. Cohoon and H. Lamar Crosby. LCL, 1932-35. 5 vols.

DIODORUS SICULUS. *Historical Library.* Ed. and tr. C. H. Oldfather and others. LCL, 1933-57. 12 vols.

DIOGENES LAERTIUS. *Lives of Eminent Philosophers.* Ed. and tr. R. D. Hicks. LCL, 1925. 2 vols.

DIOMEDES. *Ars Grammatica.* In: Heinrich Keil, *Grammatici Latini.*

DIONYSIUS PERIEGETES. In: *Geographi Graeci Minores*, ed. Karl Müller. Paris, 1855-61. 2 vols. (Vol. 2, pp. 104-76.)

ENNIUS, QUINTUS. *See* SERVIUS.

EPHORUS. *See* STRABO.

EPIPHANIUS. See *Physiologus.*

EURIPIDES. [*Plays.*] Ed. and tr. Arthur S. Way. LCL, 1912. 4 vols. (Vol. 2: *Orestes*; Vol. 4: *Hippolytus, Ion, Medea.*)

———. *Fragments.* In: *Euripidis Periditarum Tragoediarum Fragmenta.* Ed. August Nauck. Leipzig. 1885.

———. *Hippolytus.* In: *Euripides*, Vol. 1. Tr. David Grene. (Complete Greek Tragedies.) Chicago, 1955.

EUSTATHIUS. *Commentarii ad Homeri Iliadem et Odysseam.* Leipzig, 1825-28. 7 vols. (Repr., Hildesheim, 1960, identical pagination, 7 vols. in 4.)

FELLOWS, CHARLES. *An Account of Discoveries in Lycia.* London, 1841.

Fragmenta Historicorum Graecorum. See MÜLLER, CARL and THEODOR.

Fragmenta Philosophorum Graecorum. See MULLACH, F. W. A.

FREEMAN, KATHLEEN. *Ancilla to the Pre-Socratic Philosophers.* Oxford, 1948.

GAIUS. *Institutiones.* Ed. Paul Krüger and Wilhelm Studemund. (Collectio Librorum Juris Anteiustiniani, 1.) 6th edn., Berlin, 1912.

GELLIUS, AULUS. *Attic Nights.* Ed. and tr. John C. Rolfe. LCL, 1927. 3 vols.

GRAVES, ROBERT. *The Greek Myths.* 3rd rev. edn., Baltimore and Harmondsworth, 1960.

Greek Anthology, The. Ed. and tr. W. R. Paton. LCL, 1916-18. 5 vols.

HELBIG, WOLFGANG. *Führer durch die öffentlichen Sammlungen klassischer*

Altertümer in Rom. 3rd edn., Leipzig, 1912-13. 2 vols.

HERODOTUS. [*The Histories.*] Ed. and tr. A. D. Godley. LCL, 1921-24. 4 vols.

[HESIOD.] *Hesiod and the Homeric Hymns.* Ed. and tr. H. G. Evelyn-White. LCL, 1914.

HOMER. *The Iliad.* Ed. and tr. A. C. Murray. LCL, 1924-25. 2 vols.

——. *The Iliad.* Tr. Richmond Lattimore. Chicago, 1951.

——. *The Odyssey.* Ed. and tr. A. C. Murray. LCL, 1919. 2 vols.

Homeric Hymn to Apollo. See HESIOD.

HORACE. *Odes and Epodes.* Ed. and tr. C. E. Bennett. LCL, 1914.

HORAPOLLO NILIACUS. *Hieroglyphica.* Ed. C. Leemans. Amsterdam, 1835. /=*The Hieroglyphics of Horapollo.* Tr. George Boas. New York (Bollingen Series XXIII) , 1950.

HYGINUS, GAIUS JULIUS. *Fabulae.* Ed. M. Schmidt. Jena, 1872.

IAMBLICHUS. *De Vita Pythagorica.* Ed. Ludwig Deubner. Leipzig, 1937. /=*Iamblichus' Life of Pythagoras.* Tr. Thomas Taylor. London, 1926.

JOSEPHUS, FLAVIUS. *The Jewish War.* Ed. and tr. H. Thackeray. LCL, 1927-28. 2 vols.

JULIAN (ANTECESSOR). *Digestae.* In: *Corpus Juris Civilis* (q. v.) , Vol. 1.

JULIUS VALERIUS. *Res Gestae Alexandri Macedonis.* Ed. Bernhard Kübler. Leipzig, 1888.

JUSTIN (MARCUS JUNIANUS JUSTINUS). *Epitome historiarum Philippicarum Pompei Trogi.* Ed. Otto Seel. Leipzig, 1935.

JUSTINIAN. See *Codex Iustinianus.*

[JUVENAL] (DECIMUS JUNIUS JUVENALIS). *Juvenal and Persius.* Ed. and tr. G. G. Ramsay. LCL, 1918.

KEIL, HEINRICH. *Grammatici Latini.* Hildesheim, 1867 (repr. 1961). 8 vols. (*Diomedis Artis Grammaticae Libri III* in Vol. 1, pp. 299-529.)

KERÉNYI, CARL. *The Gods of the Greeks.* Tr. Norman Cameron. New York and London, 1951.

——. *The Heroes of the Greeks.* Tr. H. J. Rose. London, 1959.

——. *The Religion of the Greeks and Romans.* Tr. Christopher Holme. London, 1962.

KOCK, THEODOR (ed.). *Comicorum Atticorum Fragmenta.* Leipzig, 1880-88. 3 vols. (Cratinus, Vol. 1).

LACTANTIUS, LUCIUS CAECILIUS FIRMIANUS. *Divinae Institutiones.* In: *PL*, Vol.

6, cols. 111-822.

———. *See also* MARTINI.

LEOPARDI, GIACOMO. *Poems*. Ed. and tr. Geoffrey L. Bickersteth. Cambridge, 1923.

LIVY [TITUS LIVIUS]. [*History of Rome*.] Ed. and tr. B. O. Foster, F. G. Moore, and others. LCL, 1919-59. 14 vols.

LONGINUS, PSEUDO-. *On the Sublime*. In: Aristotle, *The Poetics: "Longinus, " On the Sublime*. Ed. and tr. W. Hamilton Fyfe. LCL, 1928.

LUCAN (MARCUS ANNAEUS LUCANUS). *The Civil War (Pharsalia)*. Ed. and tr. J. D. Duff. LCL, 1928.

LUCIAN. [*Works*.] Ed. and tr. A. M. Harmon, K. Kilburn, and M. D. Macleod. LCL, 1913-41. 8 vols. ("The Dance" [*De Saltatio*] in Vol. 5.)

LYCOPHRON. *Cassandra [Alexandra]* . Ed. Gottfried Kinkel. Leipzig, 1880. (Includes the Scholia.)

Lyra Graeca. Ed. and tr. J. M. Edmonds. LCL, 1922-27. 3 vols.

MALALAS, JOANNES. *Chronographia*. In: *PG*, Vol. 97, cols, 65-718.

MARTIANUS CAPELLA. *De Nuptiis Philologiae et Mercurii*. Ed. Adolf Dick. Leipzig, 1925.

MARTINI. *Lactanti Carmen de Ave Phoenix*. Lüneburg, 1825.

MELA, POMPONIUS. *Chronographia*. Ed. Karl Frick. Leipzig, 1880.

MENANDER. [*The Fragments*.] Ed. and tr. F. C. Allinson. LCL, 1921.

MULLACH, F. W. A. (ed.). *Fragmenta Philosophorum Graecorum*. Paris, 1870-81. 3 vols.

MÜLLER, CARL and THEODOR (ed.). *Fragmenta Historicorum Graecorum*. Paris, 1841-84. 5 vols.

MÜLLER, KARL OTFRIED. *Die Etrusker*. 2nd edn., Stuttgart, 1877. 2 vols.

NICOLAUS of DAMASCUS. *Fragmenta*. In: *FHG*, Vol. 3, pp. 343-463.

NIETZSCHE, FRIEDRICH. *The Birth of Tragedy*. Tr. William A. Haussmann. Edinburgh and London, 1909.

———. *Thus Spake Zarathustra*. Tr. Thomas Common. London, 1932.

NONNUS. *Dionysiaca*. Ed. and tr. W. H. D. Rouse. LCL, 1940. 3 vols.

OVID (PUBLIUS OVIDIUS NASO). *The Art of Love and Other Poems*. Ed. and tr. J. H. Mozley, LCL, 1929. (*Ibis*, pp. 252-30.)

———. *Fasti*. Ed. and tr. Sir James George Frazer. LCL, 1931.

———. *Metamorphoses*. Ed. and tr. F. J. Miller. LCL, 1916. 2 vols.

PAULUS. In: *Corpus Juris Civilis* (q. v.) , Vol. 1.

PAUSANIAS. *Description of Greece*. Ed. and tr. W. H. S. Jones and H. A. Ormerod. LCL, 1918-35. 5 vols.

PHANOCLES. *See* POWELL, JOHN UNDERSHELL.

PHILOSTRATUS. *Heroicus*. In*: Flavii Philostrati Opera*. Ed. C. L. Kayser. Leipzig, 1870-71. 2 vols. (Vol. 2, pp. 128-219.)

———. *Imagines*. Ed. and tr. Arthur Fairbanks. LCL, 1931.

———. *Life of Apollonius of Tyana*. Ed. and tr. F. C. Conybeare. LCL, 1912. 2 vols.

PHOTIUS. *Lexicon*. Ed. Gottfried Hermann. Leipzig, 1808.

Physiologus. Ed. F. Sbordone. Milan, 1936.

PINDAR. *Odes*. Ed. and tr. Sir J. E. Sandys. LCL, 1915.

———. *Odes*. Tr. Richmond Lattimore. Chicago, 1947.

———. *Scholia*. See: *Pindari Carmina*. Ed. C. Gottlieb Heyne. Göttingen, 1798. 2 vols.

PLATO. *The Dialogues*. Tr. Benjamin Jowett. New York, 1937. 2 vols. (Vol. 1: *Symposium*.)

———. *Euthyphro Apology Crito Phaedo Phaedrus*. Ed. and tr. H. N. Fowler. LCL, 1914.

———. *The Laws*. Ed. and tr. R. G. Bury. LCL, 1926. 2 vols.

———. *Lysis, Symposium, Gorgias*. Ed. and tr. W. R. M. Lamb. LCL, 1925.

———. *The Republic*. Ed. and tr. Paul Shorey. LCL, 1930-35. 2 vols.

———. *Timaeus Cleitophon Critia Menexenus Epistles*. Ed. and tr. R. G. Bury. LCL, 1929.

PLAUTUS. [*Works*.] Ed. and tr. Paul Nixon. LCL, 1916-38. 5 vols. (Vol. 1: *Captivi* [The Captives] ;Vol. 2: *Cistellaria* [The Casket Comedy] .)

PLINY (GAIUS PLINIUS SECUNDUS). *Natural History*. Ed. and tr. H. Rackham and others. LCL, 1938-42. 11 vols.

PLUTARCH. *The Parallel Lives*. Ed. and tr. B. Perrin. LCL, 1914-26. 11 vols. (Vol. 1: Romulus, Solon, Lycurgus; Vol. 4: Alcibiades; Vol. 7: Caesar; Vol. 9: Marius.)

———. *Moralia*. Ed. and tr. F. C. Babbitt and others. LCL, 1927- . 15 vols. (Vol. 2: *Consolatio ad Apollonium* [Letter of Consolation to Apollonius], *Coniugalia praecepta* [Advice to Bride and Groom]; Vol. 3: *Mulierum virtutes* [Bravery of Women]; Vol. 4: *Quaestiones Romanae* [Roman Questions] , *Quaestiones Graecae* [Greek Questions]; Vol. 5: *De Iside et Osiride* [Isis and Osiris] , *De defectu oraculorum* [Obsolescence of

Oracles]; Vol. 6: *De tranquillitate animi* [Tranquillity of Mind]; Vol. 7: *De genio Socratis* [Sign of Socrates]; Vol. 8-9: *Quaestionem convivialium* [Table-Talk]; Vol. 9: *Amatorius* [Dialogue on Love]; Vol. 11: *De placitis philosophorum* [On the Opinions Accepted by the Philosophers] ; Vol. 12: *De facie quae in orbe lunae apparet* [Concerning the Face Which Appears in the Orb of the Moon]; Vol. 13: *De communibus notitiis adversus Stoicos* [On Common Moral Notions against the Stoics] .)

POLYBIUS. [*History.*] Ed. and tr. W. R. Paton. LCL, 1992-27. 6 vols.

POMPONIUS MELA. *See* MELA.

POWELL, JOHN UNDERSHELL. *Collectanea Alexandrina*. Oxford, 1925.

PROPERTIUS. [*Works.*] Ed. and tr. H. E. Butler. LCL, 1912.

PRYCE, F. N. *Catalogue of Sculpture in the Department of Greek and Roman Antiquities in the British Museum*. London, 1928-31. 2 parts. (Part I.)

PYTHAINETOS. In: *FHG* (q. v.) , Vol. 4.

REINACH, SALOMON. *Répertoire de reliefs grecs et romains*. Paris, 1909-12. 3 vols.

SAPPHO. In: *Lyra Graeca*, Vol. 1.

SCHEFOLD, KARL. *Die Bildnisse der antiken Dichter, Redner und Denker*. Basel, 1943.

SCHWAB, GUSTAV BENJAMIN. *Die schönsten Sagen des klassischen Altertums*. Stuttgart, 1838-39. 2 vols.

SERVIUS. (*Servii grammatici qui feruntur*) *Commentarii*. Ed. Georg Thilo and Hermann Hagen. Leipzig, 1881-87. 3 vols. (Vols. 1-2: *Aeneid* ; Vol. 3: *Bucolics, Georgics.*)

SEXTUS EMPIRICUS. [*Pyrrhoneioi hypotyposeis.*] Ed. and tr. R. G. Bury. LCL, 1933-36. 4 vols.

SIMONIDES. In: *Lyra Graeca*, Vol. 2.

SOLINUS, GAIUS JULIUS. *Collectanea Rerum Memorabilium*. Ed. Theodor Mommsen. Berlin, 1864.

SOPHOCLES. *Oedipus at Colonus*. Tr. Robert Fitzgerald. New York, 1941. Reprinted in series of Complete Greek Tragedies, Chicago, 1954.

SPARTIANUS, AELIUS. *Caracalla*. In: *Scriptores Historiae Augustae,* ed. and tr. D. Magie. LCL, 1953. 3 vols. (Vol. 2, pp. 2-31.)

STACKELBERG, OTTO MAGNUS VON. *Der Apollotempel zu Bassae in Arcadien*. Rome, 1826.

STOBAEUS, JOANNES. *Florilegium*. Ed. August Meineke. Leipzig, 1855-56. 3 vols.

STRABO. *Geography*. Ed. and tr. H. L. Jones. LCL, 1917-32. 8 vols.

SUETONIUS. *Lives of the Caesars*. Ed. and tr. J. C. Rolfe. LCL, 1914. (Vol. 1: *The Deified Julius*.)

SUIDAS. *Lexicon*. Ed. Ada Adler. (Lexicographi Graeci.) Leipzig, 1928-38. 5 vols.

TACITUS, CORNELIUS. *Dialogus, Agricola, and Germania*. Ed. and tr. William Peterson and Maurice Hutton. LCL, 1914.

———. *Histories and Annals*. Ed. and tr. Clifford H. Moore and John Jackson. LCL, 1925-51. 4 vols.

TERTULLIAN (A. SEPTIMIUS FLORENS TERTULLIANUS). *Apology, De spectaculis*. Ed. and tr. T. R. Glover. LCL, 1931.

TZETZES, JOANNES. *Variarum Historiarum Liber*. In: *Lycophronis Chalcidensis Alexandra. . . adjectus quoque est Joannis Tzetzae Variarum Historiarum Liber*. Basel, 1546.

ULPIAN (DOMITIUS ULPIANUS). *Digestae*. In: *Corpus Juris Civilis* (q. v.), Vol. 1.

VARRO, MARCUS TERENTIUS. [Cato and] Varro, *De re rustica*. Ed. and tr. W. D. Hooper and H. B. Ash. LCL, 1934.

VIRGIL (PUBLIUS VIRGILIUS MARO). [*Works*.] Ed. and tr. H. R. Fairclough. LCL, 1916-18. 2 vols. (Vol. 1: *Georgics;* Vols. 1-2: *Aeneid*.)

———. The *Georgics*. Tr. Cecil Day Lewis. London, 1940.

WESTERMARCK, EDWARD. *The History of Human Marriage*. London, 1891. 5th edn., London, 1921. 3 vols.

WINCKELMANN, JOHANN JOACHIM. *Werke*. Ed. C. L. Fernow. Dresden and Berlin, 1808-25. 11 vols.

WINTER, FRANZ (ed.). *Kunstgeschichte in Bildern*. Leipzig, 1910-27. 13 parts.

XENOPHON. *Hellenica, Anabasis, Symposium*. Ed. and tr. C. L. Brownson and O. J. Todd. LCL, 1918-22. 3 vols. (Vols. 2-3: *Anabasis*; Vol. 3: *Symposium*.)

词 汇 表

Abylles：阿比勒人，曾经居住在靠近今天摩洛哥北部的休达（Ceuta）。

Acca Larentia：阿卡·劳伦缇雅，罗马神话故事中的人物。她遵循赫拉克勒斯的建议嫁给了走出神庙后遇到的第一个男人。这个男人死后，她继承了他的财产，她死后将财产留给了罗马人。

Achilles：阿喀琉斯，珀琉斯（Peleus）与海洋女神忒提斯之子，参加了特洛伊战争的希腊英雄。

aediles：营造官，罗马的行政职位之一，负责管理公共建筑、社会秩序以及庆典赛会。

Aegeus：埃勾斯，忒修斯的父亲，传说中的雅典国王。

Aegids：埃勾斯的后人，也参见词条 Aegeus。

Aeginetans：埃伊纳人，位于萨罗尼克科湾（Saronic Gulf）一个小岛埃伊纳岛上的居民。该岛从埃皮达鲁斯殖民而来，也参见词条 Epidaurus。

Aelian：伊利安，全名克劳狄乌斯·伊利亚努斯（Claudius Aelianus），罗马作家，其鼎盛时期在公元 200 年前后。

Aeneads：埃涅阿斯族人，即埃涅阿斯的后人，也参见词条 Aeneas。

Aeneas：埃涅阿斯，特洛伊王子，安喀塞斯（Anchises）与阿芙洛狄忒女神之子。他在特洛伊战争失败后乘船逃亡意大利，航行途中船只遇险，流落到迦太基，并在那里遇见迦太基女王狄多（也参见词条 Dido）；后来抵达意大利并建立了罗马城，成为罗马人的祖先。

Aeolians：伊奥利亚人，居住在位于小亚细亚西北部的特洛伊地区以及莱斯博斯岛的希腊人。

Aeschylus：埃斯库罗斯（公元前 525～前 456 年），希腊悲剧诗人。

Aetolians：埃托利亚人，生活在希腊中部埃托利亚（Aetolia）的人。

Agamemnon：阿伽门农，在特洛伊战争中任希腊联军的统帅。他在战争结束返回家乡后，被他与人通奸的妻子克吕泰涅斯特拉杀害，后来他的儿子俄瑞斯忒斯为父报仇杀死了母亲。

agathodaemon：指帮助或保护人们的善良精灵。

Agathyrsi：阿加提尔斯人，生活在今天匈牙利和罗马尼亚境内的穆列什河（the Mures）沿岸的一个民族。

Ahriman：阿里曼，祆教（Zoroastrian relgion，又称琐罗亚斯德教、拜火教）的恶神。

Aides Aïdoneus：阿迪斯，希腊神话中的冥神，他的另一个名字叫哈得斯，也参见词条 Hades。

Ajax：埃阿斯，特洛伊战争中的希腊英雄。他被称为"洛克里斯人埃阿斯"，以区别于另一个埃阿斯，即作为"忒拉蒙之子的埃阿斯"（Telamonian Ajax）。埃阿斯奸污了特洛伊国王普里阿摩斯的女儿卡珊德拉（Cassandra，也是雅典娜神庙的女祭司。——译者注），后来因对海神波塞冬，也叫尼普顿不敬被淹死。

Alcaeus：阿尔凯奥斯，来自莱斯博斯岛的希腊抒情诗人。生于公元前 620 年前后。

Alcibiades：亚西比德（公元前 450 前后～前 405 年），雅典政治家、苏格拉底的学生。

Alcmaeon：阿尔克迈翁，在希腊的神话传说中，他遵从父亲安菲阿拉俄斯（Amphiaraus）的嘱咐，杀死了母亲厄里菲勒（Eriphyle），因此受到惩罚而发疯。

Aleian meadow：阿勒伊俄斯的荒原，可能在西里西亚地区(Cilicia)；参看 Herodotus 6. 95。

Alexander：亚历山大，荷马史诗《伊利亚特》中通常用来表示特洛伊国王普里阿摩斯与王后赫卡柏（Hecuba）之子帕里斯。他拐走了斯巴达国王墨涅拉俄斯（Menelaus）的妻子海伦，引发了特洛伊战争。

Alexander the Great：亚历山大大帝（公元前 356～前 323 年），马其顿

国王。

Alexandria：亚历山大城。

Altes：阿耳忒斯，列列该斯国王。特洛伊战争期间，他率领列列该斯人参加了战争。

Amazons：阿玛宗人。希腊神话故事将阿玛宗人描写成一个生活在卡帕多西亚（Cappadocia）以及黑海南岸的本都（Pontus）地区、全部由女战士组成的种族。她们参加了特洛伊战争，又袭击雅典，被忒修斯击退。

Amisodarus：阿密索达鲁斯，又名伊萨拉斯。吕基亚国王，相传由怪物喀迈拉养育大。

Ammon：阿蒙。

Ammonium：阿蒙神庙，宙斯—阿蒙位于古利比亚即今天锡瓦绿洲（Siwa）的神示所。

Amor：阿莫尔，希腊的爱神爱若斯在罗马神话中对应的神的名字。

Anius：艾尼奥斯，提洛国王。他的三个女儿被神变成了鸽子。

Anteia：安忒亚，又名斯忒涅玻亚，阿尔戈斯（Argos）国王普洛托斯的妻子。她向国王诬告落难到阿尔戈斯的柏勒洛丰想要非礼她。

Antigone：安提戈涅，俄狄浦斯与伊俄卡斯忒的女儿，波吕尼刻斯与厄忒俄克勒斯的妹妹。

Antigonus：安提柯，亚历山大大帝麾下的将领，在亚历山大大帝死后成了亚洲大片地区的统治者。

Antiope：安提俄珀，阿玛宗人的女王，被忒修斯打败。

Aphrodite：阿芙洛狄忒，希腊神话中专司情爱的女神，在罗马神话中与她对应的是维纳斯女神；战神阿瑞斯（或称马尔斯，Mars）的伴侣。她尤其受到塞浦路斯人的崇拜，因此也被称为"塞浦路斯女神"（Cypria 或 Cyprian）。

Apollo：阿波罗，希腊神话中的光明之神、太阳神，也是司预言与正义的神。对阿波罗的崇拜主要集中在德尔菲。阿波罗又被叫作皮提俄斯（Pythian），以纪念他杀死代表冥界的巨蟒皮同（Python）；他还被称为吕卡伊安（Lyceian），或许意味着他来自吕基亚，又或许说明他与狼有一定的关系。

Apollodorus：阿波罗多罗斯，希腊作家及神话学者，鼎盛时期在公元前 140 年前后。

Apollonius Rhodius：阿波罗尼俄斯（公元前 295 前后～前 215 年），希腊史诗诗人。

Arcadia/Arcadians：阿卡迪亚 / 阿卡迪亚人，希腊的一个地区和生活在该地区的人们。该地区位于伯罗奔尼撒半岛中部。

Ares：阿瑞斯，希腊战神，相当于罗马的马尔斯神。雅典的阿雷帕古斯山（the Areopagus），或阿瑞斯山，是雅典最高刑事法庭的所在地，也是审判俄瑞斯忒斯弑母罪的地方。

Arete：阿瑞忒，费阿克斯国王阿尔喀诺俄斯（Alcinous）的妻子。

Argives：阿尔戈斯人，即阿尔戈斯的居民。

Argo：阿耳戈号，即阿耳戈英雄们所乘的船。

Argonauts：阿耳戈船的英雄们，即由伊阿宋率领的远征船队，他们冒险航行到科尔喀斯（Colchis）取回金羊毛。

Argos：阿尔戈斯，希腊城市，阿尔戈利斯（Argolis）的首府，位于伯罗奔尼撒半岛的东部，赫拉神庙的所在地。

Ariadne：阿里阿德涅，克里特国王弥诺斯（Minos）的女儿。被忒修斯劫持逃离克里特岛，途中遭他遗弃；后与酒神狄奥尼索斯（罗马的酒神为巴克斯，或利贝尔）结为夫妻，因此她在罗马又被称为利贝拉。有时她以阿芙洛狄忒女神的形象出现。

Arion：阿里翁，传说来自莱斯博斯岛的诗人和音乐家，据说一只喜欢音乐的海豚曾救过落水的他。

Aristophanes：阿里斯托芬（公元前 455～前 375 年），希腊喜剧诗人。

Aristotle：亚里士多德（公元前 384～前 322 年），希腊哲学家。

Arrian：阿里安，全名弗拉维乌斯·阿里安努斯（Flavius Arrianus）（公元 95 前后～175 年），希腊作家。

Artemis：阿耳忒弥斯，希腊女神，阿波罗的姐妹，她在罗马神话中被叫作狄安娜；她被看作大自然的野生动物、贞洁以及阿玛宗人的保护神。

Asia Minor：小亚细亚。

Aso：阿索，埃西欧匹亚的女王。普鲁塔克的作品《论埃及神学与哲学：伊希斯与俄赛里斯》中提及她。

Atalanta：阿塔兰忒，司寇纽斯的女儿［在其他不同版本中她是伊阿索斯（Iasus）的女儿］。她跑得很快，挑战来向她求婚的人与她进行赛跑，输给她的人会被杀死，结果求婚者都跑不过她；直到墨拉尼昂（Melanion），又或希波墨涅斯（Hippomenes）出现并在比赛中赢了她。原来，他在比赛中用阿芙洛狄忒女神给他的三个金苹果来分散阿塔兰忒的注意力，赢得了比赛。

Atarantes：阿塔兰司人，利比亚的一个民族。

Athene：希腊的雅典娜女神，相当于罗马的密涅瓦女神。她从宙斯的头生出；也被称为帕拉斯·雅典娜，或被直接称为帕拉斯；雅典的守护神，同时也是保护女战士和处女的女神。

Atossa：阿托莎。

Attica：阿提卡，希腊的一个地区，雅典历史上曾是阿提卡地区的首府。

Augiles：奥格勒人，利比亚的一个民族，居住在阿蒙神庙以西。

Augustine, St.：圣奥古斯丁（公元354～430年），全名奥里留·奥古斯丁（Aurelius Augustinus），希坡（Hippo）的主教。

Augustus, Gaius Julius Caesar Octavianus：盖乌斯·尤里乌斯·凯撒·屋大维·奥古斯都（公元前63～公元14年），原名盖乌斯·屋大维（Gaius Octavius），罗马的第一位皇帝。

Aurora：欧罗巴，罗马神话中与希腊的黎明和青春女神爱若斯对应的女神。

Ausians：奥西亚人，居住在特里托尼斯河和特里托尼斯湖，即今天突尼斯的吉利特（Chott Djerid）沙漠盐湖附近的一个非洲部落。

Autolycus：奥托吕科斯，色诺芬《会饮》中的人物。

Auxesia：奥克塞西亚，克里特的生育女神。

Aventine：阿文蒂诺山，罗马的七座山丘之一，狄安娜女神的神庙所在地。

Babylonians：巴比伦人。

Bacchus：巴克斯，酒神狄奥尼索斯的另一个名字，也参见词条

Dionysus。

Balearic Islands：巴利阿里群岛。

Bassae：巴赛，位于阿卡迪亚的一个城镇，这里是一座著名的阿波罗神庙的所在地。

Battiads：巴提阿德王室，即公元前 6 世纪居勒尼王国的统治者们。因创建居勒尼的巴图斯一世（Battus I）而得名。

Bebrycians：珀布律喀亚人，位于比提尼亚的一个民族，也参见词条 Bithynia。

Bellerophon：柏勒洛丰，希腊传说中的英雄。海神波塞冬的儿子（又或是科林斯国王格劳科斯的儿子）；被阿尔戈斯国王的王后安忒亚诬陷，说他企图非礼她（也参见词条 Anteia）；后被送往吕基亚，不仅替国王杀死了怪物喀迈拉（也参见词条 Chimaera），后来还打败了阿玛宗人；因为被天神所憎恶，他最终结局悲惨，沦落到一个人孤零零游荡在阿勒伊俄斯荒原的境地。

Berenice II：贝勒尼基二世，埃及的王后。

Bithynia：比提尼亚，位于小亚细亚以北、黑海沿岸的地区。

Boeotia：皮奥夏，希腊境内的地区，位于雅典西北部。忒拜是该地区的重要城市。

Bona Dea：玻娜女神，罗马的大地女神，她也以弗娜、迈亚（Maia）、厄普斯女神的形象出现，是每年 5 月、6 月和 12 月举办的节日仪式上的祭拜对象。

Cadmeans：卡德摩斯的后裔。

Cadmus：卡德摩斯，希腊传说中的英雄人物。他杀死了巨龙后，拔下巨龙的牙齿种到地里，从地里长出一些武士，这些武士后来成为忒拜人的始祖。

Caesar, Gaius Julius：盖乌斯·尤利乌斯·凯撒（公元前 102 前后～前 44 年），即凯撒大帝，罗马的军事将领、独裁官。

Calamus：卡拉墨斯，卡耳波斯的朋友。在一次游泳比赛中卡拉墨斯让卡耳波斯赢了自己，后者却在获胜后不幸淹死；卡拉墨斯和卡耳波斯这两位情意相投的人死后如他们的名字所意味的那样，分别变成了菖蒲和水果。

Callias：卡利阿斯，色诺芬《会饮》中的人物。

Callisthenes, pseudo-：伪卡利斯提尼斯，可能生活在 3 世纪，一部亚历山大大帝传奇故事的作者。

Camisa：卡米萨，雅努斯的妻子和姊妹，也参见词条 Janus。

Candace：坎迪斯，埃西欧匹亚女王们通用的名字，尤其用来指在公元前 22 年入侵埃及以失败告终的麦罗埃（Meroë）的女王；也是后世传诵的有关亚历山大大帝的神话故事中某个印度女王的名字。

Candaules：坎达乌勒斯，传说中印度坎迪斯女王的儿子。

Cantabri：坎塔布里人，生活在西班牙西北部的一个民族，曾被奥古斯都征服。

Caria/Carians：卡里亚地区和卡里亚人，位于小亚细亚的西南面，吕底亚（Lydia）以南、吕基亚以西。

Carnea：阿波罗节，斯巴达以及希腊的多利安人纪念阿波罗的节日，每年的 8、9 月庆祝。

Carpus：卡耳波斯，参见词条 Calamus。

Carrhae：卡雷，哈兰的旧称。

Caspian Sea：里海。

Cassandra：卡珊德拉，参见词条 Philonoë。

Caucones：考寇涅斯人，生活在小亚细亚西北的一个民族，可能属于西徐亚人的一支。

Cecrops：刻克洛普斯，传说中雅典的第一位国王，制定了关于婚姻的法律。

Cedrenus, Georgius：乔治·克德雷诺斯，11 世纪的拜占庭历史学家。

Cephallenia/Cephallenians：刻法勒尼亚岛以及岛上的居民。该岛是位于帕特雷湾（Gulf of Patras）外爱奥尼亚海（Ionian Sea）中的一个岛屿，即现在的凯法利尼亚岛（Cephalonia）。

Ceres：刻瑞斯，罗马掌管谷物、丰收以及大地生产力的女神，她的地位相当于希腊的德墨忒尔女神。

Chalcidians：哈尔基斯人，居住在靠近希腊东北海岸的埃维厄岛上一个叫哈尔基斯（Chalcis）的地方的人们。

Cheimarrhus：喀迈拉斯，海盗首领，被柏勒洛丰打败。

Chimaera：喀迈拉，希腊神话中长着三个头、能喷火的怪物，后被柏勒洛丰杀死。

Choragus：科拉戈斯，出现在亚历山大传奇故事中的一个印度女王坎迪斯的儿子。

Chrysippus：克律西波斯，珀罗普斯之子。被拉伊俄斯诱拐走，后来自杀；在另一个版本的神话故事中，他被珀罗普斯的妻子希波达米亚所杀。

Cicero, Marcus Tullius：马库斯·图利乌斯·西塞罗（公元前106~前43年），罗马政治家和演说家。

Ciconian mothers：客科涅斯的母亲们，也就是把俄耳甫斯杀害并把他的尸体撕成碎片的一个色雷斯部落的女人们。

Cimmerians：西米里族人，居住在亚速海（Sea of Azov）和克里米亚半岛（Crimea）的一个民族，该民族在历史上曾频繁侵袭小亚细亚。

Cinyras：喀尼拉斯，对塞浦路斯的文化做出重要贡献的英雄。当他发现自己与女儿斯米耳娜（Smyrna）发生了乱伦关系后，便自杀而死。

Clearchus of Soli：索里的克里楚斯。生活在公元前3世纪，亚里士多德的学生，著有多部作品；他的作品只有一些片断通过阿忒纳奥斯（Athenaeus）及其他作家得以保存下来。

Cleitae：克勒忒，指生活在意大利城市雷特（Cleite）的阿玛宗人的女王。该城由彭忒西勒亚的养母克雷特（Cleite）创建，后来为克罗顿人（Crotonians）所毁。

Cleopatra：克丽奥帕特拉，始于公元前193年的托勒密王朝时期多位埃及女王的名字，尤指克丽奥帕特拉七世（公元前68~前30年）。她与凯撒生有一子，后又与马克·安东尼（Mark Antony）相好。

Clytaemnestra：克吕泰涅斯特拉，阿伽门农的妻子。与阿伽门农的堂兄弟埃吉斯托斯（Aegistheus）通奸；杀死了特洛伊战争结束后返家的丈夫阿伽门农，后又被自己的儿子俄瑞斯忒斯杀死。

Colonus：科罗诺斯，雅典以北的一座山，也是俄狄浦斯死去的地方。

Corinthians：科林斯人。

Creon：克瑞翁，格劳刻的父亲、伊俄卡斯忒的兄弟；伊俄卡斯忒的丈夫拉伊俄斯死后成为忒拜的国王，后将王位交给俄狄浦斯；在俄狄浦斯的两个儿子厄忒俄克勒斯和波吕尼刻斯死后，再次统治忒拜。

Crete：克里特岛。

Cronus or Kronos：克洛诺斯，提坦神，宙斯、波塞冬、赫拉、德墨忒尔以及其他诸神的父亲，相当于罗马的萨图努斯神（Saturn）；将父亲乌洛诺斯（Uranus）阉割，从流出的血中生出了复仇女神；后来克洛诺斯的孩子们在宙斯的带领下又推翻了他的统治。

Croton：克罗顿，意大利南部临近塔兰托湾（Gulf of Taranto）的城市，也就是现在的克罗托内市（Crotone）；因哲学家毕达哥拉斯在此创建了毕达哥拉斯学派而声名远扬。

Cujacius：居雅修斯（公元 1522～1590 年），法国法律学者，罗马法学家乌尔比安与保罗的法学著作的编撰人。Cujacius 是雅各·居雅斯（Jacques Cujas）的拉丁文名字。

Curtius Rufus, Quintus：库尔提斯，全名昆图斯·库尔提乌斯·鲁夫斯，主要生活在公元 1 世纪。罗马历史学家，他写过一部亚历山大大帝传，其大部分得以存世。

Cybele or Kybele：库柏勒，又译为西布莉，小亚细亚的自然女神，相当于罗马的瑞亚女神。狂欢仪式是祭祀她的祭典的一部分；后来，对她的崇拜传入希腊和罗马；在罗马，她以大母神玛格那玛特（Magna Mater）的形象受到崇拜。培希努（Pessinus）是她在小亚细亚的圣地，这里有作为她标志的圣物陨石。陨石后来被人运到了罗马。

Cyprians：塞浦路斯人。

Cyrenaica：昔兰尼加。

Cyrene：居勒尼。

Cyrus II：居鲁士二世，死于公元前 401 年，大流士二世（Darius II）的小儿子，波斯的军事将领；曾作为斯巴达的盟友加入了伯罗奔尼撒战争。

Daedalus：代达罗斯，传说中的人物，希腊人或克里特人。据传，他建造了克里特迷宫，还做了一对翅膀飞越爱琴海。

Damia：达米亚，克里特的生育女神，有时被等同于女神德墨忒尔。

Danaïds：达那伊得斯姊妹，利比亚国王、后来成为阿尔戈斯国王的达那俄斯（Danaüs）的 50 个女儿。嫁给了达那俄斯兄弟埃古普托斯（Aegyptus）的 50 个儿子，她们中除了一人外，全部杀死了自己的丈夫；因此被罚在冥界不断向一个筛子或一个有洞的罐子注水。

Delos/Delian：提洛岛，位于爱琴海基克拉迪群岛（the Cyclades）的一个岛屿，阿波罗太阳神崇拜的圣地。

Delphi/Delphic：德尔菲，位于雅典以西、科林斯湾以北的希腊城市，这里是最著名的阿波罗神示的所在地，也是古希腊各城邦共同的宝地。

Demeter：德墨忒尔，希腊的谷物和农业女神，也是家庭的保护神，她的地位相当于罗马的刻瑞斯女神。她和宙斯生下女儿珀耳塞福涅［在罗马神话中被称为普罗塞尔皮娜（Proserpina）］，又名科瑞，即少女的意思。宙斯瞒着德墨忒尔将珀耳塞福涅许给冥王哈得斯做妻子，德墨忒尔怒而离开天界，来到厄琉西斯（Eleusis）居住，直到她的女儿被释——被释的条件是一年中三分之一的时间，珀耳塞福涅必须留在冥界与丈夫哈得斯在一起。

Diana：狄安娜，在罗马神话中与月亮、女人和分娩联系在一起的女神。她在希腊神话中被称为阿耳忒弥斯。

Dido：狄多，传说中迦太基（Carthage）的创建者和女王。当埃涅阿斯的船在利比亚的海岸遇险来到迦太基，她爱上了他；在她发现埃涅阿斯已经离开迦太基后，她将自己葬身火海。

Dike：狄刻或狄凯（Dikaia），象征正义的女神。

Dio Chrysostom：狄奥·屈梭多模（公元 40 前后～115 年），希腊演讲家、犬儒派（Cynic）哲学家与文学批评家。

Diodorus Siculus：狄奥多罗斯·西库罗斯，公元前 1 世纪的历史学家，生于西西里（Sicily）的阿吉利姆（Agyrium）。著有一部世界史著作，其中大部分存世，小部分则已散佚。

Diomedes：狄俄墨得斯，提丢斯（Tydeus）的儿子，因此也被称为"Tydides"（即"提丢斯之子"）。特洛伊战争中的希腊英雄；用吕基亚人格劳科斯与他有着世代友谊这样的理由，让格劳科斯和他交换了盔甲，致使格劳科斯在战争中处于不利地位。

Dionysius：狄奥尼修斯，也被称作"旅行家狄奥尼修斯"（Periegetes），生活在公元 300 年前后，一本已知世界简史的作者。

Dionysus：狄奥尼索斯，也被称作巴克斯，希腊的酒神和狂欢之神，其地位相当于罗马的利贝尔神；宙斯用雷电摧毁了他的母亲塞墨勒（Semele）后，他被放入宙斯的大腿并从大腿生出；他因此又得名 Dimeto，即"有两个母亲的人"之意。

Dioscuri：狄俄斯库里兄弟，宙斯的双生子卡斯托尔（Castor）和波吕丢克斯（Polydeuces）或波鲁克斯（Pollux）的合称。宙斯化作天鹅与勒达（Leda）所生的孪生兄弟，他们为同卵所生；特洛伊的海伦被认为是他们的妹妹；他们两人死后轮流住在天界和死亡之国。

Diotima：第俄提玛，位于阿卡迪亚曼提尼亚的女哲学家，可能是传说中的人物；柏拉图在他的《会饮篇》中将她描写成苏格拉底的导师。

Dorians：多利安人，古希腊的几个主要民族之一。根据传统，他们于公元前 12 世纪至公元前 11 世纪期间，从伊庇鲁斯（Epirus）迁居到阿尔戈斯、科林斯、克里特以及斯巴达等地。

Earth Mother：地母神，参见词条 Demeter。

Edessa：埃德萨。

Eileithyia：艾莉西亚，宙斯与赫拉之女，希腊掌管分娩的女神，相当于罗马的朱诺·卢西娜（Juno Lucina）。

Eleusis or Eleusinian：厄琉西斯或有关厄琉西斯的。厄琉西斯是位于雅典西北部的市镇，这里有祭祀德墨忒尔和她的女儿珀耳塞福涅的年度秘密祭典。

Elis：埃利斯，位于伯罗奔尼撒半岛西北部的希腊城邦，奥林匹亚城（Olympia）是埃利斯城邦的一部分。这里的女人以享有比其他地方的女人更多的自由而闻名。

Endymion：恩底弥翁，牧羊人，美男子。月亮女神塞勒涅爱上了他，致使他长眠不醒；女神每夜从空中飘来与他相拥。

Eos：厄俄斯，希腊的黎明女神，她的拉丁名为欧罗巴；在一个版本的神话传说中，飞马珀伽索斯是她的坐骑。

Epeians：埃利斯人，也参见词条 Elis。

Epicasta：厄庇卡斯特，俄狄浦斯的母亲，她的另一个名字为伊俄卡斯忒，也参见词条 Iocasta。

Epidaurus：埃皮达鲁斯，位于伯罗奔尼撒半岛阿尔戈利斯的一个市镇，医神阿斯克勒庇厄斯（Aesculapius）的主要崇拜地。

Epiphanius：俄佩菲尼乌斯，生于公元 310 年前后，卒于公元 402 年或 403 年，塞浦路斯萨拉米斯（Salamis）的主教，基督教作家；最早有些人认为他是《博物志》（*Physiologus*）一书的作者。

era：希腊文中的"大地"（earth）一词，可能但绝非一定与复仇女神的名字联系在一起。

Erechtheus：厄瑞克透斯，传说中的雅典国王。他死后变成神受到崇拜；据传，他是引入厄琉西斯神秘主义崇拜的人。

Erinyes or Furies：复仇女神，或"愤怒的人"。克洛诺斯将父亲乌洛诺斯残害后从父亲流的血中所生、长着翅膀的三姊妹；她们向杀死血亲者复仇；在有关俄瑞斯忒斯的故事中她们是重要的角色；她们也被希腊人讳称为欧墨尼得斯，或"好善者"。

Eros：爱若斯，希腊的爱神，相当于罗马神话中的丘比特，或阿莫尔；阿芙洛狄忒之子，普赛克的情人。

Eteocles and Polynices：厄忒俄克勒斯和波吕尼刻斯。俄狄浦斯与伊俄卡斯忒所生的两个儿子。俄狄浦斯被放逐后，他的两个儿子达成一致，兄弟俩以一年为限轮流统治忒拜；但当厄忒俄克勒斯第一年的执政期满时，他拒绝将王位让给他的兄弟波吕尼刻斯；波吕尼刻斯联合六位同伴向忒拜发起进攻［即"七雄攻忒拜"（the Seven against Thebes）］；兄弟俩一对一决斗时互相杀死了对方。

Eteonus：厄忒俄诺斯城，属于皮奥夏的市镇，与阿提卡交界。在某一版本的故事中，这里也是俄狄浦斯死后的埋葬地。

Ethiopia/Ethiopians：埃西欧匹亚（人）。

Etruscans：伊特鲁里亚人，生活在古罗马西北部伊特鲁里亚（Etruria）地区（大致相当于今天意大利的托斯卡纳地区）的人们。

Eumenides：好善者，参见词条 Erinyes。

Euneus：欧纽斯，伊阿宋与许普西皮勒的儿子。

Euripides：欧里庇得斯（公元前 480 前后～前 406 年），希腊悲剧诗人。

Eurotas：欧罗塔斯河，拉哥尼亚境内的一条主要河流，流经斯巴达。

Eustathius：欧斯塔修斯，生活在公元 12 世纪下半叶，塞萨洛尼卡（Thessalonica）的主教；一本关于《伊利亚特》与《奥德赛》的鸿篇注疏的作者。

Fatua：弗图亚，参见词条 Fauna。

Fauna or Fatua：弗娜，又或弗图亚。罗马的生育女神和森林女神，被等同于玻娜女神。

Gaia：盖亚。希腊代表大地的女神；从混沌（Chaos）中诞生，后成为乌洛诺斯的妻子和母亲，和乌洛诺斯结合生下了克洛诺斯、提坦神（Titans）等众多后代。

Galactophagi：伽拉克托帕奎人，"喝牛奶的人"之意，属游牧民族西徐亚人的一支。

Ganymede：伽倪墨得斯，来自佛里吉亚（Phrygian）的美少年。据神话传说，这个美少年深受宙斯的喜爱，因此宙斯令一只鹰把他劫走，让他成为在天界为众神斟酒的侍酒童。

Garamantes：加拉曼人，位于现在的费赞（Fezzan）的一个非洲部落。

Gaul（s）：高卢（人）。

Geradas：杰拉达斯，斯巴达人。普鲁塔克在他的作品中提到此人（*Lycurgus*，15.49）。

Getae：盖塔人，色雷斯人的一支，居住在临近多瑙河入海口的地方，罗马人称他们为达契亚人（Daci）。

Gindanes：金达涅司人，利比亚的一个部落。

Glauce：格劳刻，科林斯人克瑞翁（Creon）的女儿。伊阿宋为了她抛弃了美狄亚（Medea），美狄亚通过送给她被施了魔法的王冠和袍子杀害了她。

Glaucus：格劳科斯，参见词条 Diomedes。

Glaucus：格劳科斯，柏拉图提到过的海神。

Gorgo：歌果，斯巴达国王列奥尼达的妻子。

Gorgo：歌果，某个克里特王国的女人。根据普鲁塔克所讲，她因为拒绝情人阿桑德（Asander）的爱而被化为石头。

Gorgo（n）：戈耳贡，或译作蛇发女妖，神话中恐怖的三姐妹。在神话传说中，所有看到她们面容的人都会化作石头；三姐妹中只有美杜莎是肉身，所以她的头才被珀耳修斯砍下，而从她流的血中跳出了一匹飞马珀伽索斯。

Great Mother：大母神，亚洲代表生育的母神。大母神以多个不同的形象受到广泛崇拜，其中包括库柏勒、阿耳忒弥斯、伊西斯、瑞亚等等。

Hades：哈得斯，希腊神话中的冥界和统治冥界的王，相当于罗马神话中的普鲁托（Pluto）。

Hannibal：汉尼拔（公元前247～前182年），第二次布匿战争（the Second Punic War）期间迦太基军队的将领。

Harmonia：哈尔摩尼亚，传说中忒拜城的创建者卡德摩斯之妻；成为工匠之神赫菲斯托斯（Hephaestus）制作的项链的拥有人，这条项链给任何佩戴者带来死亡的厄运。

Hebrews：希伯来人。

Hebrus：色雷斯的赫布鲁斯河，即今天的马里查河（the Maritsa），流入爱琴海。

Hector：赫克托耳，普里阿摩斯的儿子，特洛伊的英雄；杀死了阿喀琉斯的朋友普特洛克勒斯（Patroclus），后又被阿喀琉斯所杀。

Helen：海伦，宙斯和勒达之女，斯巴达国王墨涅拉俄斯之妻；她被帕里斯强暴一事成为特洛伊战争的导火索；关于她后来的命运，据某个神话故事所讲，她成为了阿喀琉斯的妻子，和他一起住在白岛。

Heliodorus of Emesa：埃米萨的黑留都勒斯，生活在公元 4 世纪的希腊作家，著有一部浪漫小说《埃西欧匹亚人的故事》（*Ethiopica*），讲述的是特阿根尼（Theagenes）与克瑞克勒雅（Chariclea）之间的故事。

Heliopolis：赫利奥波利斯，位于下埃及，在《圣经》中被称为安城（On）；埃及太阳神拉神（Ra）崇拜的圣地，后来变成地位等同于宙斯的埃及地位最高的神。

Hellanicus of Mytilene：米提利尼的赫拉尼库斯，生活在公元前 5 世纪的希腊历史学家，他的著作仅剩残篇存世。

Hellas：赫拉斯，即希腊语中的"希腊"一词。

Hellenes：赫楞人，即希腊人。

Hemithea：赫米塞，遭阿喀琉斯追逐时被大地吞噬的女人。

Hephaestus：赫菲斯托斯，希腊的火神和技艺高超的工匠之神，阿芙洛狄忒的丈夫。他被罗马人称为伏尔甘（Vulcan）。

Hera：赫拉，希腊的女神，宙斯的姐妹和妻子，相当于罗马的朱诺女神；合法婚姻的保护神，尤与阿尔戈斯关系密切。

Heraclea：赫拉克勒亚，位于小亚细亚本都地区的城市。

Heracles：赫拉克勒斯，他在罗马神话中的名字为赫丘利（Hercules）；宙斯和阿尔克墨涅（Alcmene）之子；死后成为了神；完成了十二件著名的"苦差"，有一段时间他成了吕底亚（Lydia）女王翁法勒（Omphale）的奴隶和情人。

Heraclides Ponticus：赫拉克利德斯·彭提乌斯（公元前 390 前后～前 310 年），希腊哲学家、作家，其作品仅有残篇存世。

Heraclids：赫拉克勒斯的后裔。

Hermes：赫尔墨斯，希腊的幸运和财富之神，众神的使者，相当于罗马的墨丘利（Mercury）和埃及的托特（Thoth）；也是死者灵魂的引路神。

Herodotus：希罗多德（公元前 480 前后～前 425 年前后），希腊历史学家。

Hesiod：赫西俄德，生活在公元前 8 世纪的希腊诗人。

Hesperia："西方之国"，古希腊诗人们对意大利的称呼。

Hiera：希俄拉，密西亚国王忒勒福斯的妻子。

Hippodamia：希波达米亚，俄诺玛诺斯（Oenomaus）之女，珀罗普斯之妻。在与俄诺玛诺斯的赛车比赛中，珀罗普斯用不当手段赢了比赛，进而迎娶了他的女儿希波达米亚。

Hippolochus：希波洛克斯，柏勒洛丰与菲罗诺厄的儿子，格劳科斯的父亲。

Homer：荷马。

Horace：贺拉斯（公元前 65～前 8 年），全名昆图斯·贺拉提乌斯·弗拉库科斯（Quintus Horatius Flaccus），罗马诗人。

Horta：奥尔塔，罗马的青春或幸运女神。

Horus：荷鲁斯，埃及的光明之神，伊西斯与奥西里斯之子。

Hyginus, Gaius Julius：叙吉努斯，全名盖乌斯·尤利乌斯·叙吉努斯，生活在公元前 1 世纪的作家，拉丁文《神谱》（*Fabulae*）的作者。

Hymenaeus：许墨奈俄斯，传说中主持婚礼的神，他的名字因希腊婚礼上新娘所唱的传统新娘歌里 "hymen" 或 "hymenaee" 的发音而来。

Hypsipyle：许普西皮勒，利姆诺斯国王托阿斯之女。当利姆诺斯的女人们杀光岛上所有的男人时，唯有许普西皮勒免了自己的父亲一死；她后来为伊阿宋生了两个孩子。

Iamus：雅墨斯，奥林匹亚的雅米达伊（Iamidae）先知家族的祖先。

Iberians：伊比利亚（Iberia）的居民。伊比利亚位于黑海和里海之间，即现在格鲁吉亚的南部地区。

Ilium：伊利姆，特洛伊的另一个名称，也参见词条 Troy。

Iobates：伊俄巴忒斯，吕基亚国王。普洛托斯将柏勒洛丰送到伊俄巴忒斯那里，让伊俄巴忒斯处死柏勒洛丰；伊俄巴忒斯设下的埋伏没能让柏勒洛丰送命，后来反而将女儿菲罗诺厄嫁给了柏勒洛丰。

Iocasta：伊俄卡斯忒，墨诺叩斯的女儿。她和丈夫拉伊俄斯生下了儿子俄狄浦斯；得知自己在不知情的情况下与儿子乱伦后自杀。

Ion of Chios：希俄斯岛的伊安，生活在公元前 5 世纪的希腊悲剧诗人；他的作品仅有残篇留存于世。

Ionia/Ionians：爱奥尼亚（人），古希腊的几个主要民族之一，居住在小亚细亚西南部及附近岛屿。

Ioxids：爱奥克西兹人，忒修斯的孙子、在卡里亚建立了殖民地的爱奥克苏斯（Ioxus）的后人；他们崇拜灌木和芦苇，视它们为圣物，因此不会焚烧它们。

Isander：伊桑德尔，柏勒洛丰和菲罗诺厄的儿子。

Isaras：伊萨拉斯。

Isis：伊西斯，埃及的母神，奥西里斯的妹妹和妻子，荷鲁斯的母亲；在奥西里斯被他邪恶的兄弟提丰或塞特（Set）杀害后，伊西斯找回并复活了丈夫的尸体。

Ismene：伊斯墨涅，俄狄浦斯的女儿，安提戈涅的姊妹。

Janus：雅努斯，罗马古老的神，罗马的门神及掌管开始的神。

Jason：伊阿宋，阿耳戈远征船队的首领。船队航行到利姆诺斯岛时，伊阿宋在此停留，并与许普西皮勒生下两个儿子；后来与格劳刻结婚。

John the Baptist：施洗者圣约翰。

Julian：尤里安，参见词条 Julianus。

Julianus, Salvius：尤利安，全名萨尔维乌斯·尤里安努斯，生活在公元 2 世纪的罗马法学家，著有《学说汇纂》（Digestae），也是一些其他法学编纂作品的作者。

Julius Valerius：尤利乌斯·瓦勒留，参见词条 Valerius, Julius。

Juno：朱诺，罗马女神，朱庇特（Jupiter）的妻子，相当于希腊的女神赫拉。

Juno Moneta：朱诺·莫内塔，女神朱诺的其中一个形象，她作为能提供忠告的女神受到崇拜；英文中的"money"（钱）一词便从她的名字而来，因为她位于卡比托利山（Capitoline Hill）的神庙后来成了罗马造币厂的所在地。

Justin：查士丁，全名马库斯·尤里安努斯·查士丁努斯（Marcus Junianus Justinus），生活在公元 3 世纪或更晚时期的罗马历史学家，编写过特罗古斯·庞培乌斯（Trogus Pompeius）所著的一部通史的缩写本。

Justinian：查士丁尼（公元527～565年），全名弗拉维·伯多禄·塞巴提乌斯·查士丁尼（Flavius Petrus Sabbatius Justinianus），东罗马帝国的皇帝，在位期间完成了罗马法的编撰（即《查士丁尼法典》——译者注）。

Kore：科瑞，参见词条Demeter和词条Persephone。

Kronos：克洛诺斯，参见词条Cronus。

Labdacids：拉布达科斯家族，拉布达科斯（Labdacus，即拉伊俄斯的父亲）的后人，也参见词条Laius。

Lacedaemonians：拉斯第孟人或斯巴达人，拉斯第孟（Lacedaemon）或斯巴达的居住地。

Laconia：拉哥尼亚，位于伯罗奔尼撒半岛南部的国家，斯巴达是其主要城市。

Lada：拉达。

Ladon：拉冬，神话中的白首龙或蛇，守护赫斯帕里得斯姊妹们（Hesperides）的金苹果。

Laius：拉伊俄斯，拉布达科斯之子，伊俄卡斯忒之夫，俄狄浦斯之父。后被俄狄浦斯所杀。

Lala：拉拉。

Lamia：拉米亚，她和宙斯生的孩子们被赫拉杀害，她为了复仇，变成了专门猎杀孩童的吸血怪物。

Laodamia：拉俄达弥亚，柏勒洛丰之女，与宙斯生下儿子萨耳珀冬。

Laophontes：拉俄丰忒斯，对柏勒洛丰的另一个称呼，也参见词条Bellerophon。

Laothoe：拉俄托厄。

Lara：拉腊。

Lasa：拉斯。

Latin League：拉丁联盟，塞尔维乌斯·图利乌斯（Servius Tullius）统治时期，罗马与拉丁姆地区（Latium）的几个拉丁部落组成的联盟。

Latona：拉托娜，参见词条 Leto。

Leleges：列列该斯人，该民族被多位古代作家提到过，其居住地不详，不过可能来自卡里亚。

Lemnos：利姆诺斯岛，位于爱琴海以北的岛屿，是火神与工匠之神赫菲斯托斯的圣地。

Leonidas：列奥尼达（公元前 491～前 480 年），斯巴达国王，在波斯人来犯时为了守卫温泉关（Thermopylae）而牺牲。

Lesbos：莱斯博斯岛，位于爱琴海的岛屿，靠近小亚细亚的海岸。

Leto：勒托，希腊女神，与宙斯生下了阿耳忒弥斯和阿波罗。

Leucas：莱夫卡斯岛，位于爱奥尼亚海的一个岩石岛屿，靠近阿卡纳尼亚（Arcarnania）的海岸。据传，萨福向法翁示爱遭到拒绝后，从这里跳海自尽。

Leuce：白岛，又称月亮之岛。黑海中的一个小岛，位于多瑙河入海口与第聂伯河（Dnieper）入海口之间。

Leucomantis：琉可曼提斯。

Liber：利贝尔，意大利非常古老的神，罗马人后来把该神与酒神狄奥尼索斯或巴克斯混淆起来了。

Libera：利贝拉，意大利的生育女神，总是与利贝尔神一起出现，而且被等同于阿里阿德涅。

Libitina：利比蒂娜，意大利的大地女神和死神。人们后来把她与阿芙洛狄忒等同起来，称呼她为维纳斯·利比蒂娜女神。

Liburnians：里布尔尼亚人，生活在亚得里亚海东海岸和今天的达尔马提亚（Dalmatia）以北的民族。

Locrians：洛克里斯人，希腊中部的一个民族，主要居住在两个不同地区。居住在希腊东部沿海、与埃维厄岛（Euboea）隔海相望的一支被称为厄庇科涅米迪亚的洛克里斯人（Epicnemidian Locrians），或俄彭提亚的洛克里斯人（Opuntian Locrians）。另一支是生活在科林斯湾北部沿海的俄佐莱的洛克里斯人，或俄佐莱人。还有一部分洛克里斯人居住在意大利最南端的东部沿海，被称作埃佩泽菲利亚的洛克里斯人。

Lubentina：鲁本蒂娜女神，"甘愿委身男人的女人"之意，维纳斯作为代表"肉体享受"的女神形象出现时的称呼。

Lucian（us）：琉善，公元 2 世纪的希腊作家，著有讽刺对话集。

Luna：卢娜，罗马的月神，人格化的月亮女神，相当于希腊的塞勒涅女神。

Lunus：卢努斯，月亮作为人格化的男神时的名字，或太阳化身为月神丈夫时的名字。

Lycaon：吕卡翁，特洛伊国王普里阿摩斯与拉俄托厄（Laothoë）所生的儿子。

Lycia/Lycians：吕基亚 / 吕基亚人，位于小亚细亚西南沿海的国家 / 民族。

Lycophron：吕柯普隆（公元前 285～前 247 年），希腊诗人；他所写的一首题为《卡珊德拉》（Cassandra）或《亚历珊德拉》（Alexandra）、由艾萨克·泰泽和约翰·泰泽（Isaac and John Tzetzes）作注的诗，在神话研究方面相当重要。

Lycurgus：吕库古，据传他是斯巴达的立法者。生卒年月不详，可能生活在公元前 7 世纪。

Lycus：吕科斯，传说中雅典开国国王潘迪翁的儿子。

Lydians：吕底亚人，生活在小亚细亚以西、萨迪斯（Sardis）周边地区的民族。

Macedonia：马其顿。

Manlius Capitolinus, Marcus：马库斯·曼利乌斯·卡比托利努斯，公元前 392 年任罗马执政官；在高卢人围攻罗马时，据守卡比托利山。

Mantinea：曼提尼亚，阿卡迪亚的一个市镇。

Martha：玛莎，叙利亚的女先知，她曾为罗马将军马略（Marius）求过神的示谕。

Massagetae：马萨格泰人，曾经生活在中亚也就是今天土库曼斯坦（Turkmenistan）的一个民族。

Mater Matuta：玛图塔圣母，罗马的黎明女神，或掌管大地生产力的女神，后来被等同于海中女神琉科忒亚（Leucothea）。

Megarians：墨伽拉人。墨伽拉是位于科林斯地峡（Isthmus）和萨拉米斯岛对岸的城市。

Mela, Pomponius：彭波尼斯·米拉，公元 1 世纪的罗马地理学家。

Melampus：墨兰波斯，希腊先知，据说他是在希腊建立起狄奥尼索斯崇拜的人。

Melchizedek：麦基洗德，撒冷王（Gen. 14：18）。

Melissa：梅丽莎，科林斯僭主佩里安德的妻子。

Menander：米南德（公元前 343 前后～前 291 年），希腊喜剧作家。

Menoeceus：墨诺叩斯，克瑞翁与伊俄卡斯忒的父亲；"地生人"族最后一位成员。

Minerva：密涅瓦，罗马的智慧女神，也是掌管艺术和手工艺的女神；其地位相当于希腊的雅典娜女神，也参见词条 Athene。

Minyae：米尼埃伊人，居住在皮奥夏地区的奥尔科莫诺斯（Orchomenus）的一个民族，他们的名字来自他们的国王弥倪阿斯（Minyas），据说是利姆诺斯岛上的女人们的后代。

Moira：莫伊拉，希腊的命运女神，是人格化的女神。

Moliones：摩利俄涅斯兄弟，摩利俄涅（Molione）与海神波塞冬或与埃利斯国王阿克托耳（Actor）所生的双胞胎儿子欧律托斯（Eurytus）和克忒阿托斯（Cteatus）的合称，他们为同卵所生。他们在一次赛车比赛中战胜了涅斯托尔（Nestor），后来遭到赫拉克勒斯的突袭并在突袭中被杀。

Mosynoeces：摩西诺俄克人，生活在小亚细亚本都地区的一个民族。

Murcia：穆尔西亚女神，维纳斯以慵懒和疲倦的女神形象出现时的名字。

Muses：缪斯女神们，希腊对掌管文艺的九位女神的合称。

Mysia：密西亚，位于小亚细亚西北部的地区，特洛伊属于该地区。

Mytilene：米提利尼，莱斯博斯岛上的主要城市。

Nasamones：纳撒摩涅司人，生活在北非昔兰尼加的一个民族。

Nebrophonus：涅布罗福诺斯，伊阿宋与许普西皮勒所生的儿子。

Nemea：涅墨亚，位于希腊阿尔戈利斯地区的一个山谷，赫拉克勒斯
　　在此斩杀雄狮。

Neoptolemus：涅俄普托勒摩斯，阿喀琉斯的儿子。希腊联军攻陷特
　　洛伊后，他杀死特洛伊国王普里阿摩斯，并用普里阿摩斯的女儿
　　波吕克塞娜（Polyxena）祭奠自己的父亲。

Neptune：尼普顿，罗马的海神和水神。相当于希腊神话中克洛诺斯
　　与瑞亚之子波塞冬。

Nicolaus（Nicholas）of Damascus：尼古劳斯，生于公元前64年前后，
　　居住在罗马的大马士革人，希腊历史学家。他没有完整的作品存
　　世，仅以摘录的形式出现在他人的作品中。

Niobe：尼俄柏，忒拜国王安菲翁的妻子。她生了12个孩子，并以此
　　嘲笑勒托；勒托的一双子女阿波罗和阿耳忒弥斯杀死了她所有的
　　孩子，她最后变成了终日哭泣的岩石。

Nonnus：诺努斯，生活在公元4世纪末或5世纪初的埃及希腊语
　　诗人。

Nymphis of Heraclea：赫拉克勒亚人尼姆菲斯，生活在公元前250年
　　前后；写过一部关于亚历山大大帝的作品，现已遗失。

Oceanus：俄刻阿诺斯河，希腊人想象中环绕平坦陆地的河流，化身
　　为提坦神大洋河流之神，生下了其他所有河流和海洋。

Ocnus：奥克努斯，传说中的人物，他被罚在冥府不断编草绳，而母
　　驴却不断吃掉他编好的绳子。

Octavian：屋大维，参见词条 Augustus。

Odipus, sons of：俄狄浦斯的儿子们，参见词条 Eteocles。

Oedipodeum：俄狄浦斯神庙。

Oedipus：俄狄浦斯，忒拜国王，拉伊俄斯之子。他在不知情的情况
　　下，杀死了亲生父亲并娶了自己的母亲伊俄卡斯忒为妻；在得知
　　真相后，他弄瞎了自己的双眼，后被逐出忒拜城，最终受到忒修
　　斯的保护死在科罗诺斯。

Ogygian：与传说中的忒拜国王俄古革斯或他统治时期淹没了整个皮
　　奥夏地区的大洪水有关的。

Olympian gods：奥林波斯众神，指住在位于色萨利（Thessaly）边界的奥林波斯山上、由宙斯（在罗马神话中为朱庇特）统治的这一代神。

Olympias：奥林匹娅斯，死于公元前 316 年，马其顿国王腓力二世（Philip II）的妻子，亚历山大大帝的母亲。

Omphale：翁法勒，吕底亚王后，曾买下赫拉克勒斯做她的奴隶，让他做她的情人，还和他交换衣服穿。

Ops：厄普斯，罗马的丰饶女神和农业财富女神，被等同于瑞亚女神，有时又被等同于狄安娜女神。

Orestes：俄瑞斯忒斯，阿伽门农和克吕泰涅斯特拉的儿子；他杀死母亲替父亲报仇，并因此饱受复仇女神们的折磨。

Orpheus：俄耳甫斯，传说他是色雷斯的诗人和音乐家，欧律狄刻（Eurydice）的丈夫；他的名字后来与一个宣讲灵魂转世的神秘主义宗教崇拜联系在了一起。

Osiris：奥西里斯，埃及人信奉的神，伊西斯的丈夫和哥哥，埃及的死神和复活之神，代表男性生殖力。

ovatio："小凯旋式"，在重要性和壮观程度方面都逊于"凯旋式"（*triumphus*）的一种小型庆祝仪式，也参见词条 *triumphus*。

Ovid：奥维德（公元前 43～公元 18 年？），全名普布留斯·奥维第乌斯·纳索（Publius Ovidius Naso），罗马诗人。

Ozolae：俄佐莱，参见词条 Locrians。

Pallas：帕拉斯，参见词条 Athene。

Pandion：潘迪翁，吕科斯的父亲，也参见词条 Lycus。

Pandora：潘多拉，神话传说中神明们用粘土做成的女人，并把她送给了普罗米修斯（Prometheus）的兄弟埃庇米修斯（Epimetheus）；她释放了祸害人类的各种疾病、痛苦和灾难。

Paris：帕里斯，参见词条 Alexander。

Parthenopaeus：帕耳忒诺派俄斯，墨勒阿格洛斯（Meleager）与阿塔兰忒的儿子，攻打忒拜的七雄之一。

Paul, St.：使徒圣保罗。

Paulus, Julius：尤利乌斯·保罗，罗马法学家，其黄金时期在公元

200 年前后。

Pausanias：帕萨尼亚斯，公元 2 世纪的希腊地理学家。

Pegasus：珀伽索斯，英雄柏勒洛丰所骑的长了双翼的飞马，从蛇发女妖之一的美杜莎被斩后流的血中跳出。

Pelasgians：佩拉斯吉人，希腊民族迁移到希腊以前希腊最早的土著居民。

Pelopids：珀罗普斯的后人。

Pelops：珀罗普斯，阿伽门农与墨涅拉俄斯的祖先；在一次赛车中耍了计谋赢得了比赛，进而娶了希波达米亚为妻。

Penia："珀尼阿"，需要或贫穷之意。

Penthesilea：彭忒西勒亚，阿玛宗人的女王，她率领阿玛宗人参加了特洛伊战争；被阿喀琉斯所杀。

Periander：佩里安德（公元前 625～公元前 535 年），科林斯的僭主。

Persephone：珀耳塞福涅，德墨忒尔的女儿，也参见词条 Demeter。

Perseus：珀耳修斯，希腊英雄人物，宙斯和达那埃（Danaë）的儿子，杀死了蛇发女妖之一的美杜莎。

Phaeacians：费阿克斯人，荷马的作品《奥德赛》里讲到的斯刻里亚岛（Scheria）上的居民；奥德修斯（Odysseus）曾漂流到此岛。

Phaënnis：法厄尼斯，帕萨尼亚斯提到过的女先知。

Phanocles：法诺克勒斯，希腊的挽歌诗人，大约生活在公元前 4 世纪。

Phaon：法翁，据传，女诗人萨福爱上了该青年，向他示爱被拒绝后自杀。

Philonoë or Cassandra：菲罗诺厄或卡珊德拉，伊俄巴忒斯的女儿、柏勒洛丰的妻子。

Philostratus, Flavius：弗拉维乌斯·菲洛斯特拉托斯（公元 170 前后～245 年前后），希腊智者派哲学家。

Phoenicians：腓尼基人。

Phoenix：长生鸟，一种传说中的神鸟。根据关于该鸟的其中一个神话故事，这种鸟每活 500 年（即"长生鸟年"）后从没药蛋中重生一次。

Pieria：皮埃里亚，位于奥林波斯山北面山坡上的一个地区，据说此地是缪斯女神崇拜的发源地。

Pindar：品达（公元前 522 或前 518～前 440 年前后），希腊诗人。

Pisistratids：庇西斯特拉图们，指庇西斯特拉图（Pisistratus）的两个儿子希庇阿斯（Hippias）和希庇帕库斯（Hippar chus），他们是在公元前 6 世纪晚期统治雅典的两个僭主。

Plato：柏拉图（公元前 427 前后～前 348 年），希腊哲学家。

Plautus, Titus Maccius：提图斯·马科乌斯·普劳图斯（公元前 254 前后～前 184 年），罗马剧作家。

Pliny：普林尼（公元 23～79 年），全名盖乌斯·普林尼·塞孔都斯（Gaius Plinius Secundus），古罗马一位博学的人。

Plutarch：普鲁塔克（公元 46 前后～120 年），希腊传记作家、散文家。

Polybius：波里比阿（公元前 204 前后～前 122 年），希腊的罗马史学家。

Polybus：波吕波斯，科林斯国王，俄狄浦斯的养父。

Polynices：波吕尼刻斯，参见词条 Eteocles。

Pompey：庞培（公元前 106～前 43 年），全名格涅乌斯·庞培（Gnaeus Pompeius Magnus，Magnus 意为"伟大"），率领军队为罗马征服了东方大片地区。

Porus：波鲁斯，印度一个王国的国王，曾被亚历山大大帝打败，后来他的王位又被恢复。

Poseidon：波塞冬，希腊的海神，也是马匹之神，地位等同于罗马的尼普顿；根据神话传说，他是筑起特洛伊城墙的人，城墙筑好后却没有拿到应得的报酬，便派了一个海妖替他报复特洛伊；他的形象代表的是野蛮的男性力量。

Posidonius：波希多尼（公元前 135 前后～前 50 年前后），希腊斯多葛派哲学家、历史学家，著有作品记录庞培率军打过的仗。

praetors：裁判官，古罗马的官职，被赋予司法权和管理各行省的权力。

Priam：普里阿摩斯，特洛伊战争期间的特洛伊国王。

Priapus：普里阿普斯，希腊的男性生殖之神，也是代表大地生产力的神，他的形象的典型特征为一个勃起的阳具。

Proetus：普洛托斯，阿尔戈斯国王，斯忒涅玻亚（又名安忒亚）的丈夫。普洛托斯相信了妻子诬陷柏勒洛丰的话并设计谋害柏勒洛丰。

Prometheus：普罗米修斯，提坦神。他给了人类火，宙斯为此惩罚他，用锁链将他锁在一块岩石上，并派一只鹰每日啄食他的肝脏。

psoloeis：普索洛伊斯，指皮奥夏地区的奥尔科莫诺斯举行的某个仪式上的男性哀悼者们。

Psyche：普赛克，灵魂的人格化神。爱神爱若斯（即罗马神话中的丘比特，或阿莫尔）爱上了普赛克，每到夜晚便来与她相会，后来她因为好奇，点亮了一盏灯端详他的模样；他逃走了，而她四处找寻他的下落；她最终与他相聚，并且成了神。

Ptolemies：托勒密王朝的国王们，即从托勒密一世索特尔开始统治埃及的多位希腊君主。

Ptolemy I Soter：托勒密一世索特尔（生于公元前 367 年？）；拉古斯（Lagus）的儿子，亚历山大大帝麾下的一个将军，后来成为希腊在埃及的第一位统治者；他统治埃及的时间为公元前 323 年前后到公元前 285 年。

Ptolemy III：托勒密三世。

Pygmalion：皮革马利翁，传说中的雕刻家。他按自己理想中的女人雕刻了一座雕像，并爱上了她。

Pyrrhus：皮洛斯（公元前 318？～前 272 年），伊庇鲁斯国王，声称是宙斯的儿子埃阿科斯（Aeacus）的后裔；多次率兵与罗马人交战；据说因屋顶上的一个女人投向他的陶片而毙命。

Pythagoras：毕达哥拉斯，公元前 6 世纪的希腊哲学家，来自萨摩斯岛（Samos）。他游历过许多地方，后定居在意大利的克罗托内；他和他的信徒在那里成立了一个宗教社团，团员有男有女；他宣讲一种数字神秘论体系，以及包含禁食某些食物的禁欲主义戒律。

Pythia：皮提亚，位于德尔菲的阿波罗神庙的女先知、女祭司。

Quirites：奎里蒂人的后代，罗马人在涉及到他们作为罗马市民而存在时对自己的称呼。

Rhea：瑞亚女神，克洛诺斯的姐妹和妻子，乌洛诺斯的女儿，奥林波斯众神的母亲；后来她的形象被等同于库柏勒，又与伊西斯和奥西里斯联系在了一起。

Rhodes：罗德岛，爱琴海最东面的岛屿。

Sabines：萨宾人，生活在古罗马东北方向的一个民族，在公元前3世纪早期被完全并入罗马城邦。

Samothrace：萨莫色雷斯，位于爱琴海东北方向的岛屿。

Sappho：萨福，生于公元前612年前后，来自莱斯博斯岛的希腊女抒情诗人。

Sarapis or Serapis：塞拉皮斯神，埃及的神灵，据说是由托勒密一世从锡诺普引入埃及的，塞拉皮斯崇拜渐渐与伊西斯崇拜紧密联系在了一起。

Sardolibyans：居住在撒丁岛（Sardinia）的利比亚移民。

Sarpedon：萨耳珀冬，吕基亚国王，代表特洛伊一方参加了特洛伊战争。

Saturnus：萨图努斯，罗马的神灵。最早可能是与农业播种联系在一起的神；后来被等同于希腊的克洛诺斯神；被认为是在原初"黄金时代"统治过拉丁姆的神。

Schoeneus（"of the rushes"）：（来自沼泽地的）司寇纽斯，参见词条Atalanta。

Scythia/Scythians：西徐亚王国及西徐亚民族，又译为斯基泰王国或斯基泰民族。位于黑海北岸、顿河（the Don）与喀尔巴阡山（the Carpathians）之间。

Scythius or Scyphius：赛修斯，人类第一匹马，由波塞冬所生。

Selene：塞勒涅，希腊的月亮女神，相当于罗马的卢娜女神。

Servius Marius（or Maurus）Honoratus：塞尔维乌斯·莫鲁斯·诺拉图斯，公元4世纪的罗马文法学家，对维吉尔的诗作过大量的注释。

Servius Tullius：塞尔维乌斯·图利乌斯，传说中罗马继塔克文·布里斯库（Tarquinius Priscus）之后的第六位王；女奴奥克莉西亚

（Ocrisia）所生，由罗马第五个王塔克文·布里斯库的妻子塔那奎尔（Tanaquil）抚养长大。据传，塔那奎尔为塞尔维乌斯取得了王位。

Sesonchosis：塞松科西斯，尤利乌斯·瓦勒留提到过的埃及国王，可能指公元前 950 年前后统治埃及的舍顺克一世（Sheshonk I）。

Sextus Empiricus：塞克斯都·恩皮里柯，生活在 3 世纪的希腊医生，也就哲学问题著书立说。

Sibyl：西比尔，多个拥有预言能力的女先知的名字，尤指向埃涅阿斯昭示过神谕的库迈的女先知西比尔（Cumaean Sibyl）。

Simonides of Ceos：凯奥斯岛的西摩尼德斯（公元前 556～前 467 年），希腊抒情诗人。

Sinope：锡诺普，位于黑海南岸的希腊城市。由托勒密一世引入埃及的塞拉皮斯崇拜即源于此地。

Sintians：辛提亚人，生活在利姆诺斯岛上的古代居民。

Sipylus：西庇洛斯山，位于吕底亚境内。

Sisyphus：西绪福斯，科林斯国王，柏勒洛丰的祖父；受到神的惩罚，在冥界不停地将一块巨石往山顶推，巨石总是滚下山去。

Socrates：苏格拉底。

Sol：索尔，罗马神话中代表太阳的神。最初被等同于希腊的太阳神赫利俄斯（Helios），后又成为与希腊的阿波罗太阳神地位相当的神。

Solon：梭伦（公元前 638 前后～前 559 年），雅典的立法者。

Solymi：索吕默人，对吕基亚人曾经的称呼，斯特拉波曾用过这个称呼。

Sophocles：索福克勒斯（公元前 495？～前 406 年），希腊悲剧诗人。

Sothis：天狗，古埃及人对天狼星（Sirius）的称呼。古埃及人将天狼星从东方升起的时间定为一年的第一天；古埃及人的历法没有使用闰年，所以每隔 1460 年的周期，历法中一年的天数才恢复到实际周期。这一年被埃及人称为"天狗年"。

Sparta：斯巴达，伯罗奔尼撒半岛上拉哥尼亚王国的主要城市。

Spartianus, Aelius：埃里乌斯·斯帕提亚努斯。

Spartoi："地生人"，或称"播种后生出来的人"，忒拜城最早的居民。卡德摩斯杀死一条龙后，将龙的牙齿插入地里，他们便从种下牙齿的地方长了出来。

Sphinx：斯芬克斯，女怪物。传说中她在忒拜城吃掉猜不出她谜语的人，直到俄狄浦斯给出谜底。

Stheneboea：斯忒涅玻亚，参见词条 Anteia。

Stobaeus, Johannes：约翰·斯托巴欧斯，拜占庭编撰者，专门从希腊经典中摘录文字、段落汇编成文集；鼎盛时期在公元 500 年前后。

Strabo：斯特拉波（公元前 63 前后～公元 24 年前后），希腊旅行家和地理学家。

Suidas：苏达，公元 10 世纪的希腊词典编纂者。

Tacitus, Cornelius：克奈里乌斯·塔西佗（公元 55 前后～117 年前后），罗马历史学家。

Talos：塔罗斯，传说中工匠之神赫菲斯托斯用铜铸造的怪物，每日三次巡逻克里特岛的海岸，守卫该岛。

Taygetus：泰格斯忒山脉，位于伯罗奔尼撒半岛，拉哥尼亚与美塞尼亚（Messenia）之间。

Teleboeans：塔福斯人，位于爱奥尼亚海的塔福斯群岛（Taphian islands）上的居民。

Telemachus：特勒马科斯，奥德修斯（或称尤利西斯，Ulysses）与珀涅罗珀（Penelope）的儿子。

Telephus：忒勒福斯，密西亚国王。

Tenedos：忒涅多斯岛，爱琴海中的岛屿，靠近特洛阿德（Troad）的海岸。

Termilians：忒尔米莱人，对吕基亚人曾经的称呼。参见斯特拉波的作品（Strabo, 12.8.5 以及 14.3.10）。

Terpander：泰尔潘德，生活在公元前 7 世纪，莱斯博斯的音乐家及诗人；据说他是用七弦的里拉琴取代四弦琴的人。

Terra：特拉女神，代表大地或土地的人格化神。

Tertullian：特土良，生于迦太基，用拉丁文写作的基督教神学家。

Theano：西雅娜，毕达哥拉斯的妻子或女弟子。

Thebes/Theban：忒拜（人）。忒拜是位于雅典西北部的皮奥夏地区的主要城市；据传，忒拜城是音乐的发明人安菲翁（Amphion）用他演奏里拉琴的神奇力量建成，也参见词条 Eteocles 和 Spartoi。

Themis：忒弥斯，希腊神话中正义的化身，和宙斯生下了荷赖（Horae）女神或称司四季的时序女神。

Thera：锡拉岛，位于爱琴海南部的斯波拉泽斯群岛（Sporades）中的一个岛屿。

Thermodon：特尔墨冬河，位于小亚细亚以北的卡帕多西亚的一条河流，在阿玛宗人建立起来的王国内。

Theseus：忒修斯，传说中的雅典国王；他战胜了克里特国王弥诺斯，从海里找回了他的印章戒指并杀死了米弥斯的公牛（the minotaur）；后来又击退了入侵雅典的阿玛宗人。

Thetis：忒提斯，海洋女神，和珀琉斯生下了儿子阿喀琉斯。

Thoas：托阿斯，参见词条 Hypsipyle。

Thrace/Thracians：色雷斯（人）。

Tritonian lake：特里托尼斯湖，即现在的吉利特盐湖（Chott Djerid），位于突尼斯中部的盐沼湖。

triumphus："凯旋式"，罗马欢迎从战场上凯旋的军事将领的官方欢迎仪式。仪式的内容之一包括得胜的将领向卡比托利山上的朱庇特献上牺牲。

Troglodytes：特洛格罗狄提人，居住在位于红海西岸的达契亚及其他地方的洞穴的多个民族。

Trojans：特洛伊人。

Troy：特洛伊。

Tydides："提丢斯之子"，狄俄墨得斯的另一个名字，即作为提丢斯儿子的身份时的名字。

Typhon：提丰，百头怪物，塔耳塔洛斯（Tartarus）与盖亚（Ge）之子，生下了很多著名的邪恶怪物；与宙斯大战而败后被宙斯压在埃特纳山（Mount Etna）下；后来被等同于埃及的奥西里斯神邪恶的兄弟赛特（Set）。

Ulpian：乌尔比安（公元170?～228年），全名多米提乌斯·乌尔比安（Domitius Ulpianus），罗马法学家，提尔人（Tyrian）的后代。

Valerius, Julius：尤利乌斯·瓦勒留，于公元300年完成了伪卡利斯提尼斯所著的亚历山大大帝罗曼史的拉丁文版本的翻译。

Varro, Marcus Terentius：马库斯·特伦提乌斯·瓦罗（公元前116～前27年），罗马博学的学者。

Venus：维纳斯女神，参见词条Aphrodite。

Virgil：维吉尔（公元前70～前19年），全名普布利乌斯·维吉尔·马罗（Publius Virgilius Maro），罗马诗人。

Xanthians：桑索斯人，居住在吕基亚王国的桑索斯城的人民。当波斯将领哈尔帕哥斯（Harpagus）围攻他们的城市时，他们英勇抵抗，最后壮烈牺牲。

Xenophon：色诺芬（公元前430前后～前355年前后），希腊历史学家、散文家。

Xerxes：薛西斯一世（公元前486～前465年），波斯国王。

Zeleia：吕基亚的泽雷亚城。

Zeus：宙斯，希腊人至高无上的神，天上的众神之王，其地位相当于罗马的朱庇特；克洛诺斯的儿子，他推翻了父亲的统治，被等同于埃及太阳神拉神——拉神的圣地为埃及的赫利奥波利斯，又被等同于叙利亚的巴尔神（Baal）——巴尔神的圣地为黎巴嫩（Lebanon）的赫利奥波利斯神庙，即巴尔贝克神庙（Baalbek）。